Mungo Park

Reisen im Inneren von Afrika

Mungo Park

Reisen im Inneren von Afrika

ISBN/EAN: 9783743301924

Hergestellt in Europa, USA, Kanada, Australien, Japan

Cover: Foto ©Andreas Hilbeck / pixelio.de

Manufactured and distributed by brebook publishing software
(www.brebook.com)

Mungo Park

Reisen im Inneren von Afrika

Reisen

im

Innern von Afrika

auf Veranstaltung

der

afrikanischen Gesellschaft

in den Jahren 1795 bis 1797

unternommen

von

Mungo Park

Wundarzt.

---

aus dem Englischen.

— egens Libyae deserta peragro.

VIRG.

---

mit Kupfern.

Berlin
bei Haude und Spener 1799.

Vorrede
des Verfassers.

Diese Reisebeschreibung ist aus flüchtigen Bemerkungen und Notizen ausgearbeitet, wie ich sie im ersten günstigen Augenblick entwerfen und nicht ohne große Schwierigkeit aufbewahren konnte. Sie wird jetzt auf Veranstaltung meiner verehrungswürdigen Kommittenten, der Mitglieder der afrikanischen Gesellschaft, dem Publikum vorgelegt, und ich bedaure nur, daß sie des Schutzes, unter dem sie erscheint, nicht würdig genug ist. Von Seiten des schriftstellerischen Verdienstes kann sie sich durch nichts empfehlen, als durch Wahrheit. Sie enthält eine einfache ungeschminkte Erzählung, und macht nicht die mindesten Ansprüche auf irgend etwas, als nur darauf, unſre geographiſche Kenntniß von Afrika hie und da zu erweitern. Dies war die Abſicht, als ich der Geſellſchaft meine Dienſte anbot, und ſie dieſelben annahm; und ich hoffe, daß ich nicht ganz vergeblich gearbeitet habe. Jedoch, das Werk mag für ſich ſelbſt reden; auch würde ich gar keine Vorerinnerung für nöthig gehalten haben, wenn nicht Gerechtigkeit und Dankbarkeit mich aufforderten, folgender Umſtände zu erwähnen.

Bei meiner Rückkunft aus Afrika ſah die geſchäftſührende Committee *) der Geſellſchaft ſehr bald, wie viel Zeit nöthig ſein würde, um eine ausführliche Erzählung, wie die, welche gegenwärtig erſcheint, auszuarbeiten, und da ſie doch wünſchte, ſobald als möglich die Neugierde zu befriedigen, welche viele Mitglieder, gütig genug, in Rückſicht meiner Entdeckungen geäußert hatten: ſo beſchloß ſie, daß aus den Materialien und mündlichen Eröfnungen, welche ich an die Hand geben konnte, ein kurzer Umriß meiner Reiſe ſogleich verfaßt und zum Gebrauch der Geſellſchaft gedruckt, auch zugleich eine geſtochene Karte von

---

*) Dieſe Committee beſteht aus folgenden Herren: dem Earl von Moira, dem Lord Biſchof von London, dem Präſidenten der Akademie, Sir Joſeph Banks, Andrew Stuart, Esquire, und Bryan Edwards, Esquire.

meinem Wege ausgegeben werden sollte. Ein solcher
Aufsatz ward von Mitgliedern der Gesellschaft selbst
in zwei Abschnitten verfertigt und unter die Gesell:
schaft vertheilt. Herr Bryan Edwards besorgte den
historischen Theil und Major James Rennell die
geographischen Erläuterungen über meine Wande:
rung. Er fügte zugleich nicht nur eine Karte von
meinem Wege hinzu, die nach meinen eignen Beob:
achtungen und Skizzen aufgenommen wurde (nach:
dem jedoch die Irrthümer verbessert waren, welche er
vermöge seiner großen Kenntniß und ausgezeichneten
Genauigkeit in geographischen Beobachtungen darin
entdeckt hatte), sondern auch eine allgemeine Charte,
von Nord-Afrika, die, nach Maaßgabe der Fortschritte
welche wir in der Geographie dieses Landes gemacht
haben, alles darstellt, was wir bis jetzt davon wissen;
endlich that er auch noch eine besondere Karte hinzu,
auf welcher die Abweichungen der Magnetnadel in
den Meeren, die diesen großen Welttheil umgeben,
verzeichnet sind.

Da ich mich nun eines solchen Beistandes bei
dieser Gelegenheit erfreue, so kann ich unmöglich vor
dem Publikum erscheinen, ohne zu bezeugen, wie sehr
ich mich dadurch geehrt finde, und wie dankbar ich

die Vorzüge erkenne, die mein Werk den Arbeiten dieser Herren verdankt; Herr Edwards hat mir gütigst
erlaubt, seine ganze Erzählung meinem Werke an den
gehörigen Stellen einzuverleiben, und Major Rennell
hat mir mit gleicher Gefälligkeit vergönnt, nicht nur
meine Reisen durch die vorerwähnten Karten zu verschönern und zu erläutern, sondern auch seine geographischen Erläuterungen hinzuzufügen.

Bei solcher Unterstützung würde ich der
Welt dies Werkchen mit demjenigen vollen Vertrauen auf eine günstige Aufnahme übergeben, wozu meine eignen Verdienste mich keinesweges berechtigen könnten, wenn ich nur nicht besorgen müßte, daß
mehrere meiner Leser allerlei Erwartungen hegen von
Entdeckungen, die darin mitgetheilt werden würden,
welche ich aber keinesweges gemacht habe, und von
Wunderdingen, die darin vorkämen, von denen ich aber
ganz und gar nichts weiß. Es ist allerdings zu besorgen, daß diejenigen, welche sich hierin getäuscht finden,
indem mein Buch sie weder so kurzweilig ergötzen,
noch in solches Staunen versetzen wird, als sie sich im
Voraus versprochen hatten, mir dann auch nicht einmal das kleine Verdienst werden lassen wollen, welches ich mir mit Wahrheit zuschreiben kann. So un-

angenehm ich dies auch empfinden werde; so werde ich mich doch darüber zu trösten wissen, wenn die vortreflichen Männer, in deren Aufträgen ich gereiset bin, mir nur das Zeugniß geben, daß ich mich derselben zu ihrer Zufriedenheit entledigt habe, und daß das Buch, welches ich ihnen jetzt zu widmen die Ehre habe *), dasjenige wirklich ist, was es meiner Absicht nach sein soll, eine schlichte und treue Erzählung von dem, was ich vom Anfang bis zum Ende meiner Reise in ihrem Dienst geleistet und beobachtet habe.

Mungo Park.

---

*) Das Original ist der afrikanischen Gesellschaft dedicirt.

Nachschrift der Verleger.

Mungo Park's Reise ist ohne Zweifel zu einer großen Anzahl von Lesern berechtigt, da sie aber nicht alle, ohne Ausnahme, an den gelehrten, kritisch-geographischen Untersuchungen des Major Rennel über die Lage der Länder, welche Park besucht hat ꝛc., sowohl der Sache selbst als der Behandlung nach, Interesse finden dürften: so haben wir es dem Vortheil der Käufer für zuträglicher gehalten, Parks Reisebeschreibung für sich allein erscheinen zu lassen und Rennels Karte besonders zu verkaufen. Sie wird jetzt von Herrn Jäck gestochen, und mit Erläuterungen, die auf das Bedürfniß der Leser von Park's Reise im Allgemeinen berechnet sind, bald nachfolgen. Bei dieser Veranstaltung gewinnt das Publikum, und wird deshalb hoffentlich damit zufrieden seyn; so wie auch damit, daß in dieser Reisebeschreibung die Namen der Länder, Orte und Personen in Afrika, nicht nach der englischen Rechtschreibung, sondern so wie sie der dadurch angedeuteten Aussprache nach lauten würden, folglich: z. B. statt Benowm, Benaum, statt Sooseeta, Susita u. s. w. gedruckt worden sind.

Berlin, den 1sten August 1799.

Haude und Spener.

Reisen

Reisen
im
Innern von Afrika.

Erster Abschnitt.

Veranlassung zur Reise. Der Verfasser schifft sich nach Afrika
ein; seine Ankunft daselbst und Aufenthalt zu Pisania bei
dem Doctor Laidley. Abreise von da nach den innern
Gegenden des Landes.

Als ich im Jahr 1793 aus Ostindien nach London zu=
rückkam, suchte die afrikanische Gesellschaft *),
jemand der zu Erforschung der innern Gegenden von
Afrika eine Reise den Gambia hinauf versuchen sollte. Dies
war mir eine erwünschte Nachricht, denn ich hatte eine un=
widerstehliche Neigung, ein so unbekanntes Land, als Afrika
uns Europäern ist, zu untersuchen, und den Charakter und
die Lebensweise seiner Bewohner durch eigne Erfahrung
kennen zu lernen; ich bat also den Präsidenten der Königl.
Gesellschaft der Wissenschaften, Ritter Banks, (der zu=
gleich einer von den Commissarien der afrikanischen Ge=
sellschaft ist), daß er zu diesem Unternehmen mich in
Vorschlag bringen möchte. Zwar war mein nächster Vor=
gänger, der Capitain Houghton, auf eben dem Wege,
den ich jetzt einschlagen sollte, wahrscheinlicherweise ver=

*) Diese Gesellschaft besteht aus vornehmen, aus reichen, und aus
   gelehrten Privatpersonen, die aus Liebe zu nützlichen Kenntnissen,
   auf gemeinschaftliche Kosten Entdeckungsreisen nach dem Innern
   von Afrika veranstalten.

unglückt. Er war nehmlich vom Fort Goree aus, wo er
das Commando geführt, auf Veranstaltung und Kosten
der Gesellschaft, zu dem jetzt mir vorgeschriebenen Zweck,
den Gambia hinaufgesegelt, man hatte aber schon lange
keine Nachricht mehr von ihm erhalten, und also war er
vermuthlich von dem ungesunden Clima weggerafft, oder
vielleicht gar von den Eingebohrnen ermordet. Allein
dadurch ließ ich mich nicht abschrecken. Ich wußte, daß
ich Beschwerlichkeiten aller Art ertragen konnte, und vor
den Einwirkungen des Clima's, hoffte ich, würden meine
Jugend und feste Gesundheit mich schützen. Die Committee gab eine ansehnliche Besoldung, an welcher ich
mir genügen ließ, ohne wegen einer künftigen Belohnung
im voraus etwas festzusetzen. Sollte ich auf meiner Reise
umkommen, dachte ich, nun so sterben meine Erwartungen und Hoffnungen mit mir; gelingt es mir aber, meine
Landsleute mit der Geographie des innern Afrika bekannter zu machen, und ihrer Betriebsamkeit durch bisher unbekannte Handelswege eine neue Quelle des Reich-
thums zu öffnen, so weiß ich, daß ich in den Händen
ehrliebender Männer bin, welche mir den wohlverdienten
Lohn meiner gelungenen Bemühungen nicht vorenthalten
werden. Da die Committee mich mit den Kenntnissen,
die zu einer solchen Reise im Allgemeinen erfordert werden, hinreichend ausgerüstet fand, und auch die Erkundigungen, welche sie in andern Rücksichten über mich einzog, zu meinem Vortheil ausfielen, so nahm sie mich in
Dienst, und sie verfuhr gegen mich in allen Stücken so zu-
vorkommend und so freigebig, als ich es nur wünschen
konnte.

Anfänglich war die Rede davon, daß ich bis nach
Senegambia mit Herrn Willis reisen sollte, der dort
zum Consul ernannt worden war, und in dieser Eigenschaft mir hätte nützlich werden können. Allein diese
Aussicht ward dadurch vereitelt, daß die Regierung die

Confulstelle ganz einzog: indeß ersetzte mir die Vorsorge der Committee den von dieser Seite gehofften Vortheil auf andre Weise.

Der Secretair der Gesellschaft, der verstorbene Henry Beaufoy, war so gütig, mir ein Empfehlungs= schreiben an den Dr. Laidley zu geben, der schon meh= rere Jahre bei einer englischen Factorei an den Ufern des Gambia angestellt war; auch versah er mich mit einem Creditbriefe von 200 Pfund Sterling (ohngefähr 1400 Thaler). Nachdem auf diese Weise alles eingeleitet war, begab ich mich an Bord der Brig *) Endeavour, auf welcher ich die Ueberfahrt zu machen gedachte; dies war ein kleines Schiff, das vom Capitain Richard Wyath commandirt wurde, und Wachs und Elfenbein am Gam= bia einzuhandeln pflegte.

Meine Instruction war einfach und bestimmt; sie lautete blos dahin, daß ich bei meiner Ankunft in Afrika entweder durch Bambuk, oder auf einem andern beque= mern Wege, nach dem Nigerfluß gehn, dann den Lauf, und wo möglich den Ursprung und das Ende dieses Flusses mit Gewißheit bestimmen, und mein Möglichstes thun sollte, die daran belegenen Oerter zu sehen, besonders die Städte Tombucktu und Huffa; wäre das geschehen, so könnte ich entweder auf dem Gambia oder auf jedem an= dern Wege, der mir meiner Lage und meinen Planen nach dazu am bequemsten dünken würde, nach Europa zurück= kehren.

Am 22sten May 1795 segelten wir von Portsmouth ab. Am 4ten Junius erblickten wir die Gebirge von Afrika über Mogadore, und kamen hierauf am 21sten desselben Monats, nach einer angenehmen Reise von dreißig Tagen, bei Dschillifrih vor Anker. Dies ist eine Stadt am nördlichen Ufer des Gambia, der James=Insel

*) Ein kleines zweimastiges Kauffahrteischiff.

gegenüber, wo die Engländer vormals eine kleine Festung hatten.

Das Königreich Barra, worin Dschillifrih liegt, ist überaus fruchtbar an Lebensmitteln; der vorzügliche Handel der Einwohner besteht aber in Salz. Sie schiffen diese Waare in Canots den Fluß hinauf bis nach Barraconda, und bringen indianisches Korn, (türkischen Weizen) Baumwollen-Zeug, Elephantenzähne, etwas weniges Goldstaub und andere Dinge mehr wieder dafür zurück. Die große Anzahl Canots und Volks, die beständig zu diesem Handel gebraucht werden, machen den Europäern den König von Barra furchtbarer, als irgend ein anderer Regent in der Nachbarschaft des Flusses ist; und dieser Umstand mag wol Schuld daran sein, daß er sich's anmaßt, von allen Nationen, die hieher handeln, so hohe Eingangszölle zu erheben. Für jedes Schiff, es sei groß oder klein, müssen beinahe 20 Pfund Sterling erlegt werden. Dieser Zoll wird gewöhnlich von dem Alkaid, Gouverneur von Dschillifrih, in Person eingefordert. Bei diesem Geschäfte hat er allemahl ein ansehnliches Gefolge von Eingebohrnen bei sich, unter denen sich gemeiniglich einige finden, die durch den häufigen Umgang mit Engländern, etwas gebrochenes Englisch gelernt haben. Sie sind bei dieser Gelegenheit äußerst lärmend und beschwerlich, und bitten mit solchem Ernst und solcher Zudringlichkeit um alles, was ihnen in die Augen fällt, daß die Kaufleute, um ihrer los zu werden, gezwungen sind ihnen alles zu geben was sie nur verlangen.

Den 23sten schifften wir von Dschillifrih zwei englische Meilen weiter, nach Wintain, einer am südlichen Ufer des Flusses an einer Bucht belegenen kleinen Stadt, die, wegen ihres starken Handels mit Wachs, von den Europäern häufig besucht wird. Das Wachs wird von den Felupen in den Wäldern gesammelt, und hier zum Verkauf gebracht. Die Felupen sind ein wildes und un-

geselliges Volk, welches einen ansehnlichen Strich Landes
bewohnt, der außerordentlich viel Reis hervorbringt; die
Kaufleute, die auf dem Gambia und auf dem Caßamansa
Handel treiben, pflegen sich daher in diesem Lande mit
Reis, mit Ziegen und mit Federvieh zu versorgen, weil
das alles um ein Billiges zu haben ist. Den Honig, den
die Felupen sammeln, verbrauchen sie großentheils selbst:
sie machen nehmlich ein starkes berauschendes Getränk
daraus, fast wie unser englischer Meth.

Bei dem Handel mit den Europäern bedienen die Felupen sich gewöhnlich eines Mäklers von der Mandingo-
Nation, der etwas Englisch spricht, und mit dem Verkehr auf dem Fluß Bescheid weiß. Dieser Mäkler schließt
den Handel, giebt aber mit Vorwissen des Europäers dem
Felupen nur einen Theil der Zahlung; den Rest (der mit
vielem Rechte das Truggeld heißt,) läßt er sich erst aus-
zahlen, wenn der Felupe schon wieder abgereiset ist, und
behält ihn für seine Mühe.

Die Felupen haben eine eigene Sprache und da ihr
Handel gewöhnlich durch Mandingohs betrieben wird, so
finden die Europäer nicht Gelegenheit, sie zu lernen, indessen hab' ich wenigstens die Nahmen ihrer Zahlwörter
aufgeschrieben.

Eins heißt Enorp.
Zwei — Sickaba oder Cukaba.
Drei — Sisajih.
Vier — Sibakihr.
Fünf — Futuck.
Sechs — Futuck-Enorp.
Sieben — Futuck-Cukaba.
Acht — Futuck-Sisajih.
Neun — Futuck-Sibakihr.
Zehn — Siban konyen.

Am 26sten verließen wir Wintain und setzten unsere
Reise auf dem Flusse fort; zur Ebbe-Zeit gingen wir jedes-

mal vor Anker; oft ließen wir uns auch von einem vor-
aufgeschickten Ruderboote bogsiren. Der Fluß ist tief
und trübe, die Ufer sind mit undurchbringlichem Dickicht
bewachsen, und das ganze nahe liegende Land scheint
flach und sumpficht zu sein.

Der Gambia ist ausnehmend fischreich, und zwar
sind einige seiner Fischarten überaus wohlschmeckend;
aber, so viel ich mich erinnere, ist keine davon in Europa
bekannt. An der Mündung giebt es viel Hayfische, und
höher hinauf Crocodile und Flußpferde, welche letztere
aber eigentlich Fluß = Elephanten genannt werden
sollten, da sie einen ungeheuren, schwerfälligen Körper
haben, und ihre Zähne gutes Elfenbein liefern. Dieses
Thier ist amphibienartig; es hat dicke, kurze Beine und ge-
spaltene Klauen, frißt Gras und Gesträuch, das längst
den Ufern des Flusses wächst, Zweige von Bäumen und
mehr dergleichen. Selten wagt es sich weit vom Wasser,
wo es gewöhnlich Schutz sucht, wenn es Menschen kommen hört. Ich habe sehr viele gesehen, sie aber immer
schüchtern gefunden.

Am sechsten Tage nach unsrer Abreise von Wintain
erreichten wir Dschonkakonda; dies ist ein ansehnlicher
Handelsplatz, wo unser Schiff einen Theil seiner Ladung
einnehmen sollte. Den andern Morgen kamen die europäischen Kaufleute von den verschiedenen Factoreien, um
ihre Briefe in Empfang zu nehmen und sich nach der Art
und dem Werth der Ladung zu erkundigen. Der Capitain schickte sogleich einen Boten an Dr. Laidley, um
ihm von meiner Ankunft Nachricht zu geben. Den folgenden Morgen kam der Doctor nach Dschonkakonda; ich
stellte ihm den Brief des Herrn Beaufoy zu, worauf er
mich sogleich überaus gastfrei einlud, so lange in seinem
Hause zu bleiben, bis ich eine Gelegenheit fände, meine
Reise weiter fortzusetzen. Dieses Anerbieten nahm ich mit
Dank an; der Doctor verschafte mir ein Pferd und einen

Führer, so daß wir schon am 5ten Julius von Dschonka=
konda aufbrechen konnten, und noch desselben Vormit=
tags um eilf Uhr kamen wir bei der Wohnung meines gü=
tigen Wirthes an.

Pisania ist ein kleines Dorf, das in dem Gebiete des
Königs von Janp liegt; es bestehet blos aus einer eng=
lischen Factorei, und wird auch nur von Engländern und
ihren schwarzen Sklaven bewohnt. Es liegt an den
Ufern des Gambia, sechzehn englische Meilen von Dschon=
kakonda. Von Weißen wohnten bei meiner Ankunft,
außer dem Doctor, nur noch zwei Gebrüder Ainsley hier,
aber diese drei Personen hatten eine sehr zahlreiche Die=
nerschaft von Schwarzen. Dies kleine Etablissement
stand unter dem Schutz des Königs, und die Europäer
wurden von den Eingebohrnen weit umher so geachtet und
geehrt, daß sie alles was das Land gewährt, vollauf
hatten, auch ging der größte Theil des Handels mit
Sklaven, Elfenbein und Gold, durch ihre Hände.

Da ich nun auf einige Zeit mit Bequemlichkeit hier
bleiben konnte; so ließ ich es meine erste Sorge sein, die
Mandingo=Sprache zu lernen, weil diese fast durch ganz
Afrika gesprochen wird, und ich nicht hoffen konnte, mir
ohne sie eine richtige Kenntniß vom Lande und seinen Bewoh=
nern zu erwerben. Dr. Laidley, der durch einen langen
Aufenthalt in dem Lande, und durch den beständigen Um=
gang mit den Eingebohrnen, der Sprache Meister geworden
war, stand mir in Erlernung derselben treulich bei. Nächst
der Sprachkenntniß suchte ich auch über die Gegenden,
die ich besuchen wollte, Erkundigungen einzuziehen. Man
verwies mich deshalb an die Slatihs. Dies sind schwarze
freie Kaufleute, die in diesem Theil von Afrika in großem
Ansehn stehen, und aus dem Innern des Landes Neger=
Sklaven zum Verkauf bringen. Ich merkte bald, daß
ich mich auf ihre Nachrichten eben nicht sehr verlassen
konnte; denn einer widersprach immer dem andern gerade

in den wichtigsten Dingen, und keiner schien es gern zu sehen, daß ich meinen Weg weiter fortsetzen wollte. Diese Umstände vergrößerten aber nur meine Begierde, durch eigne Beobachtungen zur Wahrheit zu gelangen.

Unter Beschäftigungen dieser Art, und mit Beobachtung der Sitten und Gebräuche der Eingebohrnen eines in Europa so unbekannten Landes, das so auffallende und ungewöhnliche Naturerscheinungen darbietet, verstrich mir die Zeit auf eine angenehme Weise, und schon schmeichelte ich mir mit der Hoffnung, dem Fieber, dem fast jeder Europäer bei seinem ersten Eintritt unter einem heißen Himmelsstrich ausgesetzt ist, entgangen zu sein. Unvorsichtigerweise aber setzte ich mich am 31sten Julius dem Nachtthau aus, als ich eine Mondfinsterniß beobachten wollte, um die Länge des Orts zu bestimmen. Den andern Morgen befiel mich ein böses Fieber mit Fantasiren, und ich ward so ernstlich krank, daß ich den größten Theil des Augusts das Haus hüten mußte. Meine Genesung ging nur langsam vorwärts, indeß nützte ich jede kleine Zwischenzeit von Wohlbefinden, um auszugehen und mich mit den Producten des Landes bekannt zu machen. Auf einer dieser Streifereien, an einem heißen Tage, wagte ich mich weiter als gewöhnlich, und bekam das Fieber von neuem, so daß ich bis den 10ten September das Bette hüten mußte. Bei diesem Rückfall war jedoch die Krankheit nicht so heftig, als zuvor, und in Zeit von drei Wochen war ich im Stande, wenn das Wetter es erlaubte, meine botanischen Spaziergänge von neuem vorzunehmen; wenn es regnete, so zeichnete ich Pflanzen in meinem Zimmer. Die Sorgfalt und Aufmerksamkeit des Dr. Laidley trug sehr viel bei, mir das Ungemach der Krankheit erträglich zu machen; seine Gesellschaft und Unterhaltung verkürzten mir die langweiligen Stunden der trüben Jahreszeit, in welcher der Regen wie in Strömen herabfällt, wo erstickende Hitze am Tage zu Boden

drückt, und des Nachts das Gequak der Frösche (deren
Anzahl hier alle Einbildungskraft übersteigt) und das durch=
dringende Geschrei der Goldwölfe, oder das tiefe Heulen
der Hyäne, den Schlaf des Fremdlings verscheuchen, oder
das Getöse des fürchterlichsten Donners ihn immer wieder
aufweckt; ein Getöse, wovon man keinen Begriff haben
kann, wenn man es nicht selbst gehört hat.

Das Land ist eine ungeheure Ebene mit Wäldern
bedeckt, welches eine ermüdende und einförmige Ansicht
gewährt. Aber wenn gleich die Natur den Einwohnern
die Schönheiten einer romantischen Landschaft versagt,
so hat sie ihnen doch mit freigebiger Hand den reichern
Segen des Ueberflusses und der Fruchtbarkeit gespendet;
denn auch ohne sonderliche Bestellung trägt der Boden
doch reichlich zu. Die Wiesen geben vortrefliche Weide
für die Heerden, und der Gambia, imgleichen die Bucht
Welli, liefern wohlschmeckende Fische. Was vorzüglich
gebauet wild, ist das sogenannte Kaffer=Korn, (türkischer
Weizen, Zea Mays) zwei Arten von Holcus spicatus, von
den Eingebohrnen Suno und Sanio genannt, ferner
Holcus niger und Holcus bicolor; das erstere heißt in ihrer
Sprache Baffi Wulima, das letztere Baffiqui. Diese
Getreidearten und der Reis werden in großer Menge ge=
bauet; überdem haben die Eingebohrnen in Städten und
Dörfern bei ihren Wohnungen Gärten, worin sie Zwiebeln,
Jams *), verschiedene Arten Kürbis, Wassermelonen,
Erdnüsse und einige andre Küchengewächse anbauen.

Nahe an den Städten sahe ich auch kleine Felder mit
Baumwolle und Indigo angepflanzt; aus dem erstern
machen sie Zeuge, und mit dem letztern geben sie ihm
eine schöne blaue Farbe.

Um das Korn zur Speise zu bereiten, stampfen es
die Eingebohrnen in einem großen hölzernen Mörser (in

*) Eine Wurzel, Dioscorea alata L., woraus die Eingebohrnen
Brodt bereiten.

ihrer Sprache Paluh genannt), so lange bis es aus den
Hülsen ist, lassen es hernach, wie in England, durch den
Wind von der Spreu säubern, und stampfen es dann in
dem Paluh wieder zu Mehl. Dies letztere wird in verschie=
denen Gegenden auf verschiedene Art verspeiset. Am
Gambia, zum Beispiel, machen sie allgemein eine
Art von Pudding daraus, der Kuskus heißt, und
folgendergestalt bereitet wird: zuerst machen sie das
Mehl feucht, rütteln es in einem großen Kürbis, bis
es in kleinen Kügelchen zusammenklebt, wie Sago, dann
schütten sie es in einen irdenen Topf, dessen Boden voll
kleiner Löcher ist; dieser Topf wird nun entweder mit
einem Teig von Mehl und Wasser, oder mit Kuhmist, auf
einen andern festgeklebt und so aufs Feuer gesetzt. In
dem untern Gefäß ist gewöhnlich Fleisch und Wasser,
dessen Dünste durch den durchlöcherten Boden des obern
Gefäßes dringen und so den Kuskus locker und gahr
machen. In allen Gegenden, die ich durchreist habe,
war dies ein Lieblingsgericht. Man sagte mir, daß diese
Art das Mehl zu bereiten, auch auf der Küste der Bar=
barei allgemein sei, und daß das Gericht dort ebenfalls
Kuskus heißt, wahrscheinlich haben also die Neger diese
Zubereitung mit samt dem Namen von den Mauren
gelernt.

Man macht hier aus Mehl noch eine andere Art von
Pudding, der Niling heißt; desgleichen bereiten sie den
Reis auf zwei oder drei verschiedene Arten. Die gerin=
gere Volksklasse bekömmt nur selten Fleisch, ist aber doch
nicht völlig von dem Genuß desselben ausgeschlossen.

An Hausthieren findet man hier, was wir in Europa
haben. Schweine giebt es in den Wäldern; man isset
sie aber nicht gern. Vermuthlich ist der entschiedene Ab=
scheu, den die Mahomedaner gegen dieses Thier haben,
auch auf die Heiden übergegangen. Federvieh giebt es
überall und von allen Arten, den welschen Hahn ausge=

nommen. Das Perlhuhn und das rothe Rebhuhn findet man sehr häufig auf den Feldern, und in den Wäldern hält sich eine Art von kleiner Antelope auf (ein Thier wie unser Reh) deren Fleisch mit Recht für sehr schmackhaft gilt.

Unter den andern wilden Thieren des Mandingo-Landes sind die Hyäne, der Panter und der Elephant die gewöhnlichsten. Es ist sonderbar, daß in keiner Gegend dieses großen Welttheils die Eingebohrnen die Kunst der Ostindier besitzen, dieses starke und lenksame Thier zu zähmen und zum Dienst der Menschen zu nutzen. Wenn ich einigen von den Eingebohrnen erzählte, daß man das in östlichen Ländern thäte, so lachten sie mich geradezu aus, und riefen einmal übers andere: Tobaubo Fonnio! Lüge eines Weißen! Die Neger schießen den Elephanten vorzüglich der Zähne halber, die sie dann gegen andere Dinge bei denen vertauschen, die das Elfenbein nach Europa verkaufen. Das Fleisch essen sie und finden es sehr köstlich.

Das gewöhnliche Lastthier in allen Theilen von Afrika ist der Esel. Zum Ackerbau aber wird nirgends ein Thier gebraucht, daher auch der Pflug völlig unbekannt ist. Die Feldarbeit wird gewöhnlich von Sklaven und zwar mit der Hacke verrichtet, die, in den verschiedenen Distrikten, hier so, dort anders, gestaltet ist.

Am sechsten October hatte das Wasser des Gambia seinen höchsten Stand erreicht, nehmlich funfzehn Fuß über dem Zeichen der gewöhnlichen Fluth. Nun fing es an zu fallen, anfangs langsam, dann aber sehr schnell; oft sank es in vier und zwanzig Stunden um mehr als zwölf Zoll. Zu Anfang des Novembers hatte der Fluß wieder seine gewöhnliche Höhe und auch wiederum Ebbe und Fluth. Zugleich ward die Luft weniger feucht, daher ich mich denn allmählich erhohlte und an meine Abreise denken konnte; die beste Jahreszeit zum Reisen war da, die Ernte war vorüber, Lebensmittel die Fülle und wohlfeil.

Dr. Laidley machte um diese Zeit eine Geschäftsreise nach Dschonkakonda. Ich bat ihn, mir durch seinen Einfluß bei den Slatihs, oder Sklavenhändlern, Gelegenheit zu verschaffen, daß ich in Gesellschaft und unter dem Schutz der nächsten Koffle (oder Caravane,) die von Gambia nach dem Innern des Landes abgehen würde, die Reise mitmachen könne; und zugleich trug ich ihm auf, mir ein Pferd und zwei Esel zu kaufen. Nach wenigen Tagen kam der Doctor nach Pisania zurück, und sagte mir, daß während der trocknen Jahreszeit gewiß eine Koffle nach dem Innern des Landes abgehen würde, weil aber mehrere Kaufleute ihre Waaren noch nicht beisammen hätten; so lasse sich nicht bestimmen, wann.

Weil mir nun die Slatihs und das andere Volk, woraus die Caravane bestand, völlig unbekannt, sie auch meinem Plane eigentlich entgegen waren, und überhaupt nichts weniger als geneigt schienen sich mit mir in irgend etwas einzulassen, auch die Zeit der Abreise noch so sehr ungewiß war; so entschloß ich mich, die gute Jahreszeit zu nutzen und mich ohne sie auf den Weg zu machen.

Dr. Laidley pflichtete mir bei, und versprach nach Möglichkeit dafür zu sorgen, daß ich bequem und sicher reisen könne. Der Entschluß war gefaßt und ich machte Anstalten zur Abreise.

Da ich jetzt von meinem gastfreundlichen Beschützer mich trenne, (dessen Sorgfalt und Güte bis zum Augenblick meiner Abreise nicht ermüdete *) und auf einige Zeit von den Gegenden des Gambia Abschied nehme; so werden einige Nachrichten von den verschiedenen Negervölkern, welche die Ufer dieses großen Stromes bewohnen, wie auch von ihrem Verkehr mit den europäischen

*) Leider hat Dr. Laidley seitdem den Tribut der Natur bezahlt. Er verließ Afrika zu Ende des Jahrs 1797, mit dem Vorsatz, über Westindien nach England zurück zu gehen und starb bald nach seiner Ankunft in Barbados.

Nationen, die hier Handel treiben, im nachfolgenden Abschnitt hoffentlich an ihrer rechten Stelle stehen.

Zweiter Abschnitt.

Nachricht von den Felupen, den Jaloffen, den Fulahs und den Mandingohs. Von dem Handel zwischen den Europäern und den Afrikanern am Gambia, ingleichen von dem Verkehr zwischen den Bewohnern der Küste und den Völkern im Innern des Landes.

Die Eingebohrnen in den Gegenden des Gambia können, dünkt mich, obschon sie in eine große Menge verschiedener Staaten vertheilt sind, dennoch unter vier große Klassen gebracht werden; nemlich: die Felupen, die Jaloffen, die Fulahs und die Mandingohs. Unter allen diesen Nationen hat sich die mahomedanische Religion sehr ausgebreitet, doch hängt der größere Theil, sowohl unter Freien als Sklaven, noch immer an dem blinden wiewohl harmlosen Aberglauben seiner Voreltern, und diese werden dann von den Mahomedanern Kafirs, oder Ungläubige, genannt.

Von den Felupen habe ich wenig mehr zu dem hinzu zu setzen, was ich schon im vorigen Abschnitte gesagt habe. Sie sind sehr mürrisch und werden für unversöhnlich gehalten. Man sagt sogar, daß sie ihren tödtlichen Haß mit ihren Fehden den Nachkommen übertragen, so daß ein Sohn, aus rein kindlichem Gefühle, es als eine ihm obliegende Pflicht ansieht, der Rächer seines verstorbenen Vaters zu sein. Wenn, bei einem plötzlich entstehenden Streit, einer das Leben verliert, was denn bei ihren Festen gewöhnlich geschieht, wo die ganze Versammlung in Meth berauscht zu sein pflegt; so sucht sein Sohn (und zwar der Aelteste, wenn er mehrere hat) die Sandalen (Pantoffeln) seines Vaters sich zu verschaffen, die er so lange einmal im Jahre, und zwar an seines Vaters Sterbetag anzieht, bis er eine schickliche Gelegenheit gefunden hat, seinen Tod zu rächen, und früher oder später entgeht ihm diese Gelegenheit nie. Manche gute Eigenschaft aber hält dieser rachsüchtigen Gemüthsart das Gleichgewicht. So sind sie, zum Beispiel, dankbar und anhänglich gegen ihre Wohlthäter, und die Treue, womit sie ein ihnen anvertrautes Gut aufbewahren, ist außerordentlich. Während des jetzigen Krieges haben sie oft zu den Waffen gegriffen um englische Kauffartheischiffe gegen französische Kaper zu vertheidigen; und oft wird englisches Eigenthum von ansehnlichem Werthe auf eine lange Zeit in Wintain gelassen und einzig und allein der Obhut der Felupen anvertraut, die bei solchen Gelegenheiten allemal die strengste Pünktlichkeit und Gewissenhaftigkeit bewiesen haben. Wie sehr wäre es zu wünschen, daß ein Volk von solcher Festigkeit und Ehrlichkeit im Charakter, durch den milden, wohlwollenden Geist des Christenthums, auch noch sanft gemacht würde!

Die Jaloffen (oder Dschaloffen) sind ein thätiges, mächtiges, und kriegerisches Volk, das den Strich Landes bewohnt, der zwischen dem Senegal und den Mandingo=Staaten am Gambia liegt; doch ist es von den Mandingohs, sowohl in Sprache als an Farbe und Gesichtszügen verschieden. Die Jaloffen haben nicht so eingedrückte Nasen und nicht so aufgeworfene Lippen als alle übrige Afrikaner, deshalb werden sie auch, obgleich sie der Farbe nach die schwärzesten von allen Negern sind, von den Weißen doch für die schönsten in diesem Theil von Afrika gehalten.

Sie sind in verschiedene unabhängige Staaten oder Königreiche vertheilt, die oft unter einander, oder mit den Nachbarn im Krieg sind. In ihrer Lebensweise, ihrer Religion und ihrer Regierungsform, haben sie mit

den Mandingohs die meiste Aehnlichkeit: übertreffen diese
aber bei weitem im Verfertigen der Baumwollenzeuge;
der Faden ist nehmlich feiner, das Zeug breiter, und die
Farbe schöner.

Ihre Sprache, sagt man, sei reich und ausdrucksvoll
und sie wird oft von Europäern, die nach dem Senegal
handeln, erlernt. Aus eigener Erfahrung kann ich nicht
davon urtheilen, ich habe nichts als ihre Zahlen behalten:

Eins	—	Wihn.
Zwei	—	Jar.
Drei	—	Jat.
Vier	—	Janet.
Fünf	—	Judom.
Sechs	—	Judom=Wihn.
Sieben	—	Judom=Jar.
Acht	—	Judom=Jat.
Neun	—	Judom=Janet.
Zehn	—	Fuhk.
Eilf	—	Fuhk aug=Wihn.

Die Fulahen (oder Pholyen) wenigstens die am
Gambia wohnenden, sind meistentheils von braungelber
Gesichtsfarbe, haben weiches Seidenhaar und liebliche
Züge. Sie haben das Hirtenleben gewählt und sich in
allen den Königreichen, die an der Küste liegen, als Hirten und Landleute niedergelassen; für das Stück Land,
welches sie bebauen, entrichten sie dem Könige eine Ab-
gabe. Ich hatte während meines Aufenthalts in Pisania
eben nicht Gelegenheit, sie genauer kennen zu lernen,
werde aber in der Folge aus eigener Erfahrung von ihrem
Charakter ein mehreres sagen.

Die Mandingohs endlich machen, in allen Staaten
von Afrika, die ich besucht habe, die größte Masse der Einwohner aus; ihre Sprache wird in diesem Theil des festen

Landes allgemein verstanden und fast eben so allgemein
gesprochen.   Ihre Zahlen lauten wie folgt *).

Eins	—	Killin.
Zwei	—	Fula.
Drei	—	Sabba.
Vier	—	Nani.
Fünf	—	Lulo.
Sechs	—	Woro.
Sieben	—	Oronglo.
Acht	—	Sie.
Neun	—	Conunta.
Zehn	—	Tang.
Eilf	—	Tan=ning=Killin u. s. w.

Mandingohs heißen sie wol daher,   weil sie ur=
sprünglich aus dem Mandingo=Staate (von dem ich
weiter unten einige Nachrichten geben werde) ausgewan=
dert sind,   aber ganz gegen die Regierungsform ihres ei=
gentlichen Vaterlandes,   welche republikanisch ist,   schien
mir die Regierung in allen Mandingo=Staaten am Gambia
monarchisch zu sein.   Die Macht des Souverains ist indeß
keinesweges ganz uneingeschränkt.   Bey jedem wichtigen
Geschäft,   beruft der König eine Versammlung der ange=
sehensten Männer,   oder der Aeltesten,   auf deren Rath er
hören muß,   und ohne deren Zustimmung er weder Krieg
noch Frieden beschließen kann.

In jeder angesehenen Stadt ist eine obrigkeitliche
Person,   die man den Alkaid nennt,   dessen Amt erblich,
und dessen Geschäft ist,   Ordnung zu erhalten,   und von
den Reisenden den Zoll einzufordern;   auch hat er bei al=
len Versammlungen,   die zu Entscheidung von Rechtsstrei=
tigkeiten gehalten werden,   den Vorsitz.   Der Gerichts=
hof bestehet aus den angesehensten freien Männern der
Stadt

*) In Franz Moore's Reisen findet man ein ziemlich reichhaltiges
Wörterbuch der Mandingo=Sprache, das im Ganzen korrekt ist.

Stadt und heißt Palaver; er versammelt sich unter
freiem Himmel, und es wird dabei alles mit vieler Feierlichkeit verhandelt. Bey Streitigkeiten werden beide Parteien genau verhört, und die Zeugen öffentlich vernommen; die Entscheidung hat gewöhnlich den Beifall des
zahlreichen Volks, das die Versammlung umgiebt.

Da die Neger in ihrer eigenen Sprache gar nichts Ge-
schriebenes haben, so berufen sie sich bei ihren Aus-
sprüchen allemal auf alte Gebräuche; seitdem aber
das mahomedanische System so große Fortschritte bei ihnen gemacht hat, haben die Neubekehrten allmählich mit
den Religionslehren auch manche bürgerliche Einrichtung
des Propheten angenommen; und wo der Koran nicht
klar genug ist, nehmen sie ihre Zuflucht zu einem Com-
mentar, Al Scharra genannt, der eine vollständige
Sammlung der mahomedanischen Civil- und Criminal-
gesetze mit hinzugefügten Erläuterungen enthalten soll.

Da die Richter sich oft auf geschriebene Gesetze berufen, welche den eingebohrnen Heiden nothwendig unbekannt sein müssen; so haben sie in ihren Palavern (was
ich bei den Afrikanern gewiß nicht erwartet hätte) Advokaten von Profession eingeführt, die, wie bei uns in
England, des Klägers oder des Beklagten Sache vortragen. Diese Advokaten sind mahomedanische Neger,
welche die Gesetze des Propheten mit großem Fleiß studirt
haben, oder dieses Studium wenigstens vorgeben; und,
so viel ich aus ihren Reden urtheilen kann, deren ich
mehrere gehört habe, stehen sie auch den besten europäischen Advokaten nicht nach, weder in Spitzfindigkeiten,
noch in der Kunst, eine Sache in die Länge zu ziehen oder
sie nach Belieben zu verwickeln und zu verwirren. Während ich in Pisania war, ereignete sich eine gar treffliche Gelegenheit, bei welcher die mahomedanischen Advokaten ihre
ganze Geschicklichkeit zeigen konnten. Der Fall war dieser:

Park's Reise.　　　　B

Ein Esel eines Serawullih-Negers*) war in das Kornfeld eines Mandingo-Einwohners gekommen und hatte es sehr verwüstet. Der Mandingo ertappte das Thier in seinem Felde und schnitt ihm sogleich die Kehle ab. Der Serawullih berief ein Palaver, um eine Entschädigung für sein Thier zu erhalten, worauf er einen hohen Werth setzte. Der Beklagte gestand zwar, daß er den Esel getödtet habe, sagte aber, daß der Verlust, den er durch die Verheerung in seinem Korn erlitten, wohl der Summe gleich wäre, die jener für den Esel fordere. Die Wahrheit dieser Aussage auszumitteln war nun der Hauptgegenstand, und die gelehrten Advokaten wußten die Sache dergestalt zu verwirren, daß nach einer Sitzung von drei Tagen die Versammlung aufgehoben ward, ohne das Geringste entschieden zu haben.

Die Mandingohs sind, im Ganzen genommen, gesellig, mild und von gefälligem Wesen. Die Männer sind gewöhnlich von mehr als mittlerer Größe, wohlgestaltet, stark, und können schwere Arbeit verrichten; die Frauen sind gutmüthig, lebhaft und angenehm. Der Anzug beider Geschlechter besteht in Baumwollenzeug von ihrer eigenen Arbeit; die Männer tragen einen losen Rock, der fast wie ein Chorhemd gemacht ist; weite Beinkleider, die bis auf die Mitte der Beine reichen, Sandalen (Pantoffeln) und eine weiße baumwollne Mütze. Der Frauen-Anzug besteht in zwei Stücken Zeug, jedes sechs Fuß lang und drei Fuß breit; das eine ist um den Leib gewickelt, und die beiden herunterhangenden Enden dienen statt eines Rockes, das andere Stück ist nachlässig um Brust und Schultern geworfen.

Diese Art sich zu kleiden ist fast in allen Gegenden dieses Theils von Afrika gebräuchlich, und das Eigenthümliche einer jeden Nation besteht bloß in dem Kopfputz der Frauen. So tragen, zum Beispiel, die

---

*) Ein Volk in den innern Gegenden des Landes, nahe am Senegal, von welchem weiter unten die Rede sein wird.

Frauen, in den Gegenden des Gambia, eine Art von Binde um den Kopf, die sie Jalla nennen; es ist ein schmaler Streif Baumwollenzeug, der über der Stirn mehreremale dicht um den Kopf gewickelt wird. In Bondu tragen sie Schnüre von weißen Korallen um den Kopf gewunden, und mitten auf der Stirn eine kleine Goldplatte. In Kasson ist der Kopfputz besonders zierlich und geschmackvoll, und besteht aus weißen Seemuscheln. In Kaarta und Ludamar thürmen sie sich das Haar vermittelst eines Polsters auf, dergleichen die Frauen sonst in England trugen, (ein bourlet) und schmücken es mit einer Art von Corallen aus dem rothen Meere, welche die von Mecca zurückkommenden Pilgrimme mitbringen, und um sehr hohe Preise verkaufen.

In dem Bau ihrer Wohnhäuser richten sich die Mandingos nach dem in diesem Theil von Afrika allgemein üblichen Brauch, das heißt, sie begnügen sich mit kleinen unbequemen Hütten.

Eine vier Fuß hohe cirkelförmige Lehmwand, mit einem kegelförmiggestalteten Dache von Sparren aus Bambusrohr mit Gras gedeckt, ist der Pallast des Königs, wie die Hütte des Sklaven. Eben so einfach ist auch ihr Hausgeräth. Ein Bündel Rohr auf zwei Fuß hohe Pfosten gelegt, worüber eine Matte oder Rindshaut ausgebreitet wird, dient zum Bette. Das Uebrige besteht in einem Wasserkrug, einigen irdenen Koch = Töpfen, einigen hölzernen Näpfen und Kürbisflaschen, und ein oder zwei niedrigen Stühlen.'

Da jeder freie Mann mehrere Frauen hat, so findet man es nöthig, (vermuthlich um ehelichen Streitigkeiten vorzubeugen,) daß jede Frau ihre eigne Hütte habe; und alle Hütten, die zu einer Familie gehören, sind mit einem Zaun von Bambusrohr umgeben, das gespalten und geflochten wird. Die ganze Umzäunung

heißt ein Sirk oder Surk. Eine Anzahl solcher Umzäunungen mit engen Zwischenräumen, nennt man dort
eine Stadt. Die Hütten werden aber ganz nach den
oft sonderbaren Ideen des Eigenthümers gebaut, ohne
alle Regelmäßigkeit, ausgenommen daß die Thür allemahl nach Südwesten angebracht wird, damit die See-
luft hinein dringen könne.

In jeder Stadt ist eine Art von großer Bühne, Bentang genannt, welche das Rathhaus vorstellt und zugleich zu einem öffentlichen Sammelplatz dient. Sie besteht aus geflochtenem Rohr, und wird, um Schutz gegen
die Sonne zu haben, gewöhnlich unter einem großen Baum
errichtet. Dort werden alle Geschäfte abgemacht, alle
Gerichtsversammlungen gehalten und die Müßigen und
Trägen lagern sich darum her um ihre Pfeife zu rauchen
und Neuigkeiten zu hören. Auch haben die Mahomedaner
eine Missura oder Moschee, wo sie täglich zum Gebete
zusammen kommen.

Was ich bis jetzt von den Afrikanern gesagt habe, gilt
nur von den Freien, die, im Ganzen, den vierten Theil aller
Einwohner überhaupt ausmachen. Die andern drei Vier-
theile befinden sich in einem elenden Zustande von erblicher
Sklaverei; sie müssen das Land bestellen, die Heerden hüten
und, wie die Sklaven in Westindien, alle schwere Arbeit verrichten; doch geht in dem Mandingo-Staate die Oberherr-
schaft des Freien über den Sklaven nicht so weit, daß er
ihm das Leben nehmen, noch ihn einem Fremden verkaufen könnte, ohne deshalb ein Palaver berufen zu haben,
das heißt, ohne ihn zuvor öffentlich vor Gericht gestellt
zu haben: indeß genießen nur die eingebohrnen Sklaven
dieses Vorrechts. Kriegesgefangene, oder andre Unglückliche, die wegen Verbrechen oder Schulden zur Sklaverei verdammt, imgleichen die, welche aus dem Innern
des Landes zum Verkauf gebracht werden, finden nirgends
Schutz, und der Eigenthümer kann, ohne alle Einschrän-

kung mit ihnen verfahren, wie es ihm beliebt. Es ereignet sich zuweilen, daß, wenn grade kein Schiff an der
Küste ist, ein menschlicher und angesehener Hausherr die
gekauften Sklaven unter seine Hausgenossen aufnimmt,
und dann bekommen die Kinder, wenn gleich nicht die Eltern, die Rechte der eingebornen Sklaven.

Bei diesen allgemeinen Bemerkungen über die verschiedenen Nationen, welche die Ufer des Gambia bewohnen, will ich es vor der Hand bewenden lassen. Von
den Mandingohs wird mir der Verfolg meiner Reise ein
mehreres zu erwähnen Gelegenheit geben; das übrige, was
ich im Lande beobachtete, was sich aber mit der Erzählung
meiner Begebenheiten nicht füglich verbinden läßt, werde
ich am Ende des Buchs in eins zusammenfassen und gegenwärtigen Abschnitt mit einigen Nachrichten über den
Handel beschließen.

Eine portugiesische Factorei war das erste europäische
Etablissement an diesem berühmten Flusse, und daher
schreibt es sich, daß hier eine große Menge portugiesischer
Worte eingeführt sind, deren sich die Neger noch jetzt bedienen. Späterhin errichteten auch die Holländer, Franzosen und Engländer hier ebenfalls Factoreien, der eigentliche Handel aber war viele Jahre hindurch, als eine Art
von Monopol, in den Händen der Engländer. Franz
Moore giebt in seiner Reisebeschreibung Nachrichten von
den königlichen afrikanischen Gesellschafts-Etablissements
an diesem Flusse, denen zufolge im Jahr 1730 die James-
Factorei allein aus einem Gouverneur, einem Untergou-
verneur und zwei anderen Officianten bestand; zu welchen
noch acht Factore, dreißig Schreiber, zwanzig Subaltern-
bediente und Kaufleute, eine Compagnie Soldaten, zwei
und dreißig Negerbedienten, nebst einer Anzahl Schalup-
pen und Booten, und der dazu erforderlichen Mannschaft
gehörten; und außerdem befanden sich nicht weniger als

acht untergeordnete Factoreien noch an andern Orten des Flusses.

In der Folge ward der Handel mit Europa frei gegeben, dadurch aber fast ganz zerstört, so daß selbst d e r Theil, den die Engländer noch daran haben, nur unbedeutend ist; sie schicken nehmlich jährlich nicht mehr als zwei oder drei Schiffe dahin; und man hat mir versichert, daß der ganze Werth der englischen Ausfuhr hieher sich noch nicht auf zwanzigtausend Pfund Sterling belaufe. Die Franzosen und Dänen haben auch noch einen kleinen Antheil daran, und die Amerikaner haben kürzlich ebenfalls versucht, einige wenige Schiffe nach dem Gambia zu schicken.

Die Waaren, die aus Europa hieher kommen, bestehen größtentheils aus Schießgewehr und Ammunition, Eisenwaaren, starken Getränken, Taback, baumwollenen Mützen, etwas wenigem groben Zeuge, und einigen Artikeln der Manchester-Manufacturen, imgleichen einem kleinen Sortiment indianischer Waaren, als Glaskorallen, Bernstein und andern Kleinigkeiten; dafür werden Sklaven, Goldstaub, Wachs und Häute eingetauscht. Der Hauptartikel sind die Sklaven, aber die ganze Anzahl die jährlich ausgeführt wird, beträgt jetzt kaum tausend. Die meisten dieser unglücklichen Schlachtopfer werden durch Caravanen zu gesetzten Zeiten nach der Küste gebracht; viele von ihnen müssen aus sehr entfernten Gegenden im Innern sein, denn die Bewohner der Küste verstehen ihre Sprache nicht. Ueber die Art, wie sie in diesen Zustand gerathen, werde ich in der Folge die glaubwürdigsten Nachrichten, die ich mir verschaffen konnte, mittheilen.

Wenn sie ankommen, und es findet sich gerade keine Gelegenheit, sie vortheilhaft zu verkaufen; so werden sie in die benachbarten Dörfer vertheilt, bis ein Sklavenschiff ankommt, oder bis ein schwarzer Sklavenhändler sie auf

Speculation nimmt; bis dahin aber bleiben die armen Elenden beständig zwei und zwei aneinander gefesselt, und müssen Feldarbeit verrichten. Leider muß ich hinzusetzen, daß sie äußerst hart behandelt werden, und nur spärliche Kost bekommen. Der Preis eines Sklaven steigt und fällt, je nachdem viel Käufer da sind, und viel Caravanen aus dem Innern ankommen; im Durchschnitt aber kostet ein gesunder junger Mann, zwischen sechszehn und fünf und zwanzig Jahren auf der Stelle achtzehn bis zwanzig Pfund Sterling (126 bis 140 Thaler.)

Die schwarzen Sklavenhändler, welche, außer Sklaven, den Weißen auch, noch andere Waaren zum Verkauf bringen, versehen zugleich die Bewohner der Seeküste mit Eisen, wohlriechenden Harzen, Räucherwerk und Schitulu (Baumbutter). Diese wird vermittelst kochenden Wassers aus dem Kern einer Nuß gezogen, sie hat die Festigkeit und das Ansehn unserer zubereiteten Butter, und macht diese so wie das Oel entbehrlich; die Nachfrage darnach ist also zu allen Zeiten sehr stark.

Die Küstenbewohner versehen dafür das innere Land mit Salz, und zu meinem Leidwesen habe ich es während meiner Reise oft erfahren, daß dies eine kostbare und seltne Waare daselbst ist, obschon auch die Mauren eine ansehnliche Menge, welche sie aus den Salzgruben der großen Wüste erhalten, hinschicken, und dafür Baumwollenzeug, Korn und Sklaven eintauschen.

Bei diesem Vertauschen einer Waare gegen die andere mußten anfangs vielerlei Unbequemlichkeiten entstehen, weil sie weder Geld noch sonst ein bestimmtes Mittel kannten, um den Unterschied zwischen dem Werth verschiedener Waaren auszugleichen; um diesem abzuhelfen, bedienen sich die Bewohner des Innern kleiner Muscheln, die sie Kauries nennen; die Küstenbewohner aber helfen sich auf eine andre ihnen ganz eigene Art.

Das Eisen war in ihrem ersten Handel mit den Europäern der Hauptartikel, weil es zu Waffen und Ackergeräth vorzüglich gut war, und bald ward es das Maaß, nach dem man den Werth der andern Waaren bestimmte. Eine gewisse Quantität Waare von jeder Art, die ohngefähr den Werth einer Eisenbarre hatte, hieß in der Handelssprache eine Barre von dieser Waare. Zwanzig Blätter Taback, zum Beispiel, hieß eine Barre Taback; vier Maaß Brantwein, (der in der Regel immer zu gleichen Theilen mit Wasser verdünnt ist) eine Barre Brantwein.

Da aber der Werth der Waaren, je nachdem der Markt voll oder leer ist, nothwendig bald fallen, bald steigen mußte, so fand man es nöthig, denselben näher zu bestimmen, und die Weißen haben den Werth einer einzelnen Barre jeder Art jetzt auf zwei Schilling Sterling (ohngefähr ein Gulden) festgesetzt. So sagt man von einem Sklaven, der 15 Pfund kostet, er sei 150 Barren werth.

Bei diesem Verkehr hat der Weiße natürlich großen Vortheil gegen den Afrikaner, mit dem auch deßhalb schwer fertig zu werden ist. Er ist sich seiner Unwissenheit bewußt, und ist so argwöhnisch und schwankend, daß der Europäer den Handel nicht eher für wirklich geschlossen hält, bis das Kaufgeld bezahlt und der Afrikaner wieder fort ist.

Nach diesen allgemeinen Bemerkungen über das Land und dessen Bewohner, wie ich sie während meines Aufenthalts in der Nähe des Gambia machen konnte, will ich den Leser nicht länger mit Einleitungen aufhalten, sondern in dem folgenden Abschnitte umständlich und treu erzählen, was mir auf meiner mühseligen und gefahrvollen Reise von Anfang bis zu Ende begegnet ist.

Dritter Abschnitt.

Der Verfasser reiset von Pisania ab und erreicht Dschindl —
er geht weiter nach Medina, der Hauptstadt von Wulli —
Unterredung mit dem Könige — Amulete — kömmt nach
Kolor — Beschreibung des Mumbo Jumbo — kömmt
nach Kuhdschar und erreicht Tallika, im Königreich
Bondu.

Am 2ten December 1795 verließ ich die freundliche Wohnung des Dr. Laidley. Glücklicherweise hatte ich einen
Negerbedienten, Nahmens Johnson, der englisch und
mandingo sprach. Er war aus diesem Theil von Afrika
gebürtig, in seiner Jugend als Sklave nach Jamaika gekommen, hatte dort seine Freiheit erhalten, war mit seinem
Herrn nach England gegangen, wo er sich mehrere Jahre
aufgehalten hatte und war endlich nach seinem Vaterlande
zurückgekehrt. Dr. Laidley empfahl ihn mir, und ich
miethete ihn als meinen Dolmetscher monatlich für funfzehn Barren, wovon Er zehn und seine zurückbleibende
Frau fünf erhielt.

Dr. Laidley gab mir auch einen seiner eignen Negerjungen, Namens Demba mit; einen lebhaften Burschen,
der die Mandingo- und Serawulli-Sprache *) redete, und
bei unsrer Rückkunft seine Freiheit haben sollte, wenn er
mir treu dienen und sich gut aufführen würde. Ich versah
mich mit einem Pferde für mich selbst, einem kleinen aber
lebhaften Thiere, das mir sieben Pfund zehn Schilling
(ohngefähr 52 Thaler) kostete, und mit zwei Eseln für
meine beiden Begleiter. An Gepäck nahm ich so wenig
als möglich mit, nehmlich blos Lebensmittel auf zwei Tage,
etwas Korallen, Bernstein und Taback, um mir neuen
Mundvorrath zu verschaffen; etwas Wäsche, die unent-
behrlichsten Kleidungsstücke, einen Sonnenschirm, einen

*) S. oben zu Seite 18.

Taschensextanten, einen Compaß und ein Thermometer; zwei Vogelflinten, zwei Paar Pistolen und einige andere Kleinigkeiten.

Ein freier Mann (ein Buschrihn oder Mahomedaner), Namens Madibu, welcher nach dem Königreich Bambarra reisete, zwei serawullihsche Slatihs, die nach Bondu gingen, und ein Neger Namens Tami aus Kasson, auch ein Mahomedaner, der mehrere Jahre dem Dr. Laidley als Schmidt gedient, und jetzt mit dem was er sich von seiner Arbeit erspart hatte, nach seiner Geburtsstadt heimkehrte, boten mir ihre Dienste an, so weit unsere Reise uns mit einander führen würde. Sie gingen alle zu Fuß, und trieben ihre Esel vor sich her.

So hatte ich nicht weniger als sechs Begleiter, in deren Augen ich ein sehr bedeutender Mann war; denn man hatte ihnen angekündigt, daß ihre glückliche Rückkehr in die Gegenden am Gambia lediglich von meiner Erhaltung abhinge.

Dr. Laidley und die Herren Ainsley waren so gütig mich die ersten zwei Tagereisen mit einem Theil ihrer Bedienten zu begleiten, und ich glaube gewiß, daß sie besorgen mochten, mich nie wieder zu sehen.

Nachdem wir über den Walli=krihk, (einem Arm des Gambia) gesetzt hatten, erreichten wir noch an dem nehmlichen Tage Dschindi und stiegen im Hause einer schwarzen Frau ab, die vormals die Geliebte eines weißen Handelsmanns gewesen war, und deßhalb vorzugsweise Seniora genannt wurde. Den Abend spazierten wir nach einem benachbarten Dorfe, das einem der reichsten Slatihs, Namens Jemaffu Mamadu, gehörte. Wir trafen ihn zu Hause und er fand sich durch unsern Besuch so geehrt, daß er uns ein schönes Rind schenkte, das gleich geschlachtet, und zum Theil zu unserm Abendbrodt bereitet ward.

Die Neger essen gewöhnlich sehr spät. Um uns nun während der Bereitung des Abendessens die Zeit zu vertreiben, foderte man einen Mandingo auf, einige belustigende Geschichtchen zu erzählen; die wir denn drei Stunden lang mit anhörten. Diese Erzählungen sind den arabischen ähnlich, nur sind sie mehr scherzhafter Art. Ich theile hier im Auszug eine mit.

„Vor mehreren Jahren (begann der Erzähler) wurden die Einwohner von Dumasansa, einer Stadt am Gambia, gar sehr von einem Löwen geplagt, der jede Nacht ihre Heerden anfiel. Wüthend über diese ewige Plage, beschloß das Volk Jagd auf das Raubthier zu machen. Sie zogen aus den Feind zu suchen, und fanden ihn im Dicficht verborgen. Sie feuerten sogleich auf ihn und waren glücklich genug, ihn so stark zu verwunden, daß, als er auf sie losspringen wollte, ihn die Kraft verließ und er zurück sank. Doch zeigte er noch so viel Stärke, daß niemand sich ihm zu nähern wagte. Man berathschlagte, wie man sich seiner lebendig bemächtigen könnte, weil dies der sicherste Beweis ihrer Tapferkeit sein, und ihnen zugleich etwas ansehnliches eintragen würde, wenn sie das Thier nach der Küste brächten und es den Europäern verkauften. Ein alter Mann schlug vor, das Sparrwerk eines Dachs von einem Hause abzunehmen und es über den Löwen zu werfen; sollte er, während sie sich ihm näherten, auf sie losspringen wollen, so dürften sie nur das Dach über sich herab fallen lassen und durch die Oeffnungen feuern.

„Dieser Vorschlag ward angenommen. Es wurde ein Hüttendach abgehoben und die Löwenjäger zogen muthig damit zu Felde; jeder hatte in der einen Hand ein Schießgewehr und trug das Dach auf der entgegensetzten Schulter. So näherten sie sich dem Feinde, welcher aber wieder Kräfte gesammelt hatte, und so grimmig aussah, daß die Jäger es für gescheiter hielten, für ihre eigne

Sicherheit zu sorgen und sich mit dem Dache zu bedecken. Unglücklicherweise war der Löwe zu schnell; während sie das Dach niederließen, machte er einen Sprung, und ward mit seinen Verfolgern in denselben Käfig gefangen; und zum Entsetzen und Jammer der Dumasanser, verzehrte sie das Thier, einen nach dem andern, ganz nach Bequemlichkeit. Noch jetzt ist es gefährlich in jener Gegend diese Geschichte zu erzählen, denn die Einwohner haben sich dadurch in der ganzen Nachbarschaft zum Gelächter gemacht, und mit nichts kann man sie so aufbringen, als wenn man sie auffodert: einen Löwen lebendig zu fangen."

Um ein Uhr Nachmittags, den dritten December, nahm ich Abschied vom Dr. Laidley und den Herren Ainsley, und ritt langsamen Schrittes in den Wald hinein. Ein gränzenloser Wald lag vor mir, und zwar in einem Lande, dessen Einwohner ganz roh sind, und wo ein Weißer meistentheils ein Gegenstand der Neugierde oder der Raubsucht ist. Die Freunde, denen du eben jetzt Lebewohl gesagt hast, sind, dachte ich, wahrscheinlicherweise die letzten Europäer die du gesehn hast, und du bist von nun an vielleicht auf immer aus der Gesellschaft der Christen ausgeschlossen. Solche Gedanken trübten meine Seele, und ich mochte wohl drei Meilen in tiefem Nachdenken geritten sein, als ich in meinen Träumereien durch einen Haufen Volks gestört ward, das auf uns zulief, die Esel anhielt und uns andeutete, daß wir nach Peckaba gehn, und uns bei dem Könige von Walli melden oder den gewöhnlichen Zoll hier auf der Stelle erlegen müßten. Vergebens suchte ich ihnen begreiflich zu machen, daß, da ich nicht in Handelsgeschäften reisete, ich auch unmöglich Abgaben entrichten könnte, die nur die Slatihs angingen. Sie erwiederten, alle Reisende müßten dem König ein Geschenk machen, und wenn ich das nicht wollte, so dürfte ich nicht weiter reisen. Da sie zahlreicher als wir und überdem sehr laut waren; so hielt ich es fürs klügste, nachzugeben, und reichte ihnen vier Barren Taback für den König, worauf sie mich meines Weges ziehen ließen. Mit Sonnenuntergang kam ich in ein Dorf, nahe bei Kutacunda, und blieb die Nacht über dort.

Am vierten December, Morgens, kamen wir durch Kutakunda, die letzte wallihsche Stadt, und nahe dabei wurde ich in einem kleinen Dorfe angehalten, um dem Könige von Wulli den Zoll zu entrichten; die folgende Nacht ruheten wir in einem Dorfe Tabajang, und am nächsten Mittag, den fünften December, erreichten wir Medina, die Hauptstadt des wullihschen Gebiets.

Walli begrenzt das Königreich Wulli gegen Westen, der Gambia gegen Süden, der kleine Wallifluß gegen Nord = Westen, Bondu gegen Nord = Osten und gegen Osten die simbanische Wüste.

Das ganze Land ist voller sanft abhängigen Hügel die mit großen Waldungen bewachsen sind, und in den dazwischen liegenden Thälern befinden sich die Städte. Bei jeder Stadt ist so viel Land angebauet, als hinreicht die Einwohner zu ernähren; der Boden ist sehr fruchtbar; in den Thälern wird vornehmlich Baumwolle, Taback und allerhand Küchengewächse erzeugt, die Hügel aber werden mit Korn besäet; blos gegen die Gipfel hin, deuten kurzes Gesträuch und der rothe Eisenstein, die Grenze der Fruchtbarkeit an.

Die Einwohner sind Mandingohs, und, wie die meisten von dieser Nation, in zwei große Secten getheilt, in Mahomedaner (Buschrihns) und in Heiden, Kafirs (Ungläubige) oder Sonakihs (Leute die starkes Getränk lieben). Die Heiden machen bei weitem die größte Anzahl aus, und die Regierung ist in ihren Händen; denn, obschon bei wichtigen Vorfällen die vornehmsten Buschrihns oft zu Rathe gezogen werden, so sind sie doch von der ausübenden Gewalt ausgeschlossen, welche allein in den Händen des Mansa, oder Fürsten, und seiner vornehmsten Staatsbedienten ist. Den ersten Rang unter diesen behauptet der Farbanna, oder nächste Thronerbe; auf diesen folgen, nach der Autorität, die sie in Händen haben, die Alkaids, oder Provinzialgouverneurs, die auch Kimohs genannt werden: das übrige Volk theilt man nur überhaupt in Freie und Sklaven *); unter den erstern sind die obenerwähnten Slatihs die Vornehmsten; in allen Klassen aber wird das Alter geehrt.

Der älteste Sohn ist Erbe des Throns; ist er aber noch unmündig, oder ist überhaupt kein männlicher Nachfolger da; so versammeln sich die Vornehmsten und übergeben dem nächsten Verwandten des verstorbenen Monarchen die Regierung, nicht etwa als Vormund oder Regent, sondern für sich und mit gänzlicher Ausschließung des Unmündigen. Die Staatsausgaben werden, nach Maasgabe des Bedürfnisses, durch Tribut vom Volke und durch Zollabgaben von den durchgehenden Waaren bestritten. Die landeinwärtsgehenden Kaufleute müssen ihre Abgaben in europäischen Waaren, die aus dem Innern des Landes Seewärts gehenden hingegen in Eisen und Baumbutter entrichten, und zwar in jeder einzelnen Stadt, welche sie unterweges passiren.

Medina **), die Hauptstadt des Königreichs, worin ich mich jetzt befand, ist von ansehnlichem Umfange; sie zählt achthundert bis tausend Häuser, und ist nach allgemeiner Landessitte mit einer hohen Lehmmauer, einer Umzäunung von spitzigen Pfählen und stachlichtem Gesträuch, umgeben. Die Mauer ist aber sehr verfallen, und die Umzäunung hat von der Hand rüstiger Hausfrauen, welche die Pfähle zu Brennholz weggeschleppt haben, manches gelitten. Ich wohnte bei einem nahen Verwandten des Königs, der mir in Absicht der Etikette sagte, daß, wenn ich

---

*) Die Freien heißen Horih, die Sklaven Dschong.

**) Medina heißt im Arabischen eine Stadt: dieser Name ist nicht ungewöhnlich bei den Negern, und wahrscheinlich haben sie ihn von den Mahomedanern entlehnt.

dem Könige vorgestellt würde, ich ihm nicht die Hand reichen dürfte; diese Freiheit werde keinem Fremden gestattet. Ich wollte ihm nehmlich Nachmittags meine Aufwartung machen und mir die Erlaubniß erbitten, durch sein Gebiet nach Bondu reisen zu dürfen.

Der König hieß Dschatta, und war der nehmliche ehrwürdige Greis, dessen der Major Houghton so vortheilhaft erwähnt. Ich fand ihn auf einer Matte vor der Thür seiner Hütte sitzend, und zu beiden Seiten viel Männer und Frauen, welche sangen und in die Hände dazu schlugen. Ich grüßte ihn aufs ehrerbietigste und trug mein Anliegen vor. Der König antwortete sehr gnädig, daß er mir nicht nur Erlaubniß gebe, durch seine Staaten zu gehen, sondern er wolle auch für meine Sicherheit beten; worauf einer von meinen Begleitern, wahrscheinlich zum Dank für des Königs Herablassung, ein arabisches Lied zu singen, oder vielmehr zu brüllen anfing, wobei zwischen jeder Pause der König und alle Anwesende die Hände gegen die Stirn schlugen, und mit einer andächtigen Feierlichkeit, Amen, Amen, ausriefen *). Der König versprach mir auch, mich den andern Tag sicher bis an die Grenze seines Reichs geleiten zu lassen. Ich beurlaubte mich und schickte am Abend dem König eine Anweisung auf Dr. Laidley von zwölf Maaß Rum, wofür ich einen großen Vorrath Lebensmittel von ihm zum Gegengeschenk bekam.

Den sechsten December ging ich am frühen Morgen wieder zum Könige, um mich zu erkundigen, ob für jemand, der mir zum Führer und Begleiter dienen sollte, gesorgt sei? Ich fand Seine Majestät auf einem Felle an einem großen Feuer sitzen, denn die Afrikaner sind gegen die geringste Veränderung in der Temperatur der Luft äußerst empfindlich und beklagen sich oft über Kälte, wann ein Europäer

---

*) Man sollte daraus schließen, daß der König ein Mahomedaner gewesen sei, man hat mir aber das Gegentheil versichert. Er betete wol nur aus reinem Wohlwollen mit, in der Meinung, daß der Allmächtige jedes andächtige, aufrichtige Gebet erhört, es komme von einem Buschrihn oder von einem Heiden.

es vor Hitze kaum aushält. Er empfing mich sehr freundlich, und bat mich dringend, doch von dem Vorhaben, das Innere von Afrika zu bereisen, abzustehen; der Major Houghton, sagte er, sei umgebracht worden, und mir würde es gewiß nicht besser ergehen. Ich solle die Einwohner der östlichen Gegenden nicht nach den Wuslihs beurtheilen, denn diese wären mit den Weißen bekannt und ehrten sie, jene aber hätten nie einen Weißen gesehen und würden mich unfehlbar umbringen. Ich dankte dem König für seine gütige Fürsorge, sagte ihm aber, daß ich alles genau erwogen habe und fest entschlossen sei, trotz allen Gefahren weiter zu gehen. Er schüttelte den Kopf, drang aber nicht ferner in mich, sondern sagte blos, daß der Führer sich Nachmittags einstellen sollte.

Um zwei Uhr kam er wirklich, ich nahm also Abschied von dem guten alten Könige, machte mich auf den Weg, und in drei Stunden erreichten wir Kondschur, ein kleines Dorf, wo wir die Nacht bleiben wollten. Hier kaufte ich für einige Korallen ein schönes Schaaf, welches meine serawulihschen Begleiter sogleich unter vielen religiösen Ceremonien schlachteten. Johnson, mein Dolmetscher, der Schlächterdienste versehen, und ein Serawullih, der ihm dabei geholfen hatte, stritten sich um die Hörner: ich legte den Streit dadurch bei, daß ich jedem eins gab. Die Neger bedienen sich solcher Hörner zu Capseln, um die Saffihs (Amulete), die jeder Afrikaner beständig bei sich trägt, vor Nässe zu schützen und sicher aufzubewahren. Diese Saffihs sind Gebete oder Sprüche aus dem Koran, welche die Priester auf kleine Stückchen Papier schreiben und den unwissenden Eingebohrnen verkaufen, welche denselben außerordentliche Wunder = Kräfte zuschreiben. Einige Neger tragen sie in Schlangenhaut eingewickelt um den Fuß, und glauben dadurch vor dem Biß dieser giftigen Thiere geschützt zu seyn; andere nehmen sie mit in den Krieg und bilden sich ein, daß ihnen alsdann der Feind nichts anhaben könne; gewöhnlich aber gebraucht man sie
als

als Hülfsmittel gegen Krankheiten, gegen Hunger und Durst, und als eine Versicherung, daß das höchste Wesen den, der damit versehen ist, in allen Begebenheiten seines Lebens in Schutz nehmen werde.

Man sollte kaum glauben, wie ansteckend diese Art von Aberglauben ist; denn, obschon die meisten Neger Heiden sind, und die mahomedanische Lehre durchaus verwerfen, so habe ich doch weder einen Buschrihn noch einen Kafir gefunden, der nicht an die mächtige Wirksamkeit dieser Amulete fest glaubte. Wahrscheinlich rührt dies daher, daß die Eingebohrnen dieses Theils von Afrika das Schreiben als eine Art von Magie ansehen, und mehr Vertrauen auf die Kunst des Magiers als auf die Sprüche des Propheten setzen.

Den siebenten verließ ich Kondschur und schlief in einem Dorfe, Malla, oder Malleng genannt; den achten, gegen Mittag, kamen wir nach Kolor, einer ansehnlichen Stadt, wo mir am Eingange eine Art von Maskenkleid aus Baumrinde gemacht, auffiel, das an einem Baume hing und, der Aussage meiner Begleiter nach, dem Mumbo Jumbo zugehörte. Dies ist ein Knecht Ruprecht, den man in allen Mandingo=Städten findet, und mit dessen Hülfe die heidnischen Einwohner ihre Frauen zum Gehorsam bringen: denn da die Kafirs so viel Frauen nehmen als sie ernähren können, und es sich wol ereignet, daß diese mit einander in Streit gerathen, und das Ansehen des Hausherrn nicht hinreicht, sie wieder in Ruhe zu bringen; so wird der Mumbo Jumbo als Mittler gerufen, und diesem gelingt es immer die Ruhe wieder herzustellen.

Dieser sonderbare Verwalter der Gerechtigkeit, (in dem man entweder den Mann selbst vermuthet, oder doch jemand, den er von allem unterrichtet hat), verkündigt in dieser auffallenden Verkleidung, mit einer Ruthe bewaffnet, seine Ankunft durch ein lautes und schreckliches Geschrei in den Wäldern außerhalb der Stadt; sobald es dunkel wird, geht seine pantomimische Rolle an: er kommt in die Stadt, und begiebt sich nach dem Bentang, wo alle Einwohner sich sogleich versammeln. Den Frauen ist dieser Vorfall wohl eben nicht erfreulich, denn da der Verkleidete ihnen völlig unbekannt ist, so fürchtet jede verheirathete Frau, daß der Besuch ihr zugedacht sei; erscheinen aber müssen sie alle, wenn sie aufgefodert werden. Mit Gesang und Tanz, der bis Mitternacht dauert, fängt die Ceremonie an; dann heftet der Mumbo seine Blicke auf die Verbrecherin. Diese Unglückliche wird darauf sogleich ergriffen, nackt ausgezogen, an einen Pfal gebunden, und unter Gelächter und Spott der ganzen Versammlung entsetzlich mit der Mumbo=Ruthe gepeitscht. Es ist empörend, daß gerade die F r a u e n sich bei solchen Gelegenheiten am lautesten gegen ihre arme Mitschwester zeigen. Diese unsittliche Scene pflegt bis zur Morgendämmerung zu dauern.

Den neunten December fanden wir unterweges nirgends Wasser, und eilten deshalb nach Tabakunda. Den zehnten, des Abends, kamen wir nach Kuniakary, einer Stadt, fast so groß als Kolor. Den eilften erreichten wir Kudschar, die Grenzstadt von Wulli gegen Bondu, von welchem es durch eine Wüste von zwei Tagereisen getrennt ist.

Mein wullishcher Führer, dem ich etwas Bernstein für seine Mühe gegeben hatte, ging nun zurück, und da man mir hier voraussagte, daß ich in der Wüste nicht immer Wasser finden würde; so sah ich mich nach Leuten um, die ich als Führer und zugleich als Wasserträger gebrauchen könnte. Drei Neger, Elephantenjäger, erboten sich dazu; ich nahm sie an und zahlte jedem drei Barren im voraus; der Tag war indessen größtentheils verstrichen, wir blieben also diese Nacht noch in Kudschar.

Obschon der Anblick eines Weißen den Kudscharern nicht völlig fremd ist, da mehrere von ihnen die Gegen-

den am Gambia zu besuchen pflegen, so betrachteten sie mich
dennoch mit einem Gemisch von Neugier und Ehrfurcht,
und auf den Abend luden sie mich ein, auf dem Bentang
einem Neobering, oder Wettkampf, beizuwohnen.
Die Zuschauer stellen sich in einen Kreis, in der Mitte
die Kämpfer, junge starke Leute, welche, wie es scheint,
von Kindheit an in dergleichen Kampfspielen geübt sind.
Sie haben nichts als ein Paar kurze Beinkleider an, und
nachdem sie sich den Körper mit Oel oder Butter gesalbt
haben, nähern sie sich einander auf allen Vieren. Eine
Zeitlang pariren sie mit der Hand, oder halten sie eine
Weile still ausgestreckt, bis einer von beiden plötzlich zu-
springt, seinen Gegner beim Knie packt, und ihn durch
Gewandtheit oder durch List überwältigt; doch behält am
Ende gemeiniglich der Stärkere die Oberhand, und meines Erachtens würden wenig Europäer sich mit dem Sieger
messen können. Während des Wettstreits werden die
Kämpfer durch die Musik einer Trommel angefeuert, und
scheinen sich mit ihren Bewegungen einigermaßen nach
dem Takt derselben zu richten.

Auf den Kampf folgt ein Tanz von mehreren Personen, welche an Armen und Beinen kleine Schellen tragen,
und auch das geschieht nach dem Schall der Trommel.
Der Trommelschläger hat in der rechten Hand einen ge-
krümmten Stab, womit er den Ton hervorbringt, und
mit der linken dämpft er das Instrument, welches
zugleich dazu dient, Signale zu geben, indem es, wie
bei uns, die Stelle der Commandowörter vertritt. Kurz
vor dem Anfange des Wettkampfes, zum Beispiel, schlägt
er Ali ban si — „setzt euch“ worauf die Zuschauer
sich alle setzen, und wenn der Kampf wirklich anfangen soll,
wird Ameta, Ameta — „greif zu“ geschlagen.

Den Abend gab man mir ein Getränk zur Erfrischung,
das völlig wie sehr gutes englisches Bier schmeckte. Es
interessirte mich, die Bereitung desselben zu wissen, und

C 2

ich erfuhr zu meiner Verwunderung, daß es wirklich aus Korn, (dem holcus spicatus) gemacht, und daß dies, eben wie in England der Weizen, vorher gemalzt wird. Eine Wurzel von angenehmer Bitterkeit dient statt des Hopfens.

Am zwölften Morgens erfuhr ich, daß einer von meinen Elephantenjägern davon gegangen sei; damit nun die beiden andern nicht seinem Beispiele folgen möchten, ließ ich sie sogleich ihre Kalabaschen mit Wasser füllen, und mit Aufgang der Sonne trat ich meine Reise durch die Wüste an.

Wir hatten kaum eine Meile zurückgelegt, als meine Begleiter Halt machten, um ein Safih zu bereiten, damit uns unterweges nichts übles begegnen möchte; zu dem Ende sagten sie dreimal hintereinander ein Paar Sprüche her, spieen auf einen Stein, warfen ihn alsdann mitten auf den Weg, und zogen nun getrost weiter, in der festen Ueberzeugung, daß der Stein alles Böse auf sich genommen habe, was die höhern Mächte bewegen könnte, uns zu schaden.

Um Mittag gelangten wir an einen großen Baum, welchen die Eingebohrnen Nima Taba nennen. Er war mit einer unzähligen Menge Lumpen und kleiner Zeugschnitzchen behängt, welche Reisende wahrscheinlich deshalb an die Zweige geknüpft haben, um dem Wanderer anzuzeigen, daß Wasser in der Nähe zu finden sei. Dies ist aber durch die Länge der Zeit eine so heilige Gewohnheit geworden, daß es jetzt niemand wagt, vor dem Baume vorüberzugehen, ohne etwas daran zu hängen. Auch ich hing ein schönes Stück Zeug daran auf.

Da meine Führer sagten; daß in der Nähe ein Quell oder ein See sein müsse, so ließ ich die Esel abladen und ihnen Futter geben, während auch wir uns ausruheten und an unserm Vorrath labten. Unterdeß schickte ich einen Elephantenjäger aus, um den Brunnen, der da

fein follte, aufzufuchen, mit dem Vorfaße, wenn Waffer
zu haben wäre, die Nacht hier zu bleiben. Der Neger
fand eine Tränke, aber das Waffer war dick und fchlam=
mig, und am Ufer zeigten fich Spuren eines kürzlich er=
lofchnen Feuers und Ueberrefte von Speifen; ein Zeichen,
daß Reifende oder Straßenräuber den Ort ohnlängft ver=
laffen hatten. Meine Begleiter fürchteten das leßtere,
und riethen mir deßhalb, lieber bis zu einem andern
Wafferplaß zu gehen, den wir, ihrer Verficherung nach,
gegen Abend gewiß erreichen würden.

Wir machten uns alfo gleich wieder auf den Weg;
aber es war wol acht Uhr ehe wir hinkamen, und da wir
von der langen Tagereife fehr müde waren, fo zündeten
wir ein großes Feuer an und lagerten uns, umgeben von
unfern Laftthieren, einen Büchfenfchuß weit vom Walde,
auf dem nackten Boden. Die Neger kamen überein, einer
um den andern Wache zu halten.

Ich ahnte gar keine Gefahr, die Neger aber hatten
die ganze Reife über eine unbefchreibliche Furcht vor
Straßenräubern. Sobald der Tag anbrach, füllten wir
unfre Sufros, oder Schläuche, und Kürbiffe aus dem See
und machten uns auf den Weg nach Tallika, der erften
Stadt in Bondu, welche wir am 13ten December, Vor=
mittags um eilf Uhr erreichten. Ich kann mich nicht von
den Wuliihs trennen, ohne es zu rühmen, daß fie mich
überall freundlich empfingen, und daß ich über ihrer herz=
lichen Aufnahme am Abend, die Mühfeligkeiten des Ta=
ges gewöhnlich vergaß. Obgleich mir die afrikanifche
Lebensweife anfänglich nicht gefiel, fo fand ich doch bald,
daß die Gewohnheit alle kleine Unbequemlichkeiten erträg=
lich macht.

Vierter Abschnitt.

Einige Nachrichten von den Einwohnern von Tallika. — Ankunft zu Kurkerany. — Fischerei am Fluß Falemeh. — Ankunft zu Fattekonda. — Unterredung mit Almami, König von Bondu. — Zweiter Besuch bei dem König und seinen Frauen, und freundliche Entlassung. — Ankunft in Dschoag.

Tallika, die Grenzstadt von Bondu gegen Wulli, wird von mahomedanischen Fulahen bewohnt. Die durchziehenden Carawanen pflegen sich hier mit Lebensmitteln zu versehen, und Elfenbein einzukaufen; denn die Einwohner sind geübte Elephantenjäger, und durch die Jagd und den Handel sehr wohlhabend. Ein königlich Bonduhscher Officiant residirt beständig hier; er muß von der Ankunft der Carawanen zeitig Nachricht geben. Der Zoll, den die Carawane hier entrichtet, wird nach Esels-Ladungen gerechnet, also für jeden beladenen Esel, den sie mit sich führt, eine bestimmte Taxe erlegt. Ich nahm meine Wohnung in dem Hause dieses Zolleinnehmers, und kam mit ihm überein, daß er mich für fünf Barren nach Fattekonda, der Residenz des Königs, begleiten solle. Vor meiner Abreise schrieb ich einige Zeilen an Dr. Laidley und gab meinen Brief dem Anführer einer Carawane, die eben nach dem Gambia abging. Sie bestand aus fünf mit Elfenbein beladenen Eseln; von den großen Zähnen trägt der Esel in Netzen zwei auf jeder Seite, die kleinern sind in Häute eingewickelt und mit Stricken befestiget.

Den 14ten December verließen wir Tallika und ritten ungefähr zwei Meilen weit ruhig fort, als auf einmal ein heftiger Wortwechsel zwischen dem Schmidt und einem andern meiner Gefährten entstand. Es ist merkwürdig, daß der Afrikaner eher Schläge vergiebt, als ein Schimpfwort auf seine Voreltern. „Schlage mich, aber schimpfe meine Mutter nicht" ist ein gewöhnlicher Ausdruck bei den Sklaven. Diese Art von Beleidigung hatte den einen so aufgebracht, daß er seinen Säbel gegen den Schmidt zog, und den Streit gewiß sehr ernsthaft geendigt haben würde, wenn nicht die andern ihm den Säbel aus der Hand gewunden hätten. Endlich trat ich ins Mittel. Dem Schmidt gebot ich Stillschweigen, und dem andern, der Unrecht hatte, drohte ich, wenn er in Zukunft seinen Säbel wieder ziehen oder mit einem von meinen Leuten Händel anfangen würde, ihn als einen Räuber auf der Stelle zu erschießen. Diese Drohung wirkte, und wir ritten verdrüßlich fort den ganzen Nachmittag, bis wir in eine angebaute Ebene gelangten, wo eine Anzahl kleiner Dörfer zerstreut umher lagen. In einem derselben, Ganado genannt, blieben wir die Nacht. Eine gute Abendmahlzeit und kleine Geschenke endigten alle Feindseligkeiten unter meinen Begleitern, und es war schon ziemlich spät, ehe einer von uns an den Schlaf dachte. Wir unterhielten uns mit einem herumziehenden Sänger, der kleine Geschichtchen erzählte und kleine Lieder spielte, indem er über eine gespannte Saite blies und sie zugleich mit einem Stäbchen strich *).

Den funfzehnten December, bei Tagesanbruch, nahmen meine serawullihschen Reisegefährten Abschied von mir, mit vielen Gebeten für meine Sicherheit. Eine Meile von Ganado setzten wir über einen Arm des Gambia, Nerico genannt. Die Ufer sind steil, und mit Mimosen bedeckt. In dem Schlamme des Flusses giebt es eine Menge großer Muscheln, die aber die Eingebohrnen nicht essen. Gegen Mittag, wo die Sonne fürchterlich brannte, ruhten wir zwei Stunden in dem Schatten eines Baums, hielten von Milch und gestoßnem Korn, welches wir von

---

*) Diese herumziehenden Barden fingen aus dem Stegreif das Lob derer, die sie bezahlten.

fulahiſchen Hirten kauften, unſere Mahlzeit, und bei Sonnenuntergang erreichten wir Kurkarany, wo der Schmidt einige Verwandte hatte. Hier machten wir ein Paar Raſttage.

Kurkarany iſt eine mahomedaniſche Stadt, mit einer hohen Mauer umgeben und hat eine Moſchee. Ich bekam hier eine Anzahl arabiſcher Handſchriften zu ſehen, beſonders eine Abſchrift von dem oben erwähnten Buche Al Scharra. Der Marabuh, oder Prieſter, der ſie beſaß, las einige vorzügliche Stellen daraus her, und überſetzte ſie mir in die Mandingo=Sprache. Ich zeigte ihm dafür Richardſons arabiſche Grammatik, die er gar ſehr bewunderte.

Am Abend des zweiten Tages, den 17ten December, brachen wir von Kurkarany wieder auf. Ein junger Mann, welcher Salz von Fattekonda holen wollte, machte ſich mit uns auf den Weg. Gegen Abend erreichten wir Duggi, ein kleines Dorf, ohngefähr 3 Meilen von Kurkarany. Hier verſahen wir uns mit Lebensmitteln, die ſo wohlfeil waren, daß ich ein ſchönes Rind für ſechs kleine Stückchen Bernſtein kaufte; denn ich merkte daß meine Reiſegefährten ſich vermehrten oder verminderten, je nachdem ihnen die Koſt behagte.

Am folgenden Morgen ſetzten wir unſere Reiſe weiter fort, und da eine Anzahl Fulahs und noch andere ſich zu uns geſellten, ſo hatte unſer Zug ein recht wehrhaftes Anſehen, und wir durften nicht befürchten, in den Wäldern geplündert zu werden.

Die Neger haben eine eigene Art, die widerſpenſtigen Eſel zum Gehorſam zu bringen. Sie ſpalten einen Baumzweig, geben dem Eſel das geſpaltene Ende wie das Gebiß eines Zaums ins Maul, und binden die Enden davon über dem Kopf wieder zuſammen; das ungeſpaltene Ende hängt alſo vom Maule nach der Erde herab; es muß so lang sein, daß es, wenn das Thier den Kopf sinken läßt, den Boden berührt, folglich wenn es an Steine oder Wurzeln anschlägt, ihm einen heftigen Stoß gegen die Zähne verursacht. Der Esel merkt dies bald, trägt den Kopf aufrecht, und geht sehr ruhig und gravitätisch. Die ganze Anstalt sieht lächerlich genug aus, ist aber bewährt und bei den Slatihs allgemein üblich.

Abends kamen wir an einige einzelne Dörfer, die mit bebautem Boden umgeben waren. In einem derselben, Buggil genannt, brachten wir die Nacht in einer elenden Hütte auf Stroh zu. Die Brunnen sind hier auf eine sinnreiche Weise gegraben, und ich fand einen acht und zwanzig Klafter tief.

Am 19ten December verließen wir Buggil, und ritten bis Mittag einen dürren steinigen, mit Mimosen bedeckten Hügel entlang; alsdann senkte sich das Land nach Osten, und wir stiegen in ein tiefes Thal hinab, wo ich viel weißen Quarz und Whin-stone *) fand. Der Weg lief in dem Bette eines ausgetrockneten Flusses immer nach Osten, bis wir ein großes Dorf erreichten, wo wir anhalten wollten. Hier fanden wir viele von den Einwohnern in dünnen französischen Flor gekleidet, den sie Biqui nennen; dies ist ein leichter luftiger Anzug, der den Wuchs des Körpers durchscheinen läßt, und der, vermuthlich deswegen, von den Frauen vorzüglich geschätzt wird. Das Betragen der Frauen paßte indeß zu diesem eleganten Anzuge keinesweges, denn sie sind im höchsten Grade roh und zudringlich. Sie versammelten sich um mich her, und foderten Bernstein, Korallen und was sie nur bei uns sahen, mit solchem Ungestüm, daß ich durchaus nachgeben mußte. Sie zerrissen mir den Mantel, schnitten meinem Bedienten die Knöpfe vom Rock, und wir mußten, um diesem Ungestüm nicht länger ausgesetzt zu sein, weiter. Ein Schwarm dieser Harpyen verfolgte uns eine halbe Meile weit.

*) Vermuthlich eine Abänderung von Feuerstein, in Kirwan's Mineralogie findet sich diese Benennung nicht. **K.**

Den Abend erreichten wir Subrubuka, und da unsere Gesellschaft zahlreich war, (wir waren unserer vierzehn) kaufte ich ein Schaaf und hinreichendes Korn zum Abend=brodt. Nachdem wir es verzehrt hatten, legten wir uns bei unserm Gepäck nieder, und brachten im starken Thau eine sehr unangenehme Nacht zu.

Am 20sten December brachen wir von Subrubuka auf, und erreichten um zwei Uhr ein Dorf an den Ufern des Falemeh, der hier in einem felsichten Bett sehr reißend fortströmt. Die Einwohner waren auf verschiedene Art mit der Fischerei beschäftigt; die großen Fische fangen sie in Körben aus gespaltenem Rohre, von denen einige mehr als zwanzig Fuß lang sind. Diese Körbe gebrauchen sie, wie wir die Reusen. Zu dem Ende führen sie quer durch den Fluß einen Damm von Steinen auf, und lassen hin und wieder Oefnungen darin, durch welche das mit Gewalt sich durchdrängende Wasser die Fische in die dahinter aufgestellten Körbe führt, und vermittelst seiner starken Strömung sie verhindert, wieder hinaus zu schwimmen. Die kleinen Fische, die von der Größe unserer Sardellen sind, werden in großer Menge in Netzen gefangen, deren sie sich sehr geschickt zu bedienen wissen. Sie machen einen Handelsartikel daraus; sie stampfen sie nehmlich in hölzernen Mörsern, und lassen sie hernach, in große Klumpen zusammengeballt, an der Sonne trocknen. Die Mauren aus den Gegenden nördlich vom Senegal, die in ihrer Heimath fast gar nichts von Fischen wissen, finden dieses getrocknete Fischmuß, so übelriechend es auch ist, doch köstlich und bezahlen es sehr theuer. Die Eingebohrnen schneiden ein Stück von diesem schwarzen Klumpen ab, kochen es in Wasser und vermischen es mit ihrem Kuskus.

Ich fand es sonderbar, daß in dieser Jahreszeit an den Ufern des Falemeh überall das Korn im schönsten Wachsthum stand; bei genauer Untersuchung aber zeigte sich,

daß es nicht die nehmliche Kornart war, welche am Gambia gebaut wird, sondern der *Holcus cernuus*; die Eingebohrnen nennen es Manio; es trägt sehr reichlich, wächst in
der trocknen Jahreszeit, und wird im Januar reif.

Bei meiner Rückkehr nach dem Dorfe begegnete ich
einen altem maurischen Scherif, der mir seinen Segen
ertheilte, und mich um ein wenig Papier zu Safihs bat.
Dieser Alte hatte den Major Houghton im Königreich
Kaarta gesehen, und erzählte mir, daß er im Lande der
Mauren umgekommen wäre. Er forderte darauf auch
vom Schmidt Papier, der es ihm willig gab, denn es ist
Sitte, daß die jungen Muselmanen den Alten etwas
schenken, wofür diese ihnen in arabischer Sprache den
Segen ertheilen, der mit großen Demuthsbezeugungen
empfangen wird.

Um drei Uhr Nachmittags setzten wir unsere Reise
nordwärts längs den Ufern des Flusses fort; um acht Uhr
erreichten wir Najimow, wo uns der vornehmste Mann
der Stadt sehr freundlich empfing, und mit einem jungen
Rinde beschenkte; ich erwiederte diese Freigebigkeit durch
etwas Bernstein und Korallen.

Am 21sten December ließen wir unser Gepäck vermittelst eines Canots über den Fluß schaffen; ich selbst ritt
hindurch, obschon das Wasser mir bis an die Kniee ging;
es ist so durchsichtig, daß man von den höchsten Ufern
des Flusses den Grund sehen kann.

Gegen Mittag kamen wir nach Fattekonda, der
Hauptstadt von Bondu. Es giebt keine öffentliche Wirths-
häuser in Afrika; die Fremden gehen daher nach dem
Bentang oder sonst einem öffentlichen Orte, und warten
dort, bis sie in die Behausung eines Einwohners eingeladen werden. Ein angesehener Slatih lud uns zu
sich ein, und wir nahmen das Anerbieten an. Kaum
waren wir eine Stunde dort, als jemand kam, um mich

zum Könige zu holen, der, wie er sagte, sehr begierig
sei, mich sogleich zu sehen, wenn ich nicht allzumüde
wäre zu kommen.

Ich nahm meinen Dolmetscher mit, und folgte dem
Boten.   Er führte mich aber zur Stadt hinaus und
weiter über Kornfelder hin; da fing ich an zu besorgen, es sei Hinterlist im Spiele.   Ich stand also still,
und fragte den Führer, wohin er gehe.   Er zeigte mir
darauf eine kleine Strecke davon einen Mann, der unter
einem Baume saß, und sagte, daß dies der König sei,
der oft an diesem entfernten Orte Audienz gebe, um das
Hinzudringen des Volks zu vermeiden, und daß jetzt
niemand zu ihm dürfe, als ich und mein Dolmetscher.
Als ich mich ihm näherte, nöthigte er mich neben sich
auf seiner Matte zum Sitzen; und nachdem er sich
meine Geschichte hatte erzählen lassen, fragte er mich,
ob ich Sklaven oder Gold kaufen wolle?   Als ich erwiederte, daß ich weder dies noch irgend sonst etwas ein-
kaufen wollte, wunderte er sich gar sehr und verlangte,
ich sollte den Abend wieder zu ihm kommen, wo er mir
Lebensmittel geben wolle.

Dieser Fürst hatte einen maurischen Namen Almami,
war doch aber ein Kafir.   Ich hatte gehört, daß er
dem Major Houghton unfreundlich begegnet habe, und
Schuld an seiner Plünderung gewesen sei.   Sein über
alle Erwartung freundliches Benehmen gegen mich be-
ruhigte mich daher nicht, sondern ließ mich nur desto
mehr Hinterlist besorgen.   Ich glaubte also, es sei das
Beste, wenn ich ihn durch Geschenke zu gewinnen suchte,
und nahm zu dem Ende beim zweiten Besuch am Abend,
eine Büchse Schießpulver, etwas Bernstein, Taback
und meinen Sonnenschirm mit.   Auch verbarg ich, auf
den Fall daß man mein Gepäck durchsuchen möchte,
einiges davon unter dem Dache der Hütte, die ich be-
wohnte, und zog, Vorsichts wegen, meinen besten Rock an.

Alle Häuser, welche dem Könige oder seiner Familie
gehören, sind mit einer hohen Lehmmauer umgeben, welches
ihnen das Ansehn einer Zitadelle giebt; das Innere ist in
verschiedene Höfe getheilt. Am ersten Eingange stand ein
Mann mit einer Flinte auf der Schulter, und der Weg
zum Könige scheint überhaupt nicht leicht zu sein, er ging
durch mehrere Gänge und an jeder Thür stand eine Schild-
wache. Als wir an den Eingang der eigentlichen Wohnung kamen, in welcher der König sich unmittelbar aufhielt,
zogen mein Führer und mein Dolmetscher, der Sitte gemäß, ihre Sandalen aus, und der erstere rief den Namen
des Königs so oft laut, bis ihm von Innen geantwortet
wurde.

Wir fanden den König auf einer Matte sitzend,
und zwei von seinem Gefolge bei ihm. Ich wiederholte
was ich ihm schon von meiner Reise gesagt hatte, er
schien aber noch nicht völlig befriedigt. Die Idee, daß
man aus bloßer Neugierde eine Reise unternehmen könne,
war ihm völlig neu: es scheine ihm gar nicht denkbar, sagte er, daß ein Mensch bei Sinnen eine so gefährliche Reise
unternehme, bloß um das Land, und dessen Bewohner kennen zu lernen. Als ich mich aber erbot, ihm meinen
Mantelsack zu öffnen, und alles, was ich bei mir führte,
vorzuzeigen, zum Beweise, daß es keine Handelswaaren
wären, glaubte er mir endlich. Die Vorstellung, daß jeder Weiße ein Kaufmann sei, hatte ihm ohne Zweifel den
Argwohn beigebracht, daß ich ihm die Wahrheit verhehlte.
Er freute sich über meine Geschenke, besonders aber über
den Sonnenschirm, den er zum Erstaunen seiner Bedienten, die den Gebrauch dieser wunderbaren Maschine gar
nicht begriffen, immer auf und zu machte. Als ich mich
beurlauben wollte, bat er mich noch ein wenig zu bleiben,
und hielt eine Lobrede auf die Weißen, indem er ihren
Reichthum und ihre Gutmüthigkeit rühmte. Dann bewunderte er meinen blauen Rock, dessen gelbe Knöpfe ihm

vorzüglich zu behagen schienen, und endlich schloß er mit der Bitte, daß ich ihn damit beschenken möchte. Zum Trost für meinen Verlust versprach er mir dagegen, ihn bei jeder feierlichen Gelegenheit anzuziehen, und jedem, der ihn sehen würde, meine Freigebigkeit zu rühmen. Die Bitte eines afrikanischen Fürsten, in seinem eignen Reiche, an einen Fremden, ist nicht viel weniger als ein Befehl; und da er das, was er sich von mir ausbat, mit Gewalt hätte nehmen können, ich ihn aber nicht erzürnen wollte, so zog ich ruhig meinen besten Rock aus und legte ihn ihm zu Füßen. Zum Gegengeschenk erhielt ich einen großen Vorrath von Lebensmitteln.

Den andern Morgen mußte ich wieder zu ihm kommen. Ich fand ihn auf seinem Bette sitzend: er sei krank, sagte er mir, und wünsche, daß ich ihm zur Ader ließe. Kaum aber hatte ich ihm den Arm gebunden und die Lanzette heraus genommen, als er den Muth verlor, mir für meine Bereitwilligkeit dankte, und mich bat, die Operation bis Nachmittag zu verschieben, da er sich jetzt auf einmal weit besser befände. Er ersuchte mich darauf zu seinen Frauen zu gehen, die sehr begierig wären, mich zu sehen. Man führte mich zu ihnen und kaum war ich in den Hof getreten, als das ganze Serail sich um mich her drängte; einige baten um Arzneien, andere um Bernstein; alle aber wollten das große afrikanische Universalmittel versuchen und zur Ader lassen. Es waren ihrer zehn oder zwölf, alle jung und schön, und hatten viel Gold und Bernsteinkorallen in ihrem Kopfputz.

Sie spotteten und lachten besonders über meine weiße Haut und hervorstehende Nase, und behaupteten, daß beides erkünstelt sei; jene hätte man dadurch hervorgebracht, daß man mich als Kind in Milch gebadet hätte, und diese wäre so lange gekniffen worden, bis sie diese häßliche unnatürliche Form hätte annehmen müßen. Statt meine Häßlichkeit zu bestreiten, pries ich ihre Schönheit. Ich lobte das glänzende Schwarz ihrer Haut und die eingedrückte Nase; sie sagten mir aber, daß Schmeichelei, oder wie sie sich emphatisch ausdrückten, ein Honigmund in Bondu nicht geachtet sei. Für meinen Besuch und für das Schöne, das ich ihnen gesagt hatte, (wogegen sie doch nicht so unempfindlich waren, als sie vorgaben,) beschenkten sie mich mit einem Krug Honig und etwas Fischen, welches nach meiner Behausung gebracht wurde. Vor Sonnenuntergang mußte ich abermals zum Könige.

Da es Sitte ist, beim Abschied eine Kleinigkeit zu schenken, so nahm ich Korallen und einige Bogen Schreibpapier mit, wofür der König mir fünf Drachmen Gold gab; das sei zwar nur eine Kleinigkeit, sagte er, er schenke sie mir aber aus ächter Freundschaft, und ich könnte mir doch unterweges Lebensmittel dafür kaufen. Er erhöhete seine Wohlthat noch dadurch, daß er mir sagte, es sei sonst zwar eingeführt, daß das Gepäck der Reisenden durchsucht würde, mich aber wolle er für dieses Mal mit der Ceremonie verschonen, und es stehe mir nun frei, zu reisen, wenn ich wollte.

Am 23sten Morgens verließen wir Fattekonda und erreichten um eilf Uhr ein kleines Dorf, wo wir den Rest des Tages ruhen wollten.

Am Nachmittag sagten mir meine Reisegefährten, wir wären jetzt auf der Grenze zwischen Bondu und Kadschaaga, diese Gegend aber sei unsicher und wir würden daher wohl thun, uns nicht eher als mit Einbruch der Nacht auf den Weg zu machen. Ich miethete also hier zwei Führer, die uns durch den Wald bringen sollten, und sobald alles im Dorfe schlief, machten wir uns bei Mondschein auf. Die Stille in der Luft, das Geheul der wilden Thiere, und die Oede des Waldes, machten einen schauerlichen Eindruck auf mich. Wir sprachen nur ganz leise mit einander, und meine Gefährten zeigten mir einer um den andern die Wölfe und Hyänen, die wie Schatten von einem Dicklicht zum andern schlichen. Gegen Morgen gelangten wir an ein Dorf, Kimmu genannt, wo unsere Führer einen ihrer Bekannten aufweckten; hier hielten wir an um unsere Esel zu füttern und uns einige Erdnüsse*) zu rösten. Bei Tagesanbruch setzten wir unsere Reise fort und den Nachmittag kamen wir nach Dschoag in dem Königreich Kadschaaga.

Da ich jetzt in einem Lande und bei einem Volke bin, das von den bisher beschriebenen so sehr verschieden ist, so will ich, ehe ich in meiner Erzählung fortfahre, einige Nachrichten von Bondu, das wir so eben verließen, und von seinen Einwohnern (den Fulahs) mittheilen.

Bambuck begrenzt Bondu gegen Osten, Tenda und die simbanische Wüste gegen Süd=Osten und Süden, Wulli gegen Süd=Westen, Futa Torra gegen Westen und Kadschaaga gegen Norden.

Das Land ist, so wie Wulli, sehr waldreich, aber hö= her und gegen den Falemeh zu erhebt es sich zu ansehnli= chen Bergen. Einen ergiebigern Boden findet man wol in keiner andern Gegend von Afrika.

Da Bondu in der Mitte zwischen dem Senegal und dem Gambia liegt, so ist es ein Sammelplatz der Slatihs, wenn sie von der Küste nach dem Innern reisen; und auch andere Kaufleute kommen oft aus dem Innern des Lan= des hieher, um Salz zu kaufen.

Diese verschiednen Handelszweige sind vornehmlich in den Händen der Mandingohs und der Serawullihs, welche sich hier niedergelassen haben, und auch nach Geduma und andern maurischen Gegenden hin Verkehr treiben, wo sie Korn und Baumwollenzeug für Salz vertauschen. Dies ver=

---

*) Ob unter der Benennung Erdnüsse, in der Urschrift ground nut genannt, Arachis hypogæa, Convolvulus Batatas, oder eine Art der Dioscorea zu verstehen sey; läßt sich, in Ermangelung nähe= rer botanischer Bestimmungen, nicht entscheiden.   W.

verhandeln sie dann wieder nach Dentila und andern Distrikten für Eisen, Baumbutter und etwas weniges Goldstaub. Sie handeln ferner mit allerlei wohlriechenden Harzen, welche in kleine Beutel gepackt sind, deren jeder ein Pfund wiegt. Auf heiße Asche gestreut geben diese Harze einen sehr angenehmen Geruch und die Mandingohs pflegen ihre Hütten und Kleider damit zu durchräuchern.

Die Kaufleute müssen hier sehr hohe Abgaben entrichten, nemlich fast in jeder Stadt für eine Eselsladung einen Barren europäischer Waare, und in Fatteconda, der Residenz, des Königs gar eine Flinte und sechs Flaschen Schießpulver, wodurch der König Waffen und Ammunition bekömmt; ein Umstand, der ihn den benachbarten Staaten furchtbar macht.

Die Einwohner, welche mit den Mandingohs und Scrawullihs oft Krieg führen, sind an Farbe und Sitten von ihnen verschieden. Vor einigen Jahren ging der König von Bondu mit einer zahlreichen Armee über den Falemeh, und nach einem kurzen und blutigen Treffen, schlug er Sambu, den König von Bambuk, gänzlich, so daß dieser um Frieden bitten und ihm alle Städte längs den östlichen Ufern des Falemeh abtreten mußte.

Die Fulahs sind (wie schon oben erwehnt ist) von gelbbrauner Farbe, haben feine Gesichtszüge und weiches Haar. Nächst den Mandingohs sind sie das ansehnlichste Volk in Afrika. Ihr eigentliches Vaterland ist Fuladu (das Land der Fulahs); jetzt aber besitzen sie mehrere andere Königreiche, welche sehr weit von einander entfernt sind. Ihre Farbe weicht indeß in verschiedenen Districten von einander ab, und ist namentlich in Bondu und in den andern Königreichen in der Nachbarschaft der maurischen Gebiete, gelber als in den südlichen Staaten.

Die Bonduischen Fulahs sind von Natur sanft und gutmüthig, nur haben die lieblosen Grundsätze des Korans ihrer angebohrnen Gastfreiheit Einhalt gethan, und sie zurückhaltender als die Mandingohs gemacht. Sie dünken sich besser als alle eingebohrnen Neger, und rechnen sich, im Gegensatz zu andern Nationen von Afrika, immer zu den Weißen.

Ihre Regierungsform ist vornehmlich darin von der mandingoischen verschieden, daß sie mehr als jene dem Gesetz Mahomets anhangen, denn, den König ausgenommen, sind alle Vornehmen, und überhaupt die meisten Einwohner von Bondu, Muselmannen, daher alles nach dem Gesetz des Propheten geht. Indeß sind sie nicht unduldsam gegen diejenigen von ihren Landsleuten, welche noch dem Heidenthum anhängen, auch weiß man nichts von Religionsverfolgungen. Statt dessen haben sie ein wirksameres Mittel gefunden das mahomedanische System zu verbreiten. Sie haben nehmlich in verschiedenen Städten kleine Schulen errichtet, wo sowohl heidnische als mahomedanische Kinder den Koran lesen lernen und in der Lehre des Propheten unterrichtet werden. Die mahomedanischen Priester, welche diesen Unterricht ertheilen, wissen ihre jungen Zöglinge zu so überzeugten, eifrigen Bekennern Mahomets zu machen, daß sie sich bei zunehmenden Jahren durch nichts abwendig machen lassen. Ich habe bei meiner Durchreise mehrere dieser kleinen Schulen besucht, die Gelehrigkeit und Folgsamkeit der Kinder bewundert, und ihnen von Herzen aufgeklärtere Lehrer und eine reinere Religion gewünscht.

Mit dem mahomedanischen Glauben ist auch die arabische Sprache eingeführt worden, wovon die meisten Fulahs einige Kenntniß haben. Ihre Landessprache ist sehr reich an Halblautern, die Art sie auszusprechen aber sehr unangenehm. Ein Fremder, der zwei Fulahs mit einander sprechen hört, kann nicht anders glauben, als daß sie sich zanken. Ihre Zahlen lauten so:

Eins — Go.
Zwei — Diddi.
Drei — Tetti.
Vier — Ni.
Fünf — Dschuih.
Sechs — Dsche-go.
Sieben — Dsche-Diddi.
Acht — Dsche-Tetti.
Neun — Dsche-Ni.
Zehn — Sappo.

Die Betriebsamkeit der Fulahs, in Ansehung des Ackerbaues und der Viehzucht, ist überall sehr groß. Selbst an den Ufern des Gambia sind sie es, die das meiste Getreide bauen, und ihre Heerden sind zahlreicher und in besserm Zustande, als bei den Mandingohs; vollends in Bondu sind sie äußerst wohlhabend. Die Heerden, welche sie außerordentlich gut zu behandeln wissen, sind sehr zahm. Wenn die Nacht einbricht, werden sie aus den Wäldern eingetrieben und in der Nachbarschaft der Dörfer in Hürden (Korrihs), eingeschlossen. In der Mitte jeder Korri ist eine kleine Hütte errichtet, worin ein oder zwei Hirten die Wache haben um das Feuer zu unterhalten, welches zu Verscheuchung der Raubthiere rund um die Korri angezündet wird, und zugleich um vor Diebstahl sicher zu sein.

Morgens und Abends wird die Heerde gemelkt. Die Milch ist vortreflich; doch geben die Kühe hier bei weitem nicht so viel als in Europa; die Fulahs essen die Milch, jedoch nicht eher als bis sie völlig sauer ist. Die Sahne ist sehr dick und wird so lange in einem Kürbiß tüchtig umgerührt, bis sie zu Butter wird. Diese lassen sie alsdann über gelindem Feuer schmelzen, sondern die Unreinigkeiten sorgfältig ab, und bewahren sie in irdenen Töpfen auf; sie brau-

chen sie fast zu allen ihren Speisen, salben sich auch den
Kopf, die Hände und das Gesicht damit ein.

Es ist sonderbar, daß die Fulahs, und alle Einwohner
dieses Theils von Afrika, obschon sie Milch genug haben,
doch vom Käsemachen gar nichts wissen. Aus Anhänglichkeit an die Sitte ihrer Vorfahren, hegen sie aber gegen
jede Art von Neuerung Vorurtheil und wollen also auch
vom Käsemachen nichts hören; es scheint ihnen allzu müh-
sam und allzu umständlich zu sein: auch sehn sie die Hitze
des Climas und den Mangel an Salz für unüberwindliche
Hindernisse dabei an.

Nächst dem Hornvieh, welches den Hauptreichthum
der Fulahs ausmacht, besitzen sie auch prächtige Pferde,
welche ein Gemisch von arabischer und afrikanischer Race
sind, jedoch nicht in großer Anzahl.

Fünfter Abschnitt.

Nachricht von Kadschaaga — die Serawullihs. — Nachricht
von Dschohg. — Der Verfasser wird auf Befehl des Königs Badscheri geplündert. — Gutmüthigkeit einer Sklavin. — Besuch beim Neffen des Königs. — Ankunft in
Saml. — Ankunft im Königreich Kaßon. —

Das Königreich Kadschaaga, in dem ich nunmehro angekommen war, nennen die Franzosen Gallem, ich wähle
aber den Nahmen, den es in der Landessprache führt.
Die Grenzen sind nach Süd-Osten und Süden Bambuk,
nach Westen Bondu und Futa Torra, und nach Norden
der Senegal.

Luft und Klima dünkten mich hier reiner und gesünder als irgendwo weiter gegen die Küste zu. Das
Land ist voll Hügel und Thäler, deren Abwechselung,
in Verbindung mit dem schlängelnden Lauf des Senegal, reizende Aussichten gewährt. Der Senegal kommt
aus dem Innern des Landes, ströhmt über felsichte Höhen
und hat hier sehr schöne mahlerische Ufer.

Die Einwohner heißen Serawullihs, oder (wie die
Franzosen sie nennen) *Seracolets*. Sie sind von dunkel-
brauner, glänzend schwarzer Farbe, und in dieser Hinsicht
von den Jaloffen nicht zu unterscheiden.

Die Regierungsform ist monarchisch, und, wie ich
aus eigener Erfahrung sagen kann, ziemlich uneingeschränkt; indeß klagte das Volk doch nicht über Bedrük-
kung und schien sehr thätig und willig den König zu unterstützen, als er mit dem Fürsten von Kaßon Krieg führen
wollte. Die Serawullihs sind ein handeltreibendes Volk,
das vormals viel Verkehr mit den Franzosen hatte, denen
es Gold und Sklaven zuführte; und noch jetzt treiben sie
mit den brittischen Faktoreien am Gambia einigen Skla-

venhandel. So eifrig sie sind, durch den Handel etwas
vor sich zu bringen, so gehn sie doch ziemlich rechtlich zu
Werke, und haben beim Absatz von Baumwollenzeug und
Salz in entfernten Gegenden ansehnlichen Verdienst.
Wenn ein serawullischer Handelsmann von einer Ge=
schäftsreise nach Hause kommt, so versammeln sich sogleich
die Nachbarn, und wünschen ihm Glück zur Ankunft.
Bei dieser Gelegenheit zeigt der Reisende seinen Reich=
thum und seine Freigebigkeit, indem er seinen Freunden
kleine Geschenke macht; ist aber seine Spekulation miß=
glückt, so ist die Cour bald vorbei, jeder hält ihn für ei=
nen unverständigen Menschen, der eine große Reise unter=
nehmen konnte, und (wie sie sich ausdrücken) **nichts
mitbringt als das Haar auf dem Kopf!**

Ihre Sprache hat viel Kehlbuchstaben und ist daher
nicht so wohllautend als die fulahische. Wer ins In=
nere von Afrika reiset, thut wohl sie zu erlernen, weil
sie in den Königreichen Kasson, Kaarta, Ludamar und
im nördlichen Theil von Bambarra allgemein verstanden
wird. In allen diesen Gegenden sind die Serawullihs die
vorzüglichsten Handelsleute. Ihre Zahlen sind:

Eins	—	Bani.
Zwei	—	Fillo.
Drei	—	Sicco.
Vier	—	Narrato.
Fünf	—	Karrago.
Sechs	—	Tumo.
Sieben	—	Nero.
Acht	—	Sego.
Neun	—	Kabbo.
Zehn	—	Tamo.
Zwanzig	—	Tamo di Fillo.

Am 24sten December kamen wir nach Dschohg, der
Grenzstadt dieses Königreichs, und kehrten bei dem ersten
Beamten ein, der hier nicht mehr Alkaid, sondern Duti

genannt wird. Er war ein eifriger Mahomedaner, aber sehr gastfrei. Die Stadt hat ungefähr zweitausend Einwohner, und ist mit einer hohen Mauer umgeben, worin überall Schießlöcher sind. Eben so ist jedes einzelne Gehöft mit einer Mauer umzogen, so daß man nichts als kleine Zitadellen sieht; denn eine bloße Mauer ist hier, wo man nichts von Artillerie weiß, eine vollkommen hinreichende Befestigung. Auf der West-Seite der Stadt fließt ein kleiner Strom, an dessen Ufern die Einwohner viel Taback und Zwiebeln bauen.

Am Abend besuchte der Buschrihn Madibu, der mich von Pisania aus begleitet hatte, seine Eltern in der benachbarten Stadt Dramanet, und ich erlaubte dem Schmidt ihn zu begleiten. Mit Einbruch der Nacht ward ich eingeladen die Belustigungen der Einwohner mit anzusehen, womit sie Fremde bei ihrer Ankunft zu unterhalten pflegen. Hier bestanden sie in Tanz. Umringt von einer zahlreichen Versammlung, tanzte nehmlich beim Schein einiger großen Feuer, eine Anzahl Personen zum Schall von vier Trommeln, die sehr regelmäßig und gleichförmig geschlagen wurden. Zum Tanz gehört aber hier zu Lande weder Kraft noch Geschmeidigkeit der Muskeln, oder gefällige Stellung, sondern er besteht blos in üppiger Gestikulation: besonders wetteifern die Weiber mit einander in den wollüstigsten Bewegungen.

Um zwei Uhr Morgens, am 25sten December, kam ein Trupp Reiter in die Stadt; sie weckten meinen Wirth und sprachen mit ihm Serawullisch; dann stiegen sie ab, und gingen nach dem Bentang, wo ich mich mit meinen Begleitern gelagert hatte. Einer von den Reitern versuchte es, die Flinte, die neben mir auf der Matte lag, zu stehlen, bemerkte aber bald, daß ich wachte; und nun setzten sich die Fremden bei mir nieder, und blieben bis der Tag anbrach. Mein Dollmetscher, Johnson, gab mir durch sein Benehmen bald zu erkennen, daß wir nichts Gutes zu erwarten hätten; auch befremdete michs, daß Madibu und der Schmidt von ihrer Reise schon wieder zurück-famen. Madibu erklärte mir aber das Räthsel; während dem zu ihrer Bewillkommung in Dramanet ein Tanz an-gestellt worden, wäre des Königs Batscheri zweiter Sohn mit neun Reitern angekommen, und hätte gefragt, ob der Weiße durchgezogen wäre? auf die Nachricht, ich sei zu Dschobg, wären sie sogleich weiter geritten, und er und der Schmidt hätten sich deshalb augenblicklich auf den Rückweg gemacht, um mir dies zu melden. Er hatte seine Erzählung noch nicht geendigt, als die zehn Reiter ankamen; sie ritten nach dem Bentang, stiegen ab, und setzten sich zu denen, die vorher angekommen waren. Es mochten ihrer itzt ohngefähr zwanzig sein; sie schlossen einen Kreis um mich, und jeder hatte seine Flinte in der Hand. Ich sagte nun meinem Wirthe, daß ich das Se-rawullische nicht verstünde, und daher hoffte, wenn die Fremden etwas mit mir zu verhandeln hätten, sie Man-dingo sprechen würden. Das bewilligten sie, und nun trug ein kleiner Mann mit einer Menge Safflhs behangen, die Sache in einer sehr weitläuftigen Rede vor. Ich wäre in die Stadt des Königs gekommen, ohne vorher den Zoll erlegt, oder dem Könige ein Geschenk gebracht zu haben; nach den Gesetzen des Landes würde daher was ich bei mir hätte, Bedienten, Lastthiere und Gepäck, al-les konfiscirt. Sie hätten Befehl vom Könige, mich nach Mahna*), seiner Residenz, zu führen, und, wenn ich mich weigere, mich mit Gewalt fortzubringen. Bei diesen Worten standen sie alle auf, und fragten mich, ob ich bereit sei. Mit einer solchen Schaar es aufzunehmen, wäre vergebens und unklug gewesen; ich bat sie daher bloß, so lange zu warten, bis ich mein Pferd gefüttert, und mich mit meinem Wirth abgefunden hätte. Mein ehrlicher Schmidt, der aus Kasson gebürtig war, merkte

---

*) Mahna liegt nicht weit von den Ruinen der Festung St. Joseph, am Senegal, wo ehedem eine französische Faktorei war.

nicht, daß diese Nachgiebigkeit nur Verstellung war; er nahm mich bei Seite, und sagte, er habe mir immer mit der Treue und dem Gehorsam eines Sohnes gedient, ich würde ihn doch nicht so unglücklich machen und nach Mahna gehen; es bräche gewiß bald ein Krieg zwischen Kaßon und Kadschaaga aus, und dann würde er nicht nur seine kleine Habe verlieren, die er während vier saurer Jahre durch seinen Fleiß erworben habe, sondern er würde noch oben ein als Sklav verkauft werden, wenn seine Freunde nicht zwei Sklaven für ihn stellen könnten. Um ihn also nicht in diesen Fall zu bringen, erbot ich mich gegen den Sohn des Königs, mit ihm zu gehn, wofern er dem Schmidt, der ein Einwohner eines entfernten Königreichs sei, und mit mir in keiner Verbindung stehe, gestatten wolle, bis zu meiner Rückkunft in Dschohg zu bleiben; das war aber umsonst. Alle wendeten ein, wir hätten insgesammt gegen die Gesetze gehandelt, wir wären also alle gleich verantwortlich. Nun ging ich mit meinem Wirth bei Seite, schenkte ihm etwas Schießpulver und bat mir seinen Rath aus. Er bestand darauf, daß ich nicht zum Könige gehen müße, denn wenn der König unter meinen Sachen irgend etwas von einigem Werthe fände, so würde er nichts unversucht lassen, um es mir abzunehmen; also sah ich wohl, daß es am rathsamsten sein würde, mich mit des Königs Leuten abzufinden. Ich habe, sagte ich, nicht aus Mangel an Ehrfurcht gegen den König gefehlt, noch um gegen seine Gesetze zu handeln, sondern bloß aus Unwissenheit als ein Fremder, der mit den Gesetzen und Gewohnheiten eures Landes gänzlich unbekannt ist. Ich bin ins Gebiet des Königs gekommen, ohne zu wissen, daß ich vorher einen Zoll erlegen muß; aber ich bin bereit, ihn jetzt zu entrichten. Bei diesen Worten reichte ich ihnen zum Geschenke für den König die fünf Drachmen (fünfviertel Loth) Gold, die mir der König von Bondu gegeben hatte. Sie nahmen sie an, bestanden aber darauf, demohnerachtet auch noch mein Ge-

päck zu durchsuchen. Alle Gegenvorstellungen halfen
nichts; sie öffneten die Bündel, fanden aber bei weitem
nicht so viel Gold und Bernstein, als sie erwartet hatten.
Dafür nahmen sie denn alles, was ihnen gefiel, zankten
und stritten mit mir bis Sonnenuntergang, und zogen
endlich mit der Hälfte meiner Habseligkeiten von dannen.
Meine Leute hatten durch diesen Vorfall allen Muth verlohren; wir hatten den Tag über noch nichts gegessen und
auch das Abendbrod war so kärglich, daß wir dadurch
nicht sonderlich gestärkt wurden. Madibu bat mich wieder umzukehren; Johnson lachte darüber, daß ich ohne
Geld weiter zu reisen gedächte, und der Schmidt ließ sich
weder sehen noch hören, aus Furcht, man möchte ihn für
einen Eingebohrnen aus Kasson erkennen. So brachten
wir die Nacht bei einem schwachen Feuer zu; aber welche
Verlegenheit am folgenden Tage! Ohne Geld konnte ich
mir keine Lebensmittel verschaffen; und brachte ich etwas
Bernstein zum Vorschein, so mußte ich fürchten, es
würde sogleich ruchtbar werden, und dann würde mir der
König auch das wenige, was ich versteckt hatte, vollends
nehmen lassen. Wir kamen also überein, daß wir uns
den Tag über ohne Essen behelfen, und es abwarten wollten, bis wir verstohlner Weise Lebensmittel kaufen oder
als Almosen uns welche erbetteln könnten.

Gegen Abend, als ich auf dem Bentang saß und
Stroh kauete, ging eine alte Sklavin mit einem Korb auf
dem Kopfe vorüber, und fragte mich, ob ich schon Mit-
tagbrodt gegessen hätte? Ich dachte, sie spotte meiner,
und gab ihr keine Antwort; mein Negerjunge aber, der
neben mir saß, sagte ihr, des Königs Leute hätten mich
ausgeplündert und mir namentlich nicht einen Heller Geldes
gelassen. Bei dieser Nachricht, sah mich die gute Alte
mitleidig an, nahm gleich den Korb vom Kopfe herunter,
zeigte mir, daß Erdnüsse darin wären, und fragte, ob ich
dergleichen wol äße. Als ich es bejahete, gab sie mir

einige Hände voll und ging fort, ohne mir Zeit zu lassen ihr zu danken. Es war eine Kleinigkeit, die aber meinem Herzen sehr wol that. Diese Sklavin, so arm und unwissend sie war, fragte nicht erst nach meinem Stande, oder nach meinen Umständen, sondern sie that auf der Stelle was ihr Herz ihr zu thun gebot.

Kaum war die Alte fortgegangen, als ich die Nachricht erhielt, daß ein Neffe des Demba Sego Jalla, des Mandingo-Königs von Kasson, mich besuchen wolle. Er war als Gesandter zum König von Kadschaaga, Batscheri, geschickt worden, um Streitigkeiten zwischen diesem und seinem Oheim zu schlichten, mit welchem Geschäft er vier Tage fruchtlos zugebracht hatte; jetzt auf dem Rückwege trieb ihn die Neugierde, den Weißen in Dschohg zu sehen. Den gutmüthigen Mann rührte meine Lage so sehr, daß er mir seinen Schutz anbot, und mich, wofern ich am andern Morgen aufbrechen wollte, sicher nach Kasson zu geleiten versprach. Mit Dank nahm ich dies an, und machte mich mit meinem Gefolge gegen Tagesanbruch den 27sten December auf den Weg.

Mein Beschützer, — er hieß, wahrscheinlich nach seinem Oheim, Demba Sego, — hatte eine zahlreiche Begleitung. Wir waren, als wir Dschohg verließen, unserer dreißig, und hatten sechs beladene Esel bei uns. Als wir einige Stunden ziemlich frohen Muthes geritten waren, ohne daß uns etwas merkwürdiges aufstieß, kamen wir an einen Baum, nach welchem mein Dollmetscher, Johnson, oft gefragt hatte. Wir mußten Halt machen, und nun zog er ein weißes Huhn hervor, das er zu diesem Zweck in Dschohg gekauft hatte, band es mit den Füßen an einen Zweig, und sagte: nun könnten wir sicher fortreiten, es werde uns nichts übles begegnen. Ich erwähne dies bloß als einen Charakterzug der Neger. Sieben Jahr war dieser Mann in England gewesen, und doch hatte er sich von den Vorurtheilen, die er als Kind eingesogen, noch nicht befreten können. Das Huhn, sagte er, sei ein Opfer für die Geister des Waldes, welches mächtige Wesen wären, weiß von Farbe und mit langem fliegenden Haar. So thöricht dieser Wahn ist, so sah' ich doch, wie gut ers mit mir meinte.

Mittags kamen wir nach Gungadi, einer großen Stadt, wo wir eine Stunde lang anhielten, bis einige von unsern Eseln, die nicht so gut zu Fuße waren als die übrigen, wieder zu uns stießen. Ich fand hier viel Dattelbäume und eine Moschee aus Lehm erbaut, mit sechs Thürmen, auf deren Spitzen sechs Strauß-Eier befestiget waren. Kurz vor Sonnenuntergang kamen wir in der Stadt Sami an, an dem Ufer des Senegal, der hier ein schöner, aber seichter Strom ist, und langsam über einen kiesigen Boden hinfließt. Die Ufer sind hoch und mit Gras bewachsen; das Land ist eben und angebauet, und die felsichten Berge von Fulah und Bambuk verschönern die Landschaft ungemein.

Am 28sten December Nachmittags gelangten wir von Sami nach Kayi, einem großen Dorfe, das halb auf der Nord-, halb auf der Südseite des Flusses liegt. Etwas höher hinauf ist ein großer Wasserfall, wo der Strom über Felsen mit Ungestüm herabstürzt; unten ist er sehr schwarz und tief. Gerade an dieser Stelle sollten unsere Lastthiere den Fluß passiren; wir gaben deshalb durch Rufen und durch einige Flintenschüsse den Einwohnern jenseit des Flusses ein Zeichen. Endlich bemerkten sie uns, und brachten einen Nachen für unser Gepäck herüber. Da das Ufer hier mehr als vierzig Fuß hoch ist, so hielt ichs für unmöglich, das Vieh hinabzubringen; aber die Neger ergriffen die Pferde, und ließen sie in einer ausgegrabenen Bahn, die, ohne Zweifel durch den öfteren Gebrauch, schon glatt geworden war, beinahe senkrecht hinabgleiten. Sobald sie auf diese Art ins Wasser getrieben waren, suchte auch ein jeder von uns

so gut er konnte, hinabzukommen. Dann zog der Fähr=
mann einige Pferde am Strick ins Wasser, und ruderte
mit dem Nachen etwas vom Ufer ab, worauf ein allge=
meiner Angriff auf die übrigen Pferde geschah. Diese,
von allen Seiten gedrängt und gestoßen, stürzten sich
alle in den Strom, und folgten den Vorausschwimmen=
den. Einige junge Leute, die ihnen nachschwammen,
begossen sie mit Wasser, wenn sie umkehren wollten, und
nöthigten sie auf diese Weise geradeaus zu schwimmen.
So glückte es uns, sie in Zeit von funfzehn Minuten
alle sicher an der andern Seite zu sehen. Aber desto mehr
Zeit und Mühe erfoderte es, die widerspenstigen Esel
hinüber zu bringen; erst nach vielen Stößen und Schlä=
gen wagten sie sich ins Wasser, und kaum waren sie in
der Mitte des Flusses, so kehrten vier davon um, trotz
aller Mühe, die wir anwandten, sie vorwärts zu treiben.
Drei Stunden dauerte es, ehe alles hinüber war, und
erst gegen Abend kam das Canot zurück, um Demba
Sego und mich herüber zu holen. Es war ein mißliches
Fahrzeug, welches bei der leichtesten Bewegung umschla=
gen konnte. Des Königs Neffe bekam Lust in eine zin=
nerne Büchse zusehen, die mir gehörte, und im Vor=
dertheil des Canots stand; als er die Hand darnach aus=
streckte, kam das Fahrzeug aus dem Gleichgewicht und
schlug um. Glücklicherweise befanden wir uns noch nicht
weit vom Ufer, und konnten es ohne viel Schwierigkeit
wieder erreichen. Nachdem wir das Wasser aus unsern
Kleidern gerungen hatten, setzten wir uns wieder ein, und
landeten bald in Kasson.

Sechster Abschnitt.

Ankunft in Tisi und was dem Verfasser daselbst begegnete —
seine Unterredung mit des Königs Bruder — Abreise —
er erreicht Kuniakary.

Kaum waren wir in Kasson ausgestiegen, als mir Dem=
ba Sego sagte, daß wir nun in seines Oheims Gebiet,
und außer aller Gefahr wären, daher er hoffe, ich würde
in Rücksicht der Verbindlichkeit, die ich ihm dafür schul=
dig sei, es an einer verhältnißmäßigen Belohnung für
seine Mühe nicht fehlen lassen. Dies kam mir unerwar=
tet, besonders da er wußte, wie man mich in Dschohg aus=
geplündert hatte, und daß der Rest meiner Habseligkeiten
durch das Umschlagen des Fahrzeuges vollends gelitten
hatte. Mich zu beklagen wäre indeß thöricht gewesen, ich
schwieg also, und gab ihm sieben Barren Bernstein und et=
was Taback, womit er zufrieden schien.

Auf dem Wege nach Tisi, der eine halbe Tagereise
beträgt, stieß mir nichts bemerkenswerthes auf, außer
daß ich weissen Granit in großen einzelnen Klumpen an=
traf. In Tisi, wo wir am 29sten Abends ankamen, be=
herbergte uns Demba Sego in seiner Hütte. Den an=
dern Morgen führte er mich zu seinem Vater Tiggity
Sego, Bruder des Königs von Kasson und Gouverneur
von Tisi. Dieser alte Mann betrachtete mich eine Weile
mit großer Aufmerksamkeit, weil, wie er selbst sagte, er
außer mir nur Einen Weißen in seinem Leben gesehen
hätte, welches, der Beschreibung nach, der Major Hough=
ton gewesen sein muß. Er fragte mich, zu was für einem
Zweck ich diese Reise unternommen hätte. Ich erwiederte,
bloß um das Land und seine Bewohner kennen zu lernen.
Er bezweifelte aber die Wahrheit meiner Aussage, und
schien zu glauben, daß ich irgend ein geheimes Projekt
hätte, das ich mich zu gestehen scheute. Er sagte, ich

müßte schlechterdings nach Kuniakary gehen, wo der König residire, um diesem Fürsten meine Aufwartung zu machen; doch möchte ich, ehe ich von Tisi weiter reisete, ihn noch einmahl besuchen.

Am Nachmittag entlief einer seiner Sklaven; darüber entstand ein allgemeiner Tumult; jeder, der ein Pferd hatte, ritt in die Wälder, in der Hoffnung, den Entlaufenen zu fangen, und Demba Sego bat mich zu diesem Endzweck um das meine. Ich gab es ihm gern, und in einer Stunde kamen die Reiter alle zurück mit dem Sklaven, der gewaltig gestäupt und dann in Fesseln gelegt wurde. Am folgenden Tage, den 31sten December, ward Demba Sego beordert, mit zwanzig Reitern nach einer Stadt in Gedumah aufzubrechen, um dort einen Streit mit den Mauren beizulegen, deren einige drei Pferde von Tisi gestohlen haben sollten. Demba bat wieder um mein Pferd, und da, seiner Aussage nach, mein Zaum und Sattelzeug ihm bei den Mauren ein ausgezeichnetes Ansehen geben, und er in drei Tagen wieder zurück sein würde, so gab ichs ihm auch diesesmal. Während seiner Abwesenheit durchstrich ich die Stadt, und unterhielt mich fleißig mit den Eingebohrnen, die mich mit vieler Freundlichkeit und Neugier überall begleiteten, und mich für ein Billiges mit Milch, Eiern und andern Lebensmitteln versorgten.

Tisi ist eine große Stadt ohne Ring-Mauer und gegen feindliche Anfälle durch nichts gesichert, als durch eine Art von Zitadelle worin Tiggity mit seiner Familie wohnt. Diese Stadt war, nach Aussage der Einwohner, vormals bloß von einigen sehr reichen fulahischen Heerde-Eigenthümern bewohnt, welche sich hier sehr wohl befanden, weil ihr Vieh in den vortreflichen Wiesen vollauf Futter hatte. Ihre Wohlhabenheit aber reizte den Neid einiger Mandingohs, welche jene vertrieben und sich ihrer Grundstücke bemächtigten.

Obgleich die jetzigen Einwohner Vieh und Getreide in Ueberfluß haben, so sind sie doch nichts weniger als ekel in ihren Speisen. Ratzen, Maulwürfe, Schlangen, Heuschrecken, Eichhörnchen und dergleichen mehr, werden von Hohen und Niedern gegessen. Meine Leute wurden einmal zu einem Feste eingeladen, und nachdem sie tüchtig von einem Gericht, das sie für Fleisch und Kuskus hielten, gegessen hatten, fand einer ein Stück harte Haudarin, brachte es mit nach Hause, um mir zu zeigen, welche Art von Fisch sie gegessen. Bei der Untersuchung fand sich, daß sie eine große Schlange geschmaust hatten. Eine andere, noch sonderbarere Sitte ist diese, daß Frauen keine Eier essen dürfen. Dieses Verbot, welches entweder aus einem verjährten Aberglauben, oder von irgend einem alten listigen Buschrihn herkommt, der selbst gern Eier aß, wird streng befolgt, und man kann eine tisische Frau nicht schwerer beleidigen, als wenn man ihr ein Ei anbietet. In keiner andern Gegend des Mandingo-Landes habe ich dieses Verbot gefunden.

Den dritten Tag nach Demba's Abreise, berief Tiggitty, wegen eines sonderbaren Ereignisses, ein Palaver, dem ich beiwohnte. Die Debatten dafür und dawider, zeugten von vielem Scharfsinn. Der Fall war dieser. Ein junger Kafir, von ansehnlichem Vermögen, der kürzlich eine junge schöne Frau geheirathet hatte, bat einen Buschrihn von seiner Bekanntschaft, einen mahomedanischen Priester, der im Ruf besonderer Frömmigkeit stand, um Amulete, die ihn im bevorstehenden Kriege schützen sollten. Der Buschrihn erfüllte sein Verlangen, damit aber, wie er sagte, das Amulet noch wirksamer sei, müsse er sich den ehelichen Umgang mit seiner jungen Frau auf sechs Wochen versagen. So hart dieses Verbot auch war, so beobachtete der Kafir es doch äußerst strenge, und ohne seiner Frau den wahren Grund zu sagen, hielt er sich entfernt von ihr. Während der Zeit verlautete es in Tisi,

daß

daß der Buschrihn, welcher sein Abendgebet immer vor des
Kafirs Hüttenthüre verrichtete, mit deſſen Frau vertrau=
ter wäre als er sein sollte. Der gute Ehemann war An=
fangs gar nicht geneigt, in die Rechtschaffenheit ſeines
geistlichen Freundes Mißtrauen zu ſetzen, und es ver=
ging wol ein Monat, ehe er im geringſten eiferſüchtig
auf ihn ward; als aber das Stadtgespräch nicht nachließ,
befragte er ſeine Frau, und dieſe geſtand ihm unverhohlen,
daß der Buschrihn ſie verführt habe. Der Kafir sperrte
ſie darauf ein, und berief ein Palaver um den Buschrihn
zur Verantwortung zu ziehen. Dieſer wurde vollkommen
überführt und verdammt als Sklav verkauft zu werden,
oder zwei Sklaven zum Löſegelde zu geben, je nachdem
es der Kläger verlangen würde. Der beleidigte Ehemann,
der nicht gern mit dieſer äußerſten Strenge gegen ſeinen
Freund verfahren wollte, trug darauf an, ihn lieber vor
Tiggity Sego's Hause öffentlich ſtäupen zu laſſen. Dieß
ward genehmigt, und man ſchritt unmittelbar zur Sache.
Der Verbrecher wurde mit den Händen an einen ſtarken
Pfahl gebunden, und bekam mit einer langen ſchwar=
zen Ruthe, die erſt einigemale über ſeinen Kopf ge=
schwenkt wurde, ſo kräftige Streiche auf den Rücken, daß
er fürchterlich brüllte; ſonderbar iſt es, daß die Anzahl
der Streiche, wie nach dem moſaiſchen Geſetz, vierzig
we n i g e r e i n e n war! Die in großer Anzahl verſammel=
ten Zuschauer, zeigten durch Ziſchen und Lachen ihr
Wohlgefallen darüber, daß der alte Sünder ſo gezüchti=
get ward.

Da Tiſi eine Grenzſtadt und, während des Krieges,
den Räubereien der gadumahiſchen Mauren ausgeſetzt iſt;
auch zu beſorgen war, daß alles noch auf dem Halm ſte=
hende Getreide von dem Feinde verheert werden würde;
ſo hatte Tiggity Sego, kurz vor meiner Ankunft, in die
benachbarten Dörfer umher geschickt, um auf ein ganzes
Jahr Lebensmittel für alle Einwohner der Stadt, theils

erbetteln, theils aufkaufen zu laſſen. Die Landleute
bewilligten gern was ſie konnten, und beſtimmten einen
Tag, an welchem ſie alles was ſie an Vorräthen miſſen
könnten, nach Tiſi bringen wollten. Dies war der vierte
Januar 1796. Da um dieſe Zeit mein Pferd noch nicht
wieder zurückgekommen war, ſo ging ich dem Zuge, der
die Proviſion brachte, zu Fuß entgegen.

Er beſtand aus vierhundert Mann, die in einer ge=
wiſſen Ordnung marſchirten; jeder trug einen Kürbiß
voll Korn oder voll Erdnüſſe auf dem Kopfe. Vor ihnen
ging eine ſtarke Bedeckung von Schützen, auf welche
acht Sänger folgten. Sobald ſie ſich der Stadt näher=
ten, fingen dieſe an zu ſingen, und die ganze Proceſſion
beantwortete jeden Vers, nach deſſen Endigung allemahl
die großen Trommeln gerührt wurden. Unter dem Jauch=
zen des Volks erreichten ſie Tiggity's Haus, wo die La=
dung in Verwahrſam gebracht ward. Den Abend ver=
ſammelten ſie ſich alle unter dem Bentangbaum, und
brachten die Nacht mit Tanz und andern Beluſtigungen
hin. Viele von den Fremden blieben drei Tage in Tiſi,
während welchen ich überall von Neugierigen umringt
war, und da ein jeder mich ſehen wollte, ſo war des
Zudrängens kein Ende.

Am 5ten Januar kam eine Geſandtſchaft von zehn
Perſonen, von Almami Abdulcader, König von
Futa Torra, einem weſtwärts von Bondu gelegenen
Strich Landes. Dieſe verlangten, daß Tiggity Sego
eine Volksverſammlung berufen ſollte, und machten fol=
genden Beſchluß ihres Königs öffentlich bekannt: Daß,
wofern das Volk von Kaſſon nicht die mahomedaniſche
Religion annehme, und ſeine Bekehrung nicht durch öf=
fentliches Herſagen von eilf Gebeten beweiſe, er, der
König Almami, bei den jetzigen Streitigkeiten unmöglich
neutral bleiben könne, ſondern ſich mit dem Könige von
Kadſchaaga verbinden werde. Eine Botſchaft dieſer Art,

von einem so mächtigen Fürsten, mußte nothwendig große
Unruhe erregen, und die Tifer beschlossen, nach langen
Berathschlagungen, sich, so demüthigend es auch für sie
war, seinem Willen zu unterwerfen. Einer wie der andre
sagte seine eilf Gebete öffentlich her, welches denn als
ein hinlängliches Bekenntniß angesehen ward, daß sie
dem Heidenthum entsagt, und die Lehre des Propheten
angenommen hatten.

Erst am 8ten Januar kam Demba Sego mit meinem
Pferde zurück. Ich war herzlich froh, daß ich nun endlich nicht länger warten durfte, und verfügte mich sogleich
zu Tiggity, um ihm zu melden, daß ich den nächsten Morgen nach Kuniakary gehen würde. Der alte Mann
machte mir einige unbedeutende Einwürfe, und gab mir
endlich zu verstehen, daß ich nicht eher an meine Abreise
denken könnte, bis ich ihm die Abgaben entrichtet hätte,
welche er von jedem Reisenden erhebt; und überdem erwarte er auch noch etwas mehr zur Erkenntlichkeit dafür,
daß er mich so gütig behandelt habe. Am nächsten Morgen kam mein Freund Demba, mit einem beträchtlichen
Gefolge, um die Geschenke für Tiggity in Empfang zu
nehmen. Ich wußte, daß Widerstand fruchtlos und Klagen vergeblich waren, und gab ihm also sieben Barren
Bernstein und fünf Barren Taback. Nachdem er sie eine
Weile gleichgültig angesehen hatte, legte er alles hin
und sagte: dies wäre kein Geschenk für einen so bedeu-
tenden Mann wie Tiggity Sego, der es in seiner Gewalt
hätte, mir zu nehmen was ihm gefiele, und wenn ich
ihm nicht ein ansehnlicheres Geschenk machen wollte, so
würde er mein ganzes Gepäck zu seinem Vater bringen
lassen, damit er sich daraus wählen könnte, was ihm be-
liebte. Ich hatte nicht Zeit zu antworten, denn Demba
und sein Gefolge öffneten sogleich meine Bündel, streueten
alles auf dem Boden umher, und stellten eine weit genauere Nachsuchung an, als man in Dschohg gethan

E 2

hatte. Sie nahmen was ihnen gefiel, und unter andern nahm Demba die zinnerne Büchse, die schon bei der Ueberfahrt über den Fluß ihm so aufgefallen war.

Nachdem ich die zerstreuten Ueberbleibsel meiner kleinen Habe zusammengerafft hatte, fand ich, daß man mir hier wiederum wie in Dschohg die Hälfte derselben und zwar ohne allen Schein von Verschuldung geraubt hatte. Der Schmidt selbst, der ein Eingebohrner von Kasson war, mußte seinen Bündel öffnen, und es half ihm nichts, daß er hoch und theuer schwur, alles darin vorhandene sei sein Eigenthum. Was wollte ich machen! ich war Demba Sego für seine Willfährigkeit, mich von Dschohg sicher hieher zu bringen, Verbindlichkeit schuldig; ich machte ihm also keine Vorwürfe über seine Raubsucht, beschloß aber auf jeden Fall, den andern Morgen von Tifi aufzubrechen. Um den gesunkenen Muth meiner Gefährten wieder zu heben, kaufte ich ein Schaf zum Mittagessen.

Am roten Januar, Morgens, reisten wir von Tifi ab: gegen Mittag ging der Weg eine Höhe hinan, von der wir über die Berge um Kuniakary her eine weite Aussicht hatten. Abends erreichten wir ein kleines Dorf, wo wir übernachteten. Den andern Morgen brachen wir zeitig auf, und nach zwei Stunden setzten wir über einen schmalen aber tiefen Strom, Kriefo genannt, einen Arm des Senegal. Zwei Meilen weiter, kamen wir durch eine große Stadt Medina, und um zwei Uhr lag Dumbo vor uns, des Schmidts Vaterstadt, von der er mehr als vier Jahre lang abwesend gewesen war. Sein Bruder, der zufällig seine Ankunft erfahren hatte, kam ihm mit einem Sänger entgegen, brachte ihm ein Pferd, damit sein Einzug desto stattlicher sein sollte, und in eben dieser Absicht bat er uns, zu einer Ehren=Salve unsere Flinten zu laden. Der Sänger führte an, die zwei Brüder folgten ihm, und wir waren bald von einer Menge Volk um-

ringt, die ihre Freude, einen alten Bekannten wieder zu
sehen, durch singen und springen auf eine unbändige Art
äußerte. Beim Eintritt in die Stadt begann der Sänger
ein Lied, aus dem Stegereif, zum Lobe des Schmidts; er
rühmte seinen Muth, so viele Schwierigkeiten überwun=
den zu haben, und endigte damit, daß er seine Freunde er=
mahnte, reichlich Lebensmittel für ihn herbei zu schaffen.

Als wir an des Schmidts Wohnung kamen, stiegen
wir ab und feuerten unsere Flinten los. Das Wieder=
sehen zwischen dem Heimkehrenden und seinen Verwand=
ten war rührend; denn diese rohen Kinder der Natur,
die von keinem Zwange wissen, äußern ihre Gefühle stark
und ausdrucksvoll. Mitten unter diesem Frohlocken
ward des Schmidts alte Mutter auf einen Stab gelehnt
herbei geführt. Jeder machte ihr Platz, und sie reichte
ihm die Hand zum Willkommen. Sie war völlig blind,
streichelte ihm Hände, Arme und Gesicht, und schien sehr
glücklich ihn in ihren letzten Tagen noch um sich zu haben
und den süßen Klang seiner Stimme zu hören.

Während dieser lauten Freudensbezeugungen hatte ich
mich etwas abwärts an einer Hütte hingesetzt, um diese
gegenseitigen Herzensergießungen nicht zu stören, und al=
les war mit dem Schmidt so sehr beschäftigt, daß mich
niemand bemerkt hatte. Als endlich jedermann sich ge=
setzt hatte, wünschte des Schmidts Vater zu hören, wie
es ihm unterdeß ergangen sei. Es ward also Stillschweigen
geboten und der Schmidt hob seine Erzählung an. Zuerst
dankte er Gott, der ihn überall beschützt und nun auch
glücklich wieder nach Hause gebracht habe, und erwähnte
hierauf alles Wesentliche, was ihm seit der Abreise aus
seinem Vaterlande begegnet, wie es ihm in Gambia ergan=
gen sei, was er dort getrieben, und wie mancherlei Fähr=
lichkeiten er jetzt auf dem Rückweg hierher ausgestanden
habe. In diesem letztern Theil seiner Geschichte hatte er oft
Gelegenheit meiner zu erwähnen, und nachdem er es

umständlich gerühmt, wie gütig ich mich gegen ihn betragen hätte, zeigte er nach dem Platze hin wo ich saß,
und rief affille ibi firing: Seht da sitzt er! Im
Augenblick waren alle Augen auf mich gerichtet; ich schien
ihnen wie aus den Wolken gefallen, jeder war verwundert mich nicht schon bemerkt zu haben, und einige Frauen
und Kinder geriethen in Sorgen; einem Menschen von
so ungewöhnlicher Gestalt so nahe zu sein. Allmählich
aber schwand ihre Furcht, und, als der Schmidt ihnen
versicherte, daß ich völlig gutmüthig sei, und niemanden
Leids zufüge, wagten es einige, das Zeug meines Klei-
des zu untersuchen; andere hingegen trauten mir noch
nicht so bald, sondern, wenn ich mich zufällig bewegte
oder die Kinder ansah, liefen die Mütter in größter Eil
mit ihnen davon. Nach Verlauf weniger Stunden waren wir jedoch schon bekannter mit einander.

Mit diesen guten Leuten brachte ich nun den Rest
dieses Tages und den ganzen folgenden in Freude und
Lustbarkeit zu; und der Schmidt erklärte sich, daß er
mich nach Kuniakary begleiten und so lange ich dort bliebe, treulich bei mir aushalten würde. Am Morgen,
den 14ten Januar, machten wir uns dahin auf den Weg,
und um Mittag erreichten wir Sulo, ein kleines Dorf,
drei Meilen südwärts von Kuniakary.

Nach diesem Orte, der von der geraden Straße
etwas abliegt, ging ich, um einen sehr angesehenen
Slatih, Namens Salim Dahkari, zu besuchen. Er war
mit Dr. Laidley bekannt, der ihm fünf Sklavenwerths
an Waaren kreditirt, und mir für den Betrag eine Anweisung auf ihn gegeben hatte. Glücklicherweise fand ich
ihn zu Hause und er empfing mich überaus freundlich
und gütig.

Der König von Kasson mußte gleich Nachricht davon
bekommen haben, daß ich von Dumbo nach Sulo gegan-

gen sei, denn kaum war ich ein Paar Stunden dort, als Sambo Sego, sein zweiter Sohn, mit einem Trupp Reiter hinkam, um sich zu erkundigen, was mich verhindert hätte, geradezu nach Kuniakary zu gehen und mich bei dem Könige zu melden, da er sehr begierig wäre mich zu sehen. Salim Dahkari vertheidigte mich gegen diesen Vorwurf und versprach, mich denselben Abend noch nach Kuniakary zu begleiten. Gegen Sonnenuntergang machten wir uns auf den Weg, und trafen nach Verlauf einer Stunde daselbst ein. Der König schlief aber schon, die Audienz mußte also bis auf den andern Tag ausgesetzt bleiben, und Sambo Sego beherbergte uns in seiner Hütte.

Siebenter Abschnitt.

Audienz beim Könige von Kasson. — Der Verfasser reist nach
Kemmu, der Hauptstadt von Kaarta, und von da, ohn-
erachtet es ihm der König widerräth, in das maurische
Königreich Ludamar. — Er geht von drei Söhnen des
Königs und 200 Reitern begleitet, nach Dscharra.

Am 15ten Januar 1796. verfügten wir uns zur Audienz.
Der Zulauf des Volks war so ungeheuer groß, daß wir
kaum durch konnten Wir fanden den König (der mit
Namen Demba Sego Dschalla hieß) in einer großen Hütte
auf einer Matte sitzend; er schien ohngefähr sechzig Jahr
alt. Seine Tapferkeit im Kriege, und sein leutseliges
Betragen im Frieden, hatte ihn allen seinen Unterthanen
werth gemacht. Er betrachtete mich mit großer Aufmerksamkeit, und als Salim Dahkari ihm den Zweck meiner
Reise, und die Gründe, weshalb ich durch sein Land
ging, erklärt hatte; schien der gute alte König nicht nur
ganz wohl damit zufrieden zu sein, sondern versprach
auch, mir so viel als möglich in meinem Vorhaben behülflich
zu sein Er habe den Major Houghton gesehen und ihm
ein weißes Pferd geschenkt, sagte er, aber jenseits des
Königreichs Kaarta, sei er von den Mauren umgebracht
worden. Nach der Audienz kehrten wir nach unserer
Wohnung zurück, wo ich aus dem Rest dessen, was mir
noch geblieben war, (denn von Salim Dahkari hatte ich
noch nichts empfangen) ein Geschenk für den König zusammen suchte, welches seiner Geringfügigkeit ohnerachtet doch mit Wohlgefallen aufgenommen ward und mir
von Seiten des Königs, einen großen weißen Ochsen
zum Gegengeschenk einbrachte. Der Anblick dieses Thieres erfreute meine Begleiter gar sehr, nicht sowohl seiner
Größe, sondern seiner Farbe wegen, die als ein Zeichen
besonderer Gnade angesehen wird. So gütig mich aber

der König aufgenommen und so bereitwillig er mir erlaubt
hatte durch sein Gebiet zu reisen, so standen doch weiter=
hin, meiner Reise, allem Anschein nach, große Hinder=
nisse ganz nahe bevor. Der Krieg zwischen Kasson und
Kadschaaga war nemlich auf dem Punkt auszubrechen; das
Königreich Kaarta, wo mein Weg durchging, war mit
darein verwickelt und überdem mit Feindseligkeiten von
Seiten des Königs von Bambarra bedroht. Alle diese
Umstände hatte mir der König selbst erzählt und mir daher
angerathen, noch so lange in der Nachbarschaft von Ku=
niakary zu bleiben, bis er Nachrichten wegen Bambarra
eingezogen hätte, die, seiner Aussage nach, in vier bis
fünf Tagen einlaufen müßten, da er deshalb bereits vier
Boten nach Kaarta abgeschickt habe. Um nun die
Rückkunft von wenigstens einem dieser vier Boten ab=
zuwarten, ging ich vor der Hand nach Sulo, und
benutzte diesen Aufschub zu Einkassirung meiner Anwei=
sung, welche mir Dahkari auch endlich in Goldstaub aus=
zahlte. Nunmehr wünschte ich sobald als möglich weiter
zu reisen, und bat Dahkari sich beim König dahin zu ver=
wenden, daß er mir einen Führer mitgeben möchte, der mich
über Fuladu brächte, weil, wie ich gehört hätte, der Krieg
zwischen Bambarra und Kaarta bereits ausgebrochen sei.
Dahkari ging am nehmlichen Abend noch nach Kuniakary
und kam den andern Morgen (am 20sten Januar) mit des
Königs Antwort zurück, die dahin lautete: Der König habe
seit mehreren Jahren einen Vertrag mit Däsi, König von
Kaarta geschlossen, alle Kaufleute und Reisende durch sein
Land zu schicken; wollte ich indeß den Weg über Fuladu neh=
men, so stehe es mir zwar frei, einen Führer aber dürfte
er mir, jenem Vertrage zufolge, nicht gestatten. Nun
war ich auf meiner bisherigen Reise bereits gewahr wor=
den, was es auf sich hat, wenn man ohne den Schutz
des Landesfürsten reiset und wollte nicht gern noch einmal
eine so bittere Erfahrung machen, zumal da mir hier
das letzte Geld ausgezahlt worden war, was ich noch zu

hoffen hatte; ich entschloß mich also, hier die Zurückkunft der nach Kaarta ausgeschickten Boten abzuwarten.

Während der Zeit verbreitete sich das Gerücht, daß ich eine große Menge Goldes von Dahkari erhalten hätte, und den 23sten Morgens kam Sambo Sego mit einem Trupp Reiter zu mir, und bestand darauf, daß ich ihm die Summe genau angeben müsse, die ich von Dahkari empfangen hätte, weil die Hälfte davon, es sei nun viel oder wenig, dem Könige gegeben werden müsse; und außerdem erwarte er für sich, als Sohn des Königs, und für seine Begleiter, als Verwandte desselben, noch be= sonders Geschenke. Man kann leicht denken, daß, wenn ich alle diese Forderungen befriedigt hätte, ich eben nicht viel übrig behalten haben würde. So kränkend es nun auch für mich war, diesem ungerechten und willkührli= chen Begehren nachzugeben, so bedachte ich dennoch, wie gefährlich es sei, einen Löwen zu reizen, der einen mit seinen Klauen abreichen kann, und wollte mich unterwer= fen, als Dahkari sich ins Mittel schlug und Sambo über= redete, sechzehn Barren europäischer Waare, nebst etwas Pulver und Kugeln, als eine vollständige Bezahlung für alles was man mir noch im Königreich Kasson abfodern könnte, anzunehmen.

Am 26sten Januar erstieg ich im Spazierengehen einen auf der Süd=Seite von Sulo belegenen Berg, von dessen Gipfel aus ich eine bezaubernde Aussicht über das Land hatte. Die Anzahl der Städte und Dörfer, und die großen Strecken bebaueten Landes rund umher, über= traf alles was ich bis jetzt in Afrika gesehen hatte. Von der großen Anzahl der Einwohner kann man sich daraus einen Begriff machen, daß der König von Kasson durch das Aufgebot der Kriegestrommel viertausend Krieger zusammenbringen kann. Auf dem felsichten Gipfel dieses Berges gab es Schluchten und Hölen, wo die Wölfe und Hyänen den Tag über sich verbergen. Einige von diesen Thieren schlichen sich am 27ſten Abends nach Sulo herein; die Hunde im Dorfe kündigten ihre Annäherung an, und zwar, was mich bemerkenswerth dünkt, nicht durch Bellen, ſondern durch ein entſetzliches Geheul. Sobald die Einwohner dies hörten, wußten ſie ſchon was vorging; ſie bewafneten ſich, und gingen mit Bündeln trocknen Graſes auf den umzäunten Platz mitten im Dorf, worin das Vieh die Nacht eingetrieben wird; hier zündeten ſie das Gras an, und liefen, indem ſie die brennenden Büſchel hin und her ſchwenkten, mit Geſchrei und Lärmen nach dem Hügel zu. Dieſes Mittel that gute Wirkung, die Wölfe wurden zurückgeſcheucht; ſie hatten aber, wie ſich bei näherer Unterſuchung fand, doch ſchon fünf Stück Vieh getödtet, und noch mehr angefallen und zerfleiſcht.

Am 1ſten Februar kamen die nach Kaarta ausgeſandten Boten mit der Nachricht zurück, daß der Krieg zwiſchen Bambarra und Kaarta noch nicht ausgebrochen ſei, und daß ich wol noch durchkommen könnte, ehe die bambarraniſche Armee ins Land einfallen würde.

Am 2ten Februar, früh Morgens, ſandte der König zwei Reiter von Kuniakary, die mir, bis an die Grenze von Kaarta, als Wegweiſer und als Eskorte dienen ſollten. Ich nahm alſo Abſchied von Salim Dahkari, und trennte mich nun von meinem Reiſegefährten dem Schmidt, der mir ſehr herzlich alles Wohlergehen wünſchte. Um zehn Uhr verließen wir Sulo. Wir reiſten den Tag durch eine felſige Berggegend längs den Ufern des Kriefo, und kamen gegen Sonnenuntergang nach dem Dorfe Sumu, wo wir übernachteten.

Am 4ten Februar ſetzten wir unſere Reiſe von Sumu aus längs den Ufern des Kriefo fort, welche überall gut angebauet ſind, und von Einwohnern wimmeln, zumal eben jetzt, da des bambarraniſchen Krieges wegen eine

Menge Leute aus Kaarta hieher geflüchtet waren. Am
Nachmittag erreichten wir Kimo, ein großes Dorf, die
Residenz des Madi Kanko, Gouverneur des Hochlandes
von Kasson, welches Sorroma heißt. Hier verließen
mich meine kassonschen Führer, um mit gegen Kadschaaga
zu fechten, und ich mußte bis zum 6ten warten, ehe ich
Madi Kanko dahin vermochte, mir einen Wegweiser und
Begleiter nach Kaarta zu bewilligen.

Endlich gab er mir seinen eigenen Sohn dazu mit,
und nun brach ich am 7ten Februar von Kimo auf. Der
Weg geht hier längs den Ufern des Krieko fort, bis wir
Nachmittag Kandschi, eine ansehnliche Stadt, erreichten.
Der Krieko ist hier bloß ein kleiner Bach. Dieser schöne
Strom entspringt ostwärts nicht weit von der Stadt, und
fließt bis an den Fuß eines Berges, Tappa genannt,
schnell und rauschend hinab *). Dort wird er stiller, und
windet sich sanft durch die lieblichen Ebenen von Kunia=
kary, dann nimmt er noch einen Fluß von Norden her
auf, und ergießt sich, ohnweit der Wasserfälle von Feloh,
in den Senegal.

Am 8ten Februar kamen wir durch rauhe steinige
Gegenden, und nachdem wir Seimpo und viele andere
Dörfer passirt hatten, erreichten wir am Nachmittag La=
karago, ein kleines Dorf, das auf den Bergen liegt,
welche Kasson von Kaarta trennen. Wir begegneten hier
Hunderten von Menschen, die mit all dem Ihrigen aus
Kaarta flüchteten.

Am 9ten Februar früh Morgens verließen wir La=
karago und gelangten, etwas weiter gegen Osten, auf
einen Berg, von dessen Spitze wir das ganze Land über=

---

*) Seite 68 wird der Krieko für einen Arm des Senegal ausgege=
ben, hier wird gesagt: wo er entspringt. Wenn er aber eine
Quelle hat; so ist er ein für sich bestehender Strohm und kann sich
zwar in den Senegal ergießen, aber nicht ein Arm desselben genannt
werden. Auf Rennels Karte ist er nicht angemerkt. Uebers.

sehen konnten. Gegen Südosten entdeckten wir in der Ferne Berge, welches nach der Aussage unsers Weg= weisers die Gebirge um Fuladu waren. Bergab ging der Weg sehr steil und war der vielen Steine wegen überaus beschwerlich und gefährlich, bis wir in das Bett eines ausgetrockneten Flusses gelangten, an dessen Ufern zu beiden Seiten Bäume standen, die oben dicht in einander geschlungen waren, welches den Weg ganz schattig und kühl machte. Es dauerte nicht lange, so erreichten wir das Ende dieses romantischen Thales, und um zehn Uhr mußten wir zwischen zwei Felsen hin= durch, jenseit welchen die sandige Ebene von Kaarta vor uns lag. Um Mittag kamen wir an eine Korri, oder Tränkplatz, (ein Ort wo Wasser ist) wo wir für ein paar Schnüre Korallen so viel Milch und Mehl bekamen, als wir verzehren konnten. Die Lebensmittel sind hier so wohlfeil, und die Hirten haben solchen Ueberfluß daran, daß sie selten Bezahlung fodern, wenn Reisende sich bei ihnen zu essen geben lassen. Gegen Sonnenuntergang erreichten wir Fisura, wo wir übernachteten.

Hier machten wir einen Rasttag, um uns einige Kleidungsstücke zu waschen und genaue Erkundigung von der Lage der Sachen einzuziehen, ehe wir uns nach der Hauptstadt wagten.

Unser Wirth, der die Unruhen im Lande nutzen wollte, foderte für unsere Beherbergung eine so ungeheure Summe, daß ich argwöhnte, er suche bloß Gelegenheit zu Händeln, und mich deshalb von ihm nicht gleich in Furcht jagen lassen wollte. Meine Gefährten aber waren durch die Gerüchte von dem nahen Ausbruch des Krieges in so gewaltiger Besorgniß, daß sie nicht von der Stelle wollten, bis ich mich mit ihm nicht nur abge= funden, sondern ihn noch überdies vermogt haben würde, uns, Sicherheits halber, bis nach Kemmu zu begleiten. Dies kostete mir nicht wenig Ueberredung und obenein

eine Bettdecke, an der er großes Behagen gefunden hatte,
und die ich ihm zum Geschenk machen mußte. Nun setzte
er sich zu Pferde und führte den Zug. Er war einer von den
Negern, die sich zwar zur mahomedanischen Religion be-
kennen, aber nichts als das Ceremonialgesetz derselben
beobachten, übrigens dem Aberglauben ihrer Vorväter
noch immer anhangen, ja selbst starke Getränke trinken.
Sie werden Dschoars oder Dschoers genannt, und sind
in diesem Königreiche sehr zahlreich und mächtig. Kaum
waren wir im nächsten Walde in eine einsame Gegend
gekommen, als er ein Zeichen gab anzuhalten, und auf
einem hohlen Bambusrohr, das wie ein Amulet ihm um
den Hals hing, dreimal laut pfiff. Ich gestehe, daß
mich dies gewaltig erschreckte, da ich es für ein abgerede-
tes Zeichen hielt, das er seinen Gesellen gäbe, uns zu
überfallen; er versicherte mir aber, daß er es bloß in
der Absicht thue, um zu erfahren, ob wir eine glückliche
Reise haben würden. Darauf stieg er ab, legte seinen
Speer quer über den Weg, sagte einige kurze Gebete her
und pfiff wieder dreimal, dann horchte er, als ob er eine
Antwort erwartete, und als keine erfolgte, sagte er,
wir könnten unbesorgt weiter gehen, es drohe uns
keine Gefahr. Gegen Mittag kamen wir durch eine
Menge kleiner ganz verlassener Dörfer, deren Einwohner
des Krieges halber, nach Kasson geflüchtet waren. Mit
Sonnenuntergang erreichten wir Karankalla, vormals
eine große Stadt, die vor vier Jahren von den Bambarranern zerstört worden ist, so daß noch jetzt die Hälfte
davon in Trümmern liegt.

Am 12ten Februar verließen wir mit Tagesanbruch
Karankalla, und da es nur eine kleine Tagereise bis Kemmu ist, so reisten wir langsamer als gewöhnlich, und
pflückten unterweges Baumfrüchte, die an der Landstraße
wuchsen. Bei diesem Geschäft hatte ich mich ein wenig
von meinen Gefährten entfernt, und da ich nicht wußte

ob sie hinter oder vor mir waren, so eilte ich nach einer
Anhöhe, um mich von da aus nach ihnen umzusehn. Als
ich eben hinauf wollte, kamen zwei Neger zu Pferde mit
Flinten, im Galop aus dem Busch gesprengt. Bei
diesem Anblicke stand ich still, und sie ihrerseits, thaten,
sobald sie meiner ansichtig wurden, das nehmliche; wir
schienen einer nicht weniger verwundert und verlegen als
die andern. Endlich ging ich auf sie zu, da jagte der eine
mit verhängtem Zügel davon, und der andere von
Schrecken gleichsam versteinert, hielt die Hände vor die Augen und murmelte einige Gebete her, bis sein Pferd, wahrscheinlich ohne daß der Reiter selbst es wußte, umdrehte und
seinem Gefährten langsam folgte. Eine Meile westwärts
begegneten sie meinen Begleitern und erzählten ihnen die
Wunder-Geschichte. In dem Schreck den ihnen die Furcht
eingejagt, hatten sie mich für ein Gespenst mit fliegendem
Gewande angesehn, und einer von ihnen versicherte, daß,
als ich ihnen erschienen sei, ein kalter Windstoß von oben
auf ihn herab geweht hätte, als würde er mit kaltem
Wasser übergossen. Gegen Mittag sahen wir die Hauptstadt von Kaarta in einiger Entfernung vor uns. Sie
liegt in einer offenen Ebene; zwei Meilen in der Runde
ist nehmlich wegen des Holzbedarfs der Stadt, der Wald
gänzlich ausgehauen. Um zwei Uhr Nachmittags kamen
wir daselbst an, und verfügten uns unmittelbar nach des
Königs Wohnung; wir waren aber von einer so un-
geheuern Menge Neugieriger umringt, daß ich es nicht
wagte vom Pferde zu steigen, sondern ich ließ mich durch
meinen Wirth und Madi Konko's Sohn bei dem Könige
melden. Es dauerte nicht lange, so kamen sie zurück von
einem Boten begleitet, der mir andeutete, daß der König
mich noch diesen Abend sprechen wolle. Der Bote hatte
zugleich Befehl mir eine Wohnung anzuweisen und dafür
zu sorgen, daß das Volk mir nicht lästig würde. Er
führte mich darauf in einen Hof, an dessen Eingang er
einen Mann mit einem Stabe hinstellte, um das Zudringen

des Pöbels zu verhindern, und mir wies er eine große Hütte
an, wo ich wohnen sollte. Kaum hatte ich mirs in diesem
geräumigen Quartier bequem gemacht, als das Volk, das
durchaus nicht abzuwehren war, hinein drang. Die Hütte
war gepfropft voll, und hatte ein Haufen sich satt ge=
sehen, so machte er einem andern Platz.

Kurz vor Sonnenuntergang schickte der König und ließ
mir sagen, daß er jetzt Muße habe, und mich zu sehen wün=
sche. Ich folgte dem Boten durch eine Menge Höfe, alle
mit hohen Mauern umgeben, in denen Heu=Bündel ange=
häuft lagen, damit es, im Fall die Stadt vom Feinde um=
ringt werden sollte, nicht an Futter für die Pferde fehlen
möchte. Ich fand den König von einem großen Gefolge
umgeben; alles saß in größter Ordnung. Die Krieger
saßen dem Könige zur Rechten, die Frauen und Kinder zur
Linken. Der König hieß mit Nahmen Däsi Kurabarri;
im Anzuge war er von seinen Unterthanen durch nichts aus=
gezeichnet; sein Sitz, eine zwei Fuß hohe Rasenbank, worüber
ein Leopardenfell ausgebreitet lag, war das einzige Kenn=
zeichen seiner Würde. Als ich mich vor ihm auf die Erde
gesetzt, den Anlaß meiner Reise erzählt, und mir zu
Fortsetzung derselben sicheres Geleit durch sein Land aus=
gebeten hatte, schien er mit allem wohl zufrieden zu sein,
sagte mir aber, daß es jetzt nicht in seiner Macht stehe,
viel für mich zu thun, weil alle Gemeinschaft zwischen
Kaarta und Bambarra schon seit einiger Zeit unterbrochen
sei; Mansong, König von Bambarra, sei auf seinem
Zuge gegen Kaarta bereits mit seiner Armee ins Fuladu=
sche eingerückt; es sei also sehr wenig Aussicht vorhanden,
daß ich auf einem von den gewöhnlichen Wegen sollte
nach Bambarra kommen können; denn da ich aus einem
feindlichen Lande käme, so liefe ich Gefahr geplündert
oder für einen Spion gehalten zu werden. Wäre er selbst
nicht in Krieg verwickelt, so würde er mir anheim gestellt
haben, ob ich vor der Hand bei ihm bleiben, und einen
gün=

günstigeren Zeitpunkt abwarten wollte; so wie aber die
Sachen jetzt stünden, würde er es nicht gern sehen, daß
ich länger in Kaarta bliebe, es könnte mir ein Unfall be=
gegnen und dann würden meine Landsleute glauben, Er
habe einen Weißen umgebracht. Er riethe mir deshalb,
nach Kasson zurückzugehen, bis der Krieg, der wahr=
scheinlich nicht über vier Monate dauern würde, geendet
sei; es würde ihm alsdann sehr lieb sein, mich wieder zu
sehen, und wenn er unterdeß sterben sollte, so würden seine
Söhne für mich sorgen.

Ich war vielleicht zu tadeln, daß ich diesen wohl=
gemeinten Rath des Königs nicht befolgte; allein ich
wollte nicht gern die gute Jahreszeit ungenutzt ver=
streichen lassen und hernach die Regenzeit im Innern
von Afrika unthätig zubringen. Diese Besorgniß und
die unangenehme Idee, zurück zu gehen, ohne wichtigere
Entdeckungen gemacht zu haben, bestimmten mich, mei=
nen Weg weiter fortzusetzen, und obschon der König mir
keinen Führer nach Bambarra geben konnte, so bat ich
ihn dennoch, wenigstens zu erlauben, daß irgend jemand
mich so nahe als es ohne Gefahr geschehen könne, bis an
die Grenzen seines Reichs begleiten dürfe. Da er fand,
daß ich fest entschlossen war, meine Reise fortzusetzen, so
sagte er mir, es gebe noch einen andern Weg, doch sei
auch dieser nicht frei von aller Gefahr. Ich müßte nehmlich
von Kaarta nach dem maurischen Königreiche Ludamar
gehen, und von dort durch einen Umweg nach Bambarra:
und wenn ich das wollte, so sollten einige von seinen
Leuten mich bis Dscharra, der Grenzstadt von Ludamar,
eskortiren. Er erkundigte sich sehr genau, wie man mich
auf meiner Reise von dem Gambia bis hieher behandelt
hätte, und setzte scherzhaft hinzu, wie viel Sklaven ich
mit nach Hause zu nehmen gedächte? Er wollte weiter re=
den, als ein Mann auf einem schönen maurischen Pferde,
das mit Schweiß und Schaum bedeckt war, zum Hofe
hereinsprengte und andeutete, daß er eine wichtige Nach=

richt brächte. Der König griff nach seinen Sandalen, ein Zeichen, daß die Fremden sich entfernen sollen; ich beurlaubte mich also, ließ aber meinen Negerjungen in der Nähe zurück, um bald etwas von der Nachricht zu erfahren, die der Bote gebracht hatte. Nach einer Stunde kam der Junge nach Hause und sagte mir, daß die Bambarranische Armee Fuladu verlassen habe, und auf dem Marsch gegen Kaarta wäre, daß der Mann, den ich gesehen, eine Art Kundschafter oder Wächter sei, deren jeder seinen bestimmten Standort, gewöhnlich auf einer Anhöhe, habe, um die Gegend zu übersehen und die Bewegungen des Feindes zu beobachten.

Den Abend schickte uns der König ein schönes Schaaf, das sehr willkommen war, da keiner von uns den Tag über etwas gegessen hatte. Während wir unser Abendbrod bereiteten, ward das Abendgebet angekündigt, und zwar nicht wie sonst bei den Mahomedanern gewöhnlich, durch einen Priester, sondern durch Trommel-Schlag, zu welchem auf großen ausgehöhlten Elephanten-Zähnen geblasen ward. Dies Instrument gleicht einem Hiefhorn, der Ton ist sehr melodisch, und nähert sich, meinem Dünken nach, unter allen künstlichen Tönen am meisten der Menschen-Stimme. Da von Däsi's Armee das Haupt-Corps jetzt hier in Kemmu stand, so waren die Moscheen gedrängt voll, und ich sah, daß beinahe die Hälfte der kaartanischen Truppen Mahomedaner waren.

Am 13ten Februar mit Tagesanbruch schickte ich dem Könige meine Pistolen zum Geschenk; und da ich so bald als möglich von hier weg zu kommen wünschte, weil sich erwarten ließ, daß die Kriegesoperationen gegen die Hauptstadt gerichtet sein würden, so ließ ich durch den Boten, dem Könige sagen, daß ich wegen unverzüglicher Fortsetzung meiner Reise bäte, Er möchte mir bald einen Beglei-

ter schicken. Nach einer Stunde ließ sich der König durch
den Boten für das ihm überschickte Geschenk bedanken,
und sandte zugleich acht Reiter mit, die mich bis Dscharra
geleiten sollten. Sie sagten mir, der König wünsche,
daß ich meine Reise nach Dscharra möglichst beschleuni=
gen möchte, damit sie, noch ehe etwas Entscheidendes
zwischen den beiden Armeen vorfiele, zurück sein könnten.
Wir brachen sogleich auf, und drei Söhne des Königs
mit einem Gefolge von zweihundert Mann zu Pferde,
waren so gütig, uns eine Strecke weit das Geleite zu
geben.

Achter Abschnitt.

Reise von Kemmu nach Foningkibi — intereffante Scene bei
dem Tode eines von den Mauren verwundeten Jünglings
— der Verfasser zieht Nachrichten vom Major Houghton
ein — erreicht Dscharra — kurzgefaßte Nachricht von
dem Kriege zwischen Kaarta und Bambarra.

Am Abend des nehmlichen Tages, da wir Kemmu ver-
laffen hatten, erreichten wir ein Dorf, Mareina genannt,
wo wir übernachteten. Der älteste Sohn des Königs und
ein Theil der Reiter waren schon früher zurückgegangen.
Während der Nacht brachen Diebe in die Hütte ein, wo
mein Gepäck lag, schnitten eines meiner Bündel auf und
stahlen mir viel Korallen, einen Theil meiner Kleidungsstücke und etwas Bernstein, deßgleichen Gold, das zufällig in einer von meinen Taschen war. Ich beklagte
mich bei meinen Beschützern darüber; richtete aber damit
nichts aus. Am Morgen (den 14ten Februar) brachen
wir ziemlich spät von Mareina auf und reisten, der ungeheuren Hitze halber, langsam. Nachmittags um vier
Uhr sahen wir in einer kleinen Entfernung von der Straße
zwei Neger in einem Gebüsche sitzen. Des Königs Leute
hielten es für ausgemacht, daß es entlaufene Sklaven
wären, zogen den Hahn ihrer Flinten auf, und spreng-
ten in verschiedenen Richtungen durch die Büsche, um sie
zu umringen und sich ihrer zu bemächtigen. Die Neger
ließen uns ganz ruhig bis auf einen Bogenschuß heran-
kommen, dann langte jeder eine Handvoll Pfeile aus dem
Köcher, zwei nahmen sie in den Mund, einen legten sie
auf den Bogen und winkten uns nun, nicht näher zu
kommen; des Königs Leute riefen ihnen zu, daß sie sagen
sollten, wer sie wären. Sie antworteten, sie wären Einwohner von Turda, einem benachbarten Dorfe, und hieher gekommen, um Tomberongs zu sammeln. Dies

Rhamnus Lotus.

sind kleine mehlige Beeren von gelber Farbe und köstlichem Geschmack; ich kannte sie schon als die Frucht des *Rhamnus lotus Linn.* Die Neger zeigten uns einen großen Korb voll, die sie im Verlauf des Tages eingesammelt hatten. Auf diese Beeren legen die Eingebohrnen einen großen Werth, und bereiten eine Art von Brodt daraus. Die Frucht muß einige Tage in der Sonne liegen, dann stoßen sie sie gelinde in einem hölzernen Mörser, bis der mehlige Theil derselben sich vom Kerne gelöst hat. Dieses Mehl wird mit etwas Wasser vermischt und kleine Kuchen daraus geformt, die an der Sonne trocknen müssen, und dann an Geruch und Geschmack dem besten Pfefferkuchen (Honigkuchen, Lebkuchen) gleichen. Die Kerne werden in Wasser gelegt und geschüttelt, damit das Mehl, welches noch daran hängt, sich völlig abscheide; dies giebt dem Wasser einen süßen und angenehmen Geschmack, und macht dann, mit etwas gestoßener Hirse vermischt, eine gute Grütze, die man Fondi nennt, und die im Februar und März in vielen Gegenden von Ludamar allgemein zum Frühstück genossen wird. Um die Frucht einzusammeln, breitet man ein Tuch unter den Strauch, und schlägt mit Stäben an die Zweige.

Der Lotus wächst in allen den Gegenden von Afrika, die ich durchreiset habe, sehr häufig; am meisten in dem sandigen Boden von Kaarta, Ludamar und in den nördlichen Theilen von Bambarra, wo er einer von den gemeinsten Sträuchen ist; auch am Gambia habe ich dieselbe Art gefunden und einen blühenden Zweig davon gezeichnet, den ich hier in Kupferstich beifüge. Ich muß indeß anmerken, daß bei dem Lotus = Strauch, der in der Wüste wächst, die Blätter schmaler, als an dem hier abgebildeten Exemplare sind, und in dieser Rücksicht mehr denen gleichen, von welchen Desfontaines, in den Mémoires de l'académie royale des sciences 1788. S. 443. eine Abbildung geliefert hat.

Da sich dieser Strauch sowohl in Tunis als in den Negerstaaten findet, und eine Art Brodt und starkes Getränk daraus bereitet wird, welches dort vorzüglich geschätzt wird; so läßt sich kaum bezweifeln, daß dies nicht der nehmliche Lotus sein sollte, dessen Plinius als der Kost der libyschen Lotophagen erwähnt. Er erzählt, daß in Libyen eine Armee mit Lotus-Brodt gespeiset worden sei; dies kann sehr wohl sein, denn das welches ich gekostet habe, schmeckte süß und angenehm, und die Soldaten werden sich wol nicht darüber beklagt haben.

Am Abend kamen wir nach dem Dorfe Turba, von wo des Königs Leute, bis auf zwei die mich vollends nach Dscharra bringen sollten, zurückgingen.

Am 15ten Februar brachen wir von Turba wieder auf, und um zwei Uhr kamen wir nach einer ansehnlichen Stadt, Foningkibi genannt. Als wir uns näherten, hielten die Einwohner uns für maurische Räuber, weil einer meiner Führer einen Turban auf hatte. Das Mißverständniß ward aber bald gehoben und ein Gambia-Slatih nahm uns freundlich in seiner Hütte auf.

Am folgenden Morgen wollten wir weiter, weil aber die Mauren die Wege unsicher machten, und wir hörten, daß am nächsten Morgen mehrere Leute von hier nach Dscharra zu gehn gedachten, so machten wir, um in ihrer Gesellschaft desto weniger zu befürchten zu haben, heut (am 16ten Februar) einen Rasttag. Man erzählte uns, daß wenige Tage vor unserer Ankunft, die meisten Buschrihns und viele von den angesehensten Einwohnern nach Dscharra gegangen wären, um wegen Fortschaffung ihrer Familien und Effekten dorthin Anstalten zu treffen, während ihrer Abwesenheit aber, wären die Mauren hier eingefallen und hätten einen Theil ihres Hornviehes geraubt.

Ich schlief auf einer Rindshaut hinter der Thür meiner Hütte, als ich um zwei Uhr durch Weibergeschrei und ein

allgemeines Lärmen und Laufen der Einwohner geweckt
ward. Anfangs glaubte ich die Bambarraner wären
schon in der Stadt, und rief meinem Jungen, der unterdeß auf ein Dach geklettert war, zu, was es gebe?
da erfuhr ich denn, daß die Mauren abermals kämen
um Vieh zu rauben. Ich kletterte nun ebenfalls auf ein
Dach, und sah eine große Heerde Hornvieh auf die Stadt
zukommen, die fünf Mauren zu Pferde mit ihren Flinten
vor sich her trieben. Als sie an die Brunnen kamen, die
dicht vor der Stadt sind, suchten sie sich sechzehn Stück
des schönsten Viehes aus und jagten damit in vollem
Gallop davon. Während dieses ganzen Vorganges standen wenigstens fünfhundert Einwohner dicht an der
Stadtmauer, und ohnerachtet die Räuber nur einen
Büchsenschuß weit von ihnen waren, leisteten sie doch
fast gar keinen Widerstand. Nur etwa vier Mann feuerten ihre Flinten ab, da sie aber mit Pulver von der Neger eignem Machwerk geladen waren, thaten sie keine
Wirkung. Bald nachher brachte man unter einem großen
Zulauf von Volk einen jungen Mann, auf einem Pferde,
langsam nach der Stadt. Dies war einer von den Hirten, der einen Speer nach den Räubern geworfen hatte,
aber dafür von einem derselben verwundet worden war.
Seine Mutter ging, außer sich vor Betrübniß, voran;
sie schlug die Hände zusammen und zählte ihres Sohnes
gute Eigenschaften auf. Als der Verwundete zum Thor
hereingetragen wurde, rief die trostlose Mutter einmal
übers andere: *I maffo fonnio abada!* (nie hat er gelogen,
nein nie). Man legte ihn in seiner Hütte auf eine Matte
und alle Anwesende beklagten sein Schicksal, heulten und
schrien auf eine jämmerliche Weise.

Nachdem ihr Schmerz sich ein wenig gemildert hatte,
baten sie mich, seine Wunden zu untersuchen. Ich fand,
daß die Kugel gerade durchs Bein gegangen war und beide
Knochen ein wenig unterm Knie zerschmettert hatte.

Der arme Junge war durch den Blutverluſt, ohnmächtig
geworden und ſein Zuſtand war ſo mißlich, daß ich ſeinen
Verwandten keine große Hoffnung geben konnte; um aber
doch noch das Möglichſte zu verſuchen, ſagte ich ihnen,
das einzige was geſchehen könne, ſei, ihm das Bein über
dem Knie abzunehmen. Dieſer Vorſchlag erregte Grau-
ſen, nie hatten ſie von einer ſolchen Operation gehört und
wollten auf keine Weiſe darein willigen; ſie ſahen mich für
eine Art von Kannibalen an, weil ich ein ſo grauſames
und unerhörtes Mittel vorſchlagen konnte, daß, wie ſie
glaubten, dem Kranken mehr Schmerzen verurſachen und
gefährlicher ſein müßte als die Wunde ſelbſt. Statt meiner
ward alſo der Patient der Sorgfalt einiger alten Buſchrihns
übergeben, welche alle mögliche Mühe anwendeten, ihm
einen Weg zum Paradies zu bahnen, indem ſie ihm einige
arabiſche Sprüche ins Ohr flüſterten, die er wiederholen
ſollte. Nach vielen vergeblichen Bemühungen ſagte der
arme Heide endlich: la illah el allah Mahomed
raſaul allahi (es giebt nur einen Gott und Mahomet
iſt ſein Prophet) worauf denn die Apoſtel Mahomets der
Mutter verſicherten, daß ihr Sohn einen hinlänglichen Beweis ſeines Glaubens abgelegt habe, und gewiß in jenem
Leben glücklich ſein werde. Er ſtarb noch den nehmlichen
Abend.

Da meine Führer der Meinung waren, daß wir, der
mauriſchen Straßenräuber wegen, beſſer thun würden
nur des Nachts zu reiſen; ſo brachen wir in Geſellſchaft
von dreißig Perſonen, die aus Furcht vor dem Kriege
mit ihren Habſeligkeiten nach Ludamar flüchteten, ſchon
am Nachmittage von Funingkidi auf. Wir verhielten
uns unterweges ſo ſtill als möglich und eilten ſo ſehr wir
konnten bis Mitternacht, wo wir bei einer Art von
Hürde nahe an einem kleinen Dorfe anhielten und ruheten. Das Thermometer ſtand auf 68° (oder nach Reau-
mur auf $15\frac{1}{2}°$ Grad) aber keiner von den Negern konnte
vor Kälte ſchlafen.

Am 18ten setzten wir mit Tagesanbruch unsere Reise
fort, und um acht Uhr kamen wir durch Simbing, ein
Grenzdorf von Ludamar, das in einem engen Paß zwischen zwei Felsen liegt, und mit einer hohen Mauer umgeben ist. Von diesem Dorfe aus hatte Major Houghton, nachdem seine Negerbedienten, die ihm nicht zu den
Mauren folgen wollten, ihn verlassen den letzten Brief mit
Bleifeder an Dr. Laidley geschrieben. Dieser brave und
unglückliche Mann nahm, nachdem er viele Schwierigkeiten bekämpft, von hier aus seinen Weg nördlich, und
gedachte durch Ludamar zu gehen, wo ich nachher die be-
sonderen Umstände seines traurigen Schicksals erfuhr.
Bei seiner Ankunft in Dscharra ward er mit einigen maurischen Kaufleuten bekannt, die, um Salz zu kaufen zehn
Tagereisen weit von dort nach Tischiht wollten, einem
Orte, der nahe an den Salzgruben in der großen Wüste
liegt. Für eine Flinte und etwas Taback wollten sie ihn
mit sich dorthin nehmen. Wie der Major sich darauf ein-
lassen konnte, ist nicht anders zu begreifen, als daß die
Mauren ihn absichtlich hintergangen und ihm entweder
den Weg den er nehmen müsse oder die Lage der Gegend
zwischen Dscharra und Tombuktu ganz falsch beschrieben
haben. Allem Anschein nach, hatten sie die Absicht ihn
zu plündern, und in der Wüste zu lassen. Nach zwei Tagen ahnte er dies und bestand darauf, nach Dscharra zurück zu gehen, und da er auf diesem Entschluß beharrte,
nahmen ihm die Mauren alles was er bei sich hatte, und
gingen mit ihren Kameelen davon; der arme Verlassene
kehrte nun zu Fuß zurück bis zu einem maurischen Tränkplatz, Namens Tarra. Er hatte mehrere Tage ohne
Speise zugebracht, und da die hartherzigen Mauren
ihm durchaus nichts zu essen geben wollten, so unterlag
er endlich seinen Drangsalen. Ob er nun wirklich vor
Hunger umgekommen oder von den rohen Mahomedanern gradezu ermordet worden ist, bleibt unent-
schieden. Sein Leichnam ward in die Wälder geschleppt,

und in der Entfernung zeigte man mir den Ort wo er gelegen hatte.

Vier Meilen nördlich von Simbing kamen wir an ein kleines Gewässer, wo es viele wilde Pferde gab; sie waren alle von einerlei Farbe und flohen in einem leichten Gallop vor uns oft stillstehend und sich umsehend. Die Neger machen Jagd auf sie und essen ihr Fleisch sehr gern.

Gegen Mittag kamen wir nach Dscharra, einer großen Stadt, die am Fuß eines felsigen Hügels liegt. Ehe ich aber von diesem Orte und von dem, was mir dort begegnete, rede, will ich zuvor kürzlich den Ursprung des Krieges erzählen, der mich bewog diesen Weg zu nehmen; ein unseliger Entschluß, von dem sich alles Mißgeschick herschreibt, welches mich in der Folge betroffen hat.

Dieser Krieg, der Kaarta, bald nachdem ich es verlassen hatte, zerstörte, und in vielen benachbarten Staaten Schrecken verbreitete, entstand aus folgenden Ursachen. Ein Trupp Mauren hatte einige Rinder, welche in ein bambarranisches Grenzdorf gehörten, aus diesem geraubt und sie dem Duti, oder Vorsteher einer Stadt in Kaarta, verkauft. Die Landleute forderten ihr Vieh zurück, der Duti verweigerte es und sie beklagten sich deshalb bei ihrem Monarchen, Mansong, König von Bambarra; dieser, der wahrscheinlich den wachsenden Flor von Kaarta mit neidischen Augen ansah, benützte diesen Vorfall und erklärte diesem Königreiche deshalb den Krieg.

In dieser Absicht fertigte er einen Gesandten, von einer Anzahl Reiter begleitet, an Däsi, König von Kaarta, ab, und ließ ihm sagen, daß er während der trocknen Jahreszeit mit neun tausend Mann nach Kemmu kommen würde, und Däsi möchte deshalb durch seine Sklaven die Häuser in Stand setzen lassen und alles zu ihrer Aufnahme in Bereitschaft halten. Beim Schluß dieser Rede reichte der Gesandte dem König ein Paar eiserne Sandalen mit den kränkenden Worten: Nicht eher soll Däsi vor den bambarranischen Pfeilen sicher sein, bis er diese Sandalen auf seiner Flucht abgenutzt hat. Däsi ging nun mit den Angesehensten seines Landes zu Rathe, auf welche Weise man einem so furchtbaren Feinde am nachdrücklichsten Widerstand leisten könne. Nachdem sie darüber eins geworden, ertheilte er den Gesandten auf die Kriegserklärung eine trotzige Antwort, und ließ von einem Büschrihn, auf ein dünnes Bret in arabischer Sprache, eine Art von Proklamation schreiben, welche auf dem öffentlichen Platz an einen Baum gehängt ward; mehrere bejahrte Leute mußten in der Stadt umhergehen und sie dem Volke erklären. Diese Proklamation enthielt einen Aufruf an alle diejenigen, die es mit Däsi wohl meinten, sich sogleich mit ihm zu vereinigen; denen aber, welche keine Waffen führten, oder sich fürchteten in den Krieg zu ziehen, stehe frei, sich in die benachbarten Königreiche zu begeben, und wenn sie sich durchaus neutral verhielten, so solle es ihnen unbenommen sein, nach Endigung des Krieges nach ihren Wohnungen zurückzukehren; unternähmen sie aber das Geringste gegen Kaarta, so hätten sie den Schlüssel zu ihrer Hütte zerbrochen und könnten nie wieder zur Thür hinein. Dieß war der eigentliche Ausdruck.

Diese Proklamation hatte fast allgemeinen Beifall, aber viele Kaartaner, und unter andern die mächtigen Stämme Dschohr und Kakaru, machten sich diese Vergünstigung zu Nutze und zogen aus dem Lande nach Ludamar und Kasson. Dadurch ward Däsis Armee um vieles kleiner als er erwartet hatte, dergestalt, daß als ich in Kemmu war, sie aus mehr nicht als vier tausend Mann bestand: indeß waren es lauter muthige unternehmende Leute, auf welche der König sich verlassen konnte.

Vier Tage nach meiner Ankunst in Dscharra, (am 22sten Februar) rückte Mansong gegen Kemmu vor.

Däsi, ohne eine Schlacht zu wagen, zog sich nordwärts nach
Dschoko und drei Tage nachher nach der Festung Gedinguma zurück, welche zwischen Hügeln liegt und mit einer hohen
Steinmauer umgeben ist. Däsis Söhne mißbilligten diesen letztern wehrlosen Rückzug ihres Vaters und wollten
sich in Dschoko behaupten; wenn es bekannt würde, sagten
sie, daß Däsi und seine Söhne aus Dschoko geflohen wären,
ohne eine Flinte abgefeuert zu haben, so würden die Sänger Spottlieder auf sie machen. Däsi ließ sie also mit einer Anzahl Reiter in Dschoko zurück, um in Vertheidigung
dieses Postens ihr Heil zu versuchen; allein nach mehreren
Scharmützeln wurden sie total geschlagen, und einer von
ihnen gerieth dabei in Gefangenschaft; der Rest floh nach
Gedinguma, wo Däsi sich zu behaupten gedachte und deshalb in der Eil Proviant zusammen gebracht hatte.

Da Mansong sah, daß Däsi einer geordneten
Schlacht auswich, legte er Besatzung in Dschoko, um
von dort aus die Bewegungen des Feindes zu beobachten;
den ganzen Rest seiner Armee theilte er in kleine Deta-
schementer, die das Land nach allen Richtungen hin durch-
streifen und alle Einwohner, deren sie habhaft werden
konnten, zu Gefangnen machen sollten. Diese Operation
ward mit einer solchen Schnelligkeit ausgeführt, daß das
Königreich Kaarta in wenig Tagen ausgeplündert und
menschenleer war. Die armen Einwohner wurden größtentheils bei Nacht überfallen, so daß sie sich weder weh-
ren noch durch die Flucht retten konnten; und was an
Vorräthen und Waffen nicht gleich fortgebracht werden
konnte, ward, um Däsi keine Hülfsmittel übrig zu lassen,
verbrannt oder auf andre Weise zerstöhrt. Während dieser unglücklichen Begebenheiten schränkte Däsi sich darauf
ein, Gedinguma zu befestigen. Diese Stadt liegt zwischen zwei hohen Bergen und hat nur zwei Thore, das
eine nach Kaarta zu, dessen Vertheidigung Däsi sich
selbst vorbehielt, das andere gegen Dschaffnu, welches er

seinen Söhnen anvertraute. Als die Bambarranische Ar=
mee vor der Stadt anlangte, versuchte sie sich derselben
mit stürmender Hand zu bemächtigen. Der Sturm ward
aber zu wiederholten Malen, und mit großem Verlust
auf Seiten der Belagerer, abgeschlagen. Da solchergestalt
Mansong mehr Widerstand fand als er vermuthet hatte,
so begnügte er sich, der Stadt alle Zufuhr abzuschneiden,
um sie durch Hunger zur Uebergabe zu nöthigen. Die
Einwohner des platten Landes, welche in seine Gefan=
genschaft gerathen waren, ließ er nach Bambarra (seinem
eignen Lande) transportiren, brachte Proviant für seine
Armee zusammen, und blieb mit derselben vor Gedinguma
stehen. Die Belagerten machten oft Ausfälle, doch kam
es nie zu etwas entscheidendem. So vergingen zwei volle
Monate; als, nach Ablauf derselben, bei der belagern=
den Armee der Proviant auf die Reige ging, wandte sich
Mansong an den maurischen König von Ludamar,
Nahmens Ali, und bat ihn, daß er mit zweihundert
Mann Reiterei einen Angriff auf das nördliche Stadt=
thor machen möchte, während er von der andern Seite
her abermahls einen Sturm unternehmen wollte. Ali
hatte sich nehmlich zu Anfang des Krieges erboten,
Mansong Beistand zu leisten; jetzt aber weigerte er sich
Wort zu halten. Um sich wegen dieser Bundbrüchigkeit
zu rächen, brach Mansong mit einem Theil seiner Armee
nach Funingkidi auf, in der Absicht, den König Ali in sei=
nem Lager bey Benaum zu überfallen. Die Mauren aber,
die zeitig Nachricht davon erhielten, zogen sich so eilfertig
weiter nach Norden zurück, daß Mansong unverrichteter
Sache umkehren mußte. Nachdem ihm dies nicht gelun=
gen war, hob er auch die Blokade von Gedinguma auf,
und gieng nach Sego zurück. Dies geschah während ich
selbst als Gefangener in Ali's Lager war; wie ich weiter
unten erzählen werde.

Dáši war auf diese Weise einen furchtbaren Gegner
los, und konnte den Frieden in seinen Staaten als herge=

stellt ansehen; wenn nicht ein unvorhergesehener Vorfall ihn
aufs neue in Feindseligkeiten gegen Kasson verwickelt
hätte. Der König von Kasson war um diese Zeit gestorben
und es entstanden Streitigkeiten zwischen seinen beiden Söhnen wegen der Thronfolge. Der jüngste, Sembo Sego,
mein alter Bekannter, siegte und vertrieb seinen Bruder.
Dieser floh nach Gedinguma und ward vom Sieger re-
clamirt. Däsi, der beider Brüder Freund war, weigerte
sich ihn auszuliefern, erklärte aber, daß er seine Fode-
rung nicht unterstützen und sich überhaupt nicht in den
Streit mischen wolle. Sembo Sego, stolz auf die Macht,
die er als nunmehriger Herrscher von Kasson in Händen
zu haben glaubte, und unzufrieden mit Däsi's Benehmen,
vereinigte sich mit einigen mißvergnügten flüchtigen Ka-
artauern zu einem Streifzuge in sein Land. Däsi, der
nichts weniger als einen solchen Besuch erwartete, hatte
eine große Anzahl seiner Leute nach Dschoko geschickt, um
das Feld zu bestellen, und das Vieh, das etwa in den
Wäldern umherstreifte, für seine Armee zusammen zu treiben. Alle diese Leute fielen dem Sembo Sego in die
Hände, der sie nach Kuniakari, und von dort in Carawanen
nach dem Fort Louis, am Senegal, bringen und sie als
Sklaven an die Franzosen verkaufen ließ.

Däsi, dem es jetzt an Lebensmitteln zu fehlen anfing,
und dem durch jenen unvermutheten Angrif auch die Aussicht auf einen Theil der nächsten Ernte vereitelt worden
war, suchte sich jetzt aus Kasson mit Gewalt Proviant zu verschaffen; zu dem Ende zog er mit achthundert Mann seiner besten Leute heimlich durch den Wald und überfiel des
Nachts drei große Dörfer nahe an Kuniakari, worin viele
seiner treulosen Unterthanen, die sich mit Sembo vereinigt hatten, jetzt wohnten. Diese Verräther und selbst
alle Unschuldige, die in Däsi's Hände fielen, wurden auf
der Stelle niedergemacht.

Nach dieser Expedition hoffte Däsi Ruhe und Frieden
hergestellt zu haben; auch kehrten wirklich von seinen auf-

rührischen Unterthanen viele zum Gehorsam zurück, und
bauten die zum Theil zerstöhrten Städte wieder auf. Die
Regenzeit war nahe und alles schien die Fortdauer der
Ruhe zu begünstigen; als sich plötzlich von einer ganz ent=
gegen gesetzten Seite ein neuer Feind zeigte.

Die Dschauren, die Kakaruer und einige andere
Kaartaner, die zu Anfang des Krieges, unter dem Vor=
wande neutral zu bleiben, aus dem Lande gezogen waren,
aber während des ganzen Feldzuges eine entschiedene Vor=
liebe für Manfong und seine Truppen gezeigt hatten,
schämten sich jetzt, bei Dási Verzeihung nachzusuchen, und
hielten es, im Vertrauen auf ihre Anzahl, für schick=
licher, förmlich gegen ihn zu Felde zu ziehen. Es zeigte
sich nachher, daß sie die Mauren um Beistand gebeten
hatten, und so fielen sie mit einem ansehnlichen Heer ins
Land, plünderten ein großes Dorf und führten eine
Menge Gefangener mit sich fort.

Um diesen Frevel zu bestrafen, brach Dási unverzüg=
lich gegen die Rebellen auf; allein sie hielten nicht Stand,
sondern flohen mit sammt allen in Ludamar wohnhaften
Negern nach Osten zu. Mittlerweile hatte sich auch die
Regenzeit eingestellt, wodurch denn auch von dieser Seite
allem Kriege ein Ende gemacht ward. Er hatte, wie das
auch bei unsern Kriegen in Europa der Fall ist, einige
wenige Menschen bereichert, dagegen aber das Glück von
Tausenden zernichtet.

So standen die Sachen unter den verschiedenen Na=
tionen in der Nachbarschaft von Dscharra, zu der Zeit als
ich dort ankam.

Neunter Abschnitt.

Nachrichten von Dscharra und dessen maurischen Bewohnern. — Der Verfasser erhält vom Könige Ali Erlaubniß, durch sein Gebiet reisen zu dürfen. — Kommt nach
Dina. — Gehet nach Saml. — Wird als Gefangener
nach dem maurischen Lager gebracht.

Die Stadt Dscharra ist von ansehnlichem Umfang.
Die Häuser sind von Steinen und Lehm gebaut, der statt
Mörtels gebraucht wird. Sie liegt im maurischen Königs-
reich Ludamar; die meisten Einwohner aber sind Neger,
von den Grenzen der südlichen Staaten, die sich lieber
durch Tribut den unsichern Schutz der Mauren erkaufen,
als immerwährend ihren Räubereien ausgesetzt sein wollen.
Sie geben sehr ansehnlichen Tribut, und bezeigen den un-
beschränktesten Gehorsam gegen ihre maurischen Gebieter,
von welchen sie dafür mit der größten Verachtung behandelt
werden. Die Mauren in dieser und andern Gegenden,
die an Negerstaaten grenzen, sind den westindischen Mulatten so ähnlich, daß sie kaum von ihnen zu unterscheiden
sind, und es scheint fast, daß die jetzige Generation eine
vermischte Rasse von Mauren und Negern ist, da sie die
bösen Eigenschaften beider Nationen besitzt.

Von dem Ursprung dieser maurischen Stämme,
(welche von den Einwohnern der Barbarei, auf der andern Seite der großen Wüste verschieden sind) weiß man
wohl nichts weiter, als was Leo der Afrikaner von ihnen
sagt, welches kürzlich in folgendem besteht.

Ehe die Araber sich Afrika unterwarfen, ohngefähr in
der Mitte des siebenten Jahrhunderts, nannte man alle
Einwohner von Afrika mit dem allgemeinen Namen, Mauren, sie mochten nun aus Numidien, oder aus Phönizien,
von Carthaginensern, Römern, Vandalen oder Gothen ab-
stammen.

stammen. Alle diese Nationen wurden, während der Zeit, daß in Arabien die Kalifen regierten, zu Mahomedanern gemacht. Damals waren mehrere numidische Stämme, die ein wanderndes Hirtenleben führten, und sich von ihren Heerden ernährten, südwärts durch die Wüste gezogen, um der Wuth der Araber zu entgehen. Einer dieser Stämme (nehmlich der von Zanhaga) stieß am Niger, auf die an diesem Fluß vorhandnen Negernationen, und machte sie sich unterwürfig. Unter dem Niger ist hier gewiß der Senegal gemeint, welcher auf Mandingoisch Bafing, oder der schwarze Strom, heißt.

Wie weit sich nun dieses Volk durch Afrika verbreitet hat, ist schwer zu bestimmen; aber allem Anschein nach, bewohnt es, von der Mündung des Senegal an, (das nördliche Ufer dieses Stromes mit einbegriffen), bis nach den Grenzen von Abissinien hin, einen schmalen Streifen Landes, dergestalt, daß sein Gebiet sich in Form eines Gürtels von Westen nach Osten quer über ganz Afrika erstreckt. Es ist ein verschmitztes verrätherisches Volk, das bei jeder Gelegenheit die zutraulichen und verdachtlosen Neger betrügt und beraubt. Im Verfolg meiner Erzählung werde ich Anlaß finden, von ihren Sitten und ihrer Lebensart mehreres zu sagen.

Bei meiner Ankunft in Dscharra nahm mich ein Gambia=Slatih, mit Namen Daman Dschomma in seine Wohnung auf. Diesem Manne hatte Dr. Laidley für sechs Sklaven werth an Waaren kreditirt und mir eine Anweisung auf ihn gegeben. Ob nun gleich die Schuld schon fünf Jahre stand, so erkannte er sie doch sogleich an, und versprach mir so viel Geld, als er würde zusammenbringen können, auf Abschlag zu bezahlen; doch dürfte es, setzte er hinzu, seiner jetzigen Lage nach, schwerlich mehr als den Werth zweier Sklaven ausmachen. Er half mir meine Korallen und Bernstein gegen Gold umsetzen, weil

Park's Reise.

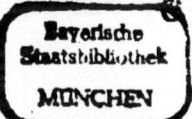

dieses bequemer fortzubringen, und leichter vor den Mau=
ren zu verbergen sei.

Die Schwierigkeiten die wir schon angetroffen hat=
ten, die Unruhen im Lande, und besonders das wilde
und übermüthige Betragen der Mauren, hatten den
Muth meiner Begleiter jetzt so sehr niedergeschlagen, daß
sie sich erklärten, lieber alle Belohnung für ihre bisher
geleisteten Dienste aufzugeben, als mich noch einen
Schritt weiter nach Osten zu begleiten. In der That
wurde die Gefahr, von den Mauren gefangen und als
Sklaven verkauft zu werden, von einem Tage zum andern
augenscheinlicher, und ich konnte ihre Besorgniß nicht ta=
deln. In dieser Lage, da meine Begleiter mich verlassen
wollten, da mir der Rückweg durch den Krieg abgeschnit=
ten war, und ich einen Weg von zehn Tagereisen durch
das Gebiet der Mauren vor mir hatte, bat ich meinen
Wirth, daß er mir von Ali, Fürsten von Ludamar, die
Erlaubniß durch sein Gebiet nach Bambarra*reisen zu
dürfen, auswirken möchte, und auf den Fall, daß ich
diese Erlaubniß erhielte, miethete ich mir einen von mei=
nes Wirthes Sklaven zum Wegweiser nach Bambarra.
Es ward ein Bote an Ali abgefertigt, welcher zu der Zeit
nahe bei Benaum kampirte, und da es bei einer solchen
Botschaft an Geschenken nicht fehlen darf; so schickte ich
ihm fünf Kleider von Baumwollenzeug, die ich für eine
Vogelflinte von meinem Wirth eingehandelt hatte. Vier=
zehn Tage vergingen, ehe die Sache zur Richtigkeit kam.
Am 26sten Februar, Abends, kam endlich ein Sklave von
Ali, der, seiner Aussage nach, den Auftrag hatte, mich
sicher nach Gumba zu bringen; doch vergaß er nicht hin=
zuzusetzen, daß ich ihm für seine Mühe ein blaues baum=
wollenes Kleid schenken müßte. Als mein treuer Neger=
junge sah, daß ich auf dem Punkt war, ohne ihn zu
reisen, entschloß er sich mich zu begleiten, und sagte mir,
daß, obschon er herzlich wünsche, daß ich umkehren

möchte, er doch nie den ernstlichen Gedanken gehabt habe mich zu verlassen, Johnson hätte ihn nur dazu verleitet, um mich desto eher zur unmittelbaren Rükkehr nach dem Gambia zu bewegen.

Vorsichtswegen gab ich meine wichtigsten Papiere dem Johnson, um sie sobald als möglich nach Gambia zu bringen, behielt aber, auf den Fall eines Unglücks, eine Abschrift davon zurück; und um mein Gepäck so viel als möglich zu vermindern, damit die Mauren desto weniger in Versuchung geriethen mich zu plündern, ließ ich alles, was ich zu Fortsetzung der Reise nicht durchaus nöthig brauchte, bei meinem Wirthe in Verwahrung zurück.

Nach dieser Vorbereitung reiste ich am 27sten Februar Vormittags von Dscharra ab, und übernachtete in Trumgumba, einem kleinen, von Mauren und Negern bewohnten Dorfe. Am folgenden Tage erreichten wir Quira, und den 29sten kamen wir, nach einer mühseligen Reise über sandigen Boden, nach Compe, einem maurischen Tränkplatz; von wo wir den andern Morgen aufbrachen und bis Dina gingen. Dies ist eine große Stadt und, wie Dscharra, von Stein und Lehm gebauet. Wir nahmen unser Nachtquartier in der Hütte eines Negers, die bald von Mauren umringt war. Diese Kerle behandelten mich auf die unverschämteste Weise: sie zischten, lärmten und schimpften mich, ja spieen mir ins Gesicht, in der Absicht mich zum Zorn zu reizen, damit sie einen guten Vorwand hätten mich zu plündern. Als sie aber sahen, daß dies vergeblich war, nahmen sie ihre Zuflucht zu dem letzten und entscheidenden Argument, daß ich ein Christ wäre, und daß also mein Eigenthum die rechtmäßige Beute der Nachfolger Mahomets sei. Sonach öfneten sie meine Bündel, und nahmen mir alles was ihnen gefiel. Da meine Begleiter sahen, daß jeder mich ungestraft plündern könne, bestanden sie darauf, nach Dscharra zurückzukehren.

G 2

Am nächsten Morgen, den 2ten Merz, gab ich mir alle mögliche Mühe meine Leute zu bereden weiter mit mir zu gehen, sie blieben aber hartnäckig bei ihrem Vorsatz, und da mir bei längerem Hierbleiben von den fanatischen Mauren noch etwas ärgeres als die gestrige Behandlung widerfahren konnte; so nahm ich mir vor, wenn es nicht anders sein könnte, allenfalls allein weiter zu reisen, und machte mich am folgenden Morgen um zwei Uhr wirklich auf den Weg. Es war Mondschein, aber das Brüllen der wilden Thiere nöthigte mich, bei jedem Schritt sehr aufmerksam um mich her zu schauen.

Als ich ohngefähr eine halbe Meile von der Stadt eine kleine Anhöhe erreicht hatte, hörte ich hinter mir her rufen; ich sah mich um und erblickte meinen treuen Jungen, der mir meldete, daß Ali's Sklave bereits nach Benaum zurück gegangen sei, und Daman's (meines Wirthes in Dscharra) Neger so eben auch umkehren wolle; wenn ich indeß noch ein wenig warten wolle, so zweifele er keineswegs diesen letzteren noch zu bereden, daß er uns begleiten möchte. Das war mir des Wartens werth, und noch ehe eine Stunde verging, kam der Junge mit dem Neger zurück. Bis Mittag reisten wir durch sandiges Land, mit asclepias gigantica bedeckt; dann kamen wir zu einer Anzahl verlassener Hütten. Wir hatten Ursach nicht weit davon Wasser zu vermuthen, und ich schickte meinen Jungen hin ein Sufru zu füllen; als er aber noch das Wasser aufsuchte, trieb ihn der Schreck vor einem brüllenden Löwen, der wahrscheinlich dieselbe Absicht hatte, eiligst zurück, und wir mußten die Hoffnung, hier unsern Durst zu stillen, aufgeben. Den Nachmittag erreichten wir Samamingkus, eine Stadt, die größtentheils von Fulahs bewohnt wird.

Am nächsten Morgen, den 4ten Merz, brachen wir nach Sampaka auf, wo wir gegen zwei Uhr ankamen. Die Bäume am Wege waren mit einer ungeheuren Menge

Heuschrecken bedeckt. Diese Insekten verzehren auf ihrem Zuge alles was sie an Pflanzen antreffen und freſſen die Bäume in kurzer Zeit ganz kahl. Wenn sie ihren Unrath auf das Laub und das dürre Gras fallen laſſen, glaubt man regnen zu hören, und wenn man die Bäume schüttelt, fliegen sie wie eine schwarze Wolke davon. Sie richten ihren Flug nach dem Winde, der in dieser Jahreszeit immer aus Nord=Osten kommt. Sollte er sich einmal drehen, so würden sie Hungers sterben müſſen, denn an den Orten, die sie verlaſſen, bleibt durchaus nichts übrig, wovon sie, im Fall einer solchen ungewöhnlichen Rükkehr, zehren könnten.

Sampaka ist eine große Stadt, welche die Mauren in einem Kriege mit den Bambarranern dreimal angegriffen haben, wobei sie aber immer mit großem Verluſt zurückgeschlagen worden sind. Dennoch mußte in der Folge der König von Bambarra, diese und alle andere Städte, bis nach Sumba hin, den Mauren abtreten um Frieden zu erlangen. Ich wohnte hier bei einem Neger, der Schießpulver verfertigte. Er zeigte mir einen Beutel voll Salpeter der sehr weiß war, die Kristalle aber waren kleiner als gewöhnlich. Sie bekommen ihn in ziemlicher Menge aus den Sümpfen, die in der Regenzeit voll Waſſer sind, und in denen sich das Vieh in heißen Tagen abkühlt. Wenn das Waſſer wieder verdunſtet ist, bemerkt man auf dem Schlamm einen weißen Anflug, den sie sammeln, und so weit reinigen als es zu ihrer Absicht nöthig ist. Schwefel führen ihnen die Mauren von dem mittelländischen Meere her zu, und diese Materialien stoßen sie zusammen in einem hölzernen Mörser. Bei dieser Art der Zubereitung wird das Pulver sehr ungleich gekörnt und es giebt bei weitem keinen so starken Knall als das europäische.

Mit Tagesanbruch (am 5ten Merz) verließen wir Sampaka; gegen Mittag hielten wir in einem kleinen

Dorfe, Dangali, an und am Abend erreichten wir Dalli. Unterweges sahen wir zwei große Heerden Kameele weiden, denen der Vorderfuß aufgebunden war, damit sie nicht zu weit umherschweifen und sich verlaufen möchten. Es war ein Festtag in Dalli und die Einwohner tanzten eben vor des Duti Thüre; als sie aber hörten, daß ein Weißer angekommen sei, hatte der Tanz ein Ende und sie kamen in Prozession zu zwei und zwei mit der Musik vor sich her, nach der Hütte, wo ich wohnte. Die Musik bestand aus einer Art von Flöte, die an einem Ende eine Oefnung hat, welche mit einem dünnen Stückchen Holz halb zugemacht ist; in diese Oefnung blasen sie in schiefer Richtung hinein. Um verschiedene Töne hervorzubringen sind an den Seiten Löcher angebracht, die, wie bei unsern Flöten, mit den Fingern wechselsweise zugedrückt und wieder geöfnet werden. Ihre Melodien fand ich einfach und rührend. Sie tanzten und sangen bis Mitternacht, und die ganze Zeit hindurch war ich von einer so großen Menge umgeben, daß ich ganz still sitzen mußte, um ihre Neugier zu befriedigen.

Am 6ten Merz machten wir einen Rasttag, weil einige von den Stadtleuten uns nach Gumba zu begleiten wünschten, aber erst am folgenden Tage sich auf den Weg machen konnten. Da das Volk sich alle Abend zu versammlen pflegt, und ich dem Zudringen desselben nicht gern so wie gestern ausgesetzt sein wollte, so ging ich mit meinen Begleitern schon am Nachmittage nach einem ostwärts von der Stadt gelegenen Neger=Dorf, Sami, wo wir von dem Duti gastfrei aufgenommen wurden. Er schlachtete uns zu Ehren zwei schöne Schafe und lud seine Freunde zum Abendessen ein.

Unser Wirth war so stolz auf die Ehre einen Weißen bei sich zu bewirthen, daß er mich bat bei ihm und seinen Freunden zu bleiben, bis der Abend kühler wäre, alsdann

wolle er selbst mich bis zum nächsten Dorfe begleiten. Da
ich nur noch zwei Tagereisen weit von Gumba war, fürch=
tete ich die Mauren nicht mehr und nahm die freundliche
Einladung an. Ich brachte den Vormittag sehr ange=
nehm bei diesen guten Negern zu, und fand ihre Gesellschaft
um so behaglicher, da sie gegen die Roheit und Härte der
Mauren einen auffallenden Contrast machte. Um das
Gespräch zu beleben, wurde von demselben Bier getrun=
ken, dessen ich schon oben erwähnt habe, und welches so
gut ist, als irgend eine Art, die ich in England getrun=
ken habe. In dieser unschuldigen Freude schmeichelte ich
mir schon alle Gefahren wegen der Mauren überstanden
zu haben; meine Einbildungskraft führte mich bereits bis
an die Ufer des Niger und mahlte mir tausend angenehme
Bilder vor, als auf einmal ein Trupp Mauren ganz un=
erwartet in die Hütte trat und mich in meinem goldenen
Traum störte. Sie kämen, sagten sie, auf Ali's Be=
fehl, um mich nach seinem Lager bei Benaum zu bringen;
wofern ich gutwillig mit ihnen gienge, so hätte ich nichts
zu befürchten, weigerte ich mich aber ihnen zu folgen, so
hätten sie Ordre Gewalt zu brauchen. Ich war vor Er=
staunen und Schrecken stumm; die Mauren, die es be=
merkten, bemüheten sich mich durch die Versicherung zu
beruhigen, daß ich nichts zu besorgen habe, und daß Fa=
tima, Ali's Frau, die einzige Ursach der ganzen Bege=
benheit sei; sie habe so viel von Christen gehört, daß sie
sehr begierig sei einen zu sehen, und sie zweifelten nicht,
daß, sobald ihre Neugier befriedigt wäre, Ali mich reich=
lich beschenkt, sicher nach Bambarra bringen lassen würde.
Bitten und Widerstand waren eines so fruchtlos als das
andere, also nahm ich mit Rührung Abschied von meinem
Wirthe und seiner Gesellschaft und folgte den Abgesand=
ten, von meinem treuen Jungen begleitet, denn Damans
Sklave war entsprungen, sobald er die Mauren erblickt
hatte. Gegen Abend kamen wir nach Dalli, wo wir die
Nacht hindurch strenge bewacht wurden.

Den 8ten Merz wurden wir durch einen Umweg, der durch den Wald gieng, nach Dangali gebracht, wo wir schliefen.

Den 9ten Merz ſetzten wir unſere Reiſe fort und kamen den Nachmittag nach Sampaka. Auf dem Wege war uns ein Trupp Mauren begegnet, die, wie ſie vorgaben, einem entlaufenen Sklaven nachſetzten; die Leute im Ort aber ſagten uns, daß eben Mauren da geweſen wären und verſucht hätten Vieh zu ſtehlen, aber vertrieben worden wären; und der Beſchreibung nach, waren es die nehmlichen, denen wir im Walde begegnet waren.

Den andern Morgen (den 10ten Merz) gingen wir nach Samaning-Kus. Unterweges trafen wir eine Frau mit zwei Knaben und einem Eſel an, die nach Bambarra hatte gehen wollen, aber von einem Trupp Mauren angehalten und an Kleidungsſtücken und Geld beraubt worden war, ſo daß ſie nach Dina zurückkehren und ihre Reiſe nun bis nach den Faſten aufſchieben mußte. Den nehmlichen Abend wurde der Neumond beobachtet, mit welchem der Rhamadam anfängt. Bei dieſem Anlaß wurden in mehreren Quartieren der Stadt große Feuer angezündet und, zur Vorbereitung auf die Faſten, noch tapfer geſchmauſet.

Am 11ten Merz waren meine Begleiter, die Mauren, ſchon mit Tagesanbruch in Bereitſchaft aufzubrechen. Weil ich geſtern ausnehmend viel vom Durſt hatte ausſtehen müſſen, ſo ließ ich durch meinen Jungen ein Sufru mit Waſſer für mich füllen. Die Mauren betheuerten zwar, daß ſie, der nunmehro angegangnen Faſtenzeit wegen, vor Sonnenuntergang nichts genießen würden. Die entſetzliche Hitze aber und der Staub, ſiegten über ihr Gewiſſen, und mein Waſſer behagte ihnen gar ſehr. Bei unſerer Ankunft in Dina, machte

ich einem von Ali's Söhnen meine Aufwartung. Er
saß in Gesellschaft von fünf oder sechs Personen in einer
niedrigen Hütte; sie wuschen sich alle Hände und Füße,
und spülten sich den Mund mit Wasser aus. Kaum hatte
ich mich gesetzt, so reichte er mir eine doppelläufige Flinte,
und sagte mir, ich sollte den Schaft blau färben, und das
eine Schloß ausbessern. Ich hatte viel Mühe ihm begreiflich zu machen, daß ich gar nichts davon verstünde.
Wenn du denn die Flinte nicht repariren kannst, sagte er,
so sollst du mir einige Messer und Scheeren geben. Als
mein Junge, der den Dolmetscher machte, ihm versicherte,
daß ich dergleichen nicht hätte, ergriff er schnell eine Flinte die neben ihm stand, spannte den Hahn, und legte an,
so daß die Mündung hart an des Jungen Ohr kam, und
er ihn gewiß auf der Stelle todt geschossen haben würde,
wenn die Mauren ihm nicht die Flinte aus der Hand
gewunden, und uns gewinkt hätten, uns zu entfernen.
Der Junge, der durch diesen Auftritt in Furcht gejagt
war, machte in der Nacht einen Versuch zu entfliehen,
die Wachsamkeit der Mauren aber, die uns genau beobachteten, verhinderte ihn daran, denn sie lagerten sich
des Nachts immer unmittelbar vor der Thür der Hütte
in welcher wir schliefen, so daß man nicht hinaus konnte
ohne auf sie zu treten.

Am 12ten Merz verließen wir Dina und nahmen
unsern Weg nach Benaum. Um neun Uhr kamen wir zu
einer Korri, wo die Mauren, wegen Mangel an Wasser,
sich eben zum Abzug bereiteten; wir füllten hier unser
Sufru und reisten durch heißes sandiges Land bis gegen
Ein Uhr, wo die entsetzliche Hitze uns anzuhalten nöthigte.
Unser Wasservorrath war zu Ende, wir hielten deßhalb
nicht länger an, als erforderlich war um etwas Harz zu sammeln, welches ein treflicher Ersatz für Wasser ist, indem
es den Mund feucht erhält, und zugleich die brennende
Empfindung im Halse etwas lindert.

Um fünf Uhr sahen wir Benaum, die Residenz Ali's vor uns liegen. Sie bestand aus einer Menge Zelte von schmutzigem Ansehen, die ohne Ordnung in einer großen Ebne zerstreut standen, und zwischen welchen große Heerden von Kameelen, Hornvieh und Ziegen weideten. An der äußersten Grenze dieses Lagers kamen wir vor Sonnenuntergang an, und es kostete nicht wenig gute Worte, ehe man uns Wasser zukommen ließ. Auf die erste Nachricht, daß der Weiße angelangt sei, drängte sich alles zu mir heran. Wer bei dem Brunnen Wasser schöpfte, der warf, vor Begierde mich zu sehen, den Eimer weg, die in den Zelten stiegen zu Pferde, und alles, Männer, Frauen und Kinder ströhmte von allen Seiten auf mich zu. Ich war bald so umringt, daß ich mich nicht rühren konnte; einer zupfte mich am Rock, der andere nahm mir den Hut ab, einer untersuchte meine Westenknöpfe, der andere rief: la illa allah Maho= met rasaul allahi *) und setzte mit drohender Ge= behrde hinzu, daß ich diese Worte wiederholen müsse. Endlich erreichten wir des Königs Zelt, wo eine große Menge Frauen und Männer versammelt waren. Ali saß auf einem schwarz ledernen Küssen, und schnitt sich mit einer Scheere etwas Haare von der Oberlippe ab, wobei eine Sklavin ihm einen Spiegel vorhielt. Er war schon bei Jahren, hatte einen langen weißen Bart, und schien von arabischer Abkunft zu sein; sein Ansehen war finster und stolz. Er betrachtete mich mit Aufmerksamkeit, und fragte meine maurischen Begleiter, ob ich arabisch spräche; sie verneinten es; er schien verwundert und schwieg. Alle Anwesende und besonders die Frauen waren sehr neugie= rig; sie thaten tausend Fragen an mich, besichtigten jeden Theil meiner Kleidung, durchsuchten meine Taschen und nöthigten mich die Weste aufzuknöpfen, um sie die Weiße meiner Haut sehn zu lassen. Ja sie zählten mir sogar die Zähne und Finger, als ob sie zweifelten, daß ich ein

*) Es giebt nur einen Gott und Mahomet ist sein Prophet.

Mensch sei. Bald darauf kündigte ein Priester durch lau=
ten Ausruf an, daß es Zeit zum Abendgebet sei. Ehe
das Volk sich dazu entfernte, sagte mir mein maurischer
Dolmetscher, daß Ali mir sogleich würde zu essen geben
lassen. Es dauerte nicht lange, so brachte ein Junge ein
wildes Schwein getrieben, und band es an einem Zelte
fest. Ali gab mir durch Zeichen zu verstehen, daß ich es
schlachten und mir zum Abendbrodt bereiten sollte. Nun
war ich freilich sehr hungrig, indeß hielt ich es doch für
klüger, nichts von einem Thiere zu essen, das die Mauren
so sehr verabscheuen, also sagte ich ihm, daß ich Schweine=
fleisch nicht äße. Nun banden sie das Schwein los,
in der Meinung, daß es sogleich auf mich zulaufen würde;
denn sie bilden sich ein, daß zwischen Christen und Schwei=
nen eine große Feindschaft herrscht; sie irrten sich aber,
denn kaum hatte das Thier seine Freiheit, so fiel es jeden
ohne Unterschied an, der ihm in den Weg kam, und endlich
verkroch es sich unter dem Sitz auf welchem der König saß.
Die Versammlung ging nun auseinander und ich wurde
nach dem Zelt von Ali's Sklavenaufseher geführt, wurde
aber nicht hineingelassen; ja ich durfte nicht das Mindeste
von dem anrühren, was dazu gehörte. Ich forderte etwas
zu essen und bekam endlich ein wenig Korn mit Salz und
Wasser gekocht, das in einem hölzernen Gefäß vor mir hin=
gesetzt ward; am Abend ward auf dem Sande vor dem Zelt
eine Matte ausgebreitet, und auf dieser mußte ich, umge=
ben von der neugierigen Menge, die Nacht zubringen.

Bei Sonnenaufgang kam Ali mit einem kleinen Ge=
folge um mich zu besuchen; er deutete mir an, daß für
eine Hütte gesorgt sei, wo ich vor der Sonne geschützt
sein würde. Ich wurde hingeführt und fand die Hütte
kühl und leidlich genug. Sie war viereckig, die Seiten=
wände von aufrecht stehendem Stroh und das Dach, eben=
falls von Stroh, war flach und ruhte auf gabelförmigen
Stäben. An einen dieser Stäbe fand ich das oben er=
wähnte wilde Schwein angebunden; wahrscheinlich auf

Ali's Befehl, und mir, als einem Christen, zum Spott. Es war ein lästiger Stuben=Camerad, denn alle Knaben liefen zusammen und machten sich eine Lust daraus, das Thier so lange mit Stöcken zu schlagen, bis es so wild ward, daß es jeden biß, den es erreichen konnte.

Kaum hatte ich meine neue Herberge bezogen, als die Mauren sich Haufenweise versammelten, um mich zu sehen. Das war eine unangenehme Cour, denn ich mußte einen von meinen Strümpfen ausziehen, um sie meinen Fuß sehen zu lassen, und eben so meine Jacke und Weste, um ihnen zu zeigen, wie ich meine Kleider an= und auszöge; der Gebrauch der Knöpfe gefiel ihnen vorzüglich. Jedem, der mich besuchte, mußte ich dies wiederholen, denn jeder, der diese Wunder gesehen hatte, wollte, daß auch sein Freund sie sähe, und so mußte ich von Mittag bis Abend mich unaufhörlich an= und ausziehen, auf= und zuknöpfen. Um acht Uhr schickte mir Ali eine Portion Kuskus, nebst etwas Salz und Wasser zum Abendbrodt, welches mir sehr willkommen war, da ich seit dem Morgen nichts gegessen hatte.

Die Nacht hindurch hielten die Mauren regelmäßig Wache bei mir, und sahen bisweilen zur Hütte hinein, ob ich schliefe; wenn es völlig finster war, zündeten sie Strohwische an. Um zwei Uhr Morgens kam ein Maure in die Hütte, wahrscheinlich um zu stehlen, oder vielleicht gar um mich zu morden; er tappte umher und stieß mit seiner Hand auf meine Schulter. Da nächtliche Besucher immer etwas verdächtig sind, so sprang ich augenblicklich auf und packte ihn, er wand sich los und wollte schnell entfliehen, stolperte aber über meinen Jungen und fiel auf das wilde Schwein, das ihn zu Erwiederung dieses Willkommens in den Arm biß. Das Geschrei, welches er darüber erhob, weckte die Leute in des Königs Zelt; sie muthmaßten, daß ich entsprungen wäre, und warfen sich auf die Pferde um mir nachzusetzen. Ich sah bei dieser Gelegenheit, daß Ali nicht in seinem eigentlichen Zelte schlief, sondern von einem andern kleineren Zelte, das von jenem ziemlich entlegen war, auf einem weißen Pferde auf mich zugesprengt kam. Das tirannische und grausame Betragen dieses Fürsten, hat ihn so mißtrauisch und argwöhnisch auf jeden gemacht, der ihn umgiebt, daß seine eignen Bedienten und Sklaven nicht wissen wo er schläft. Als die Mauren ihm erzählt hatten, was vorgefallen war, ging alles aus einander und man ließ mich bis zum Morgen ruhig fortschlafen.

Den 13ten Merz aber mit Sonnenaufgang fingen die Neckereien und das Verhöhnen wiederum an, wie Tages zuvor; die Kinder versammelten sich, um das Schwein zu prügeln, und die Erwachsenen, um den Christen zu plagen. Das empörende Betragen dieser Menschen läßt sich durch Worte nicht beschreiben. Sie sinnen gleichsam nur auf Unheil, und erfreuen sich an dem Elend ihrer Mitgeschöpfe; ich war ihrer Rohheit, Wildheit und ihrem Fanatism, wodurch sie sich von allen andern Menschen-Rassen auszeichnen, ein willkommener Fund. Fremd, ohne Schutz, und Christ — Einer dieser Umstände wäre schon genug gewesen, jeden Funken von Menschlichkeit in der Brust eines Mauren zu ersticken, und alle drei vereinigten sich nun in mir, also konnte ich allerdings nichts Gutes erwarten. Um nun wenigstens Ali nicht zu mißfallen, und überhaupt den Mauren keinen Vorwand zu geben, mir übel zu begegnen, that ich unweigerlich alles, was von mir verlangt ward, und ertrug jede Beleidigung mit Geduld. Aber ich gestehe es, in meinem ganzen Leben habe ich mich nie in einer so drückenden Lage befunden, als hier in Ali's Lager, wo ich von dem rohesten, wildesten Volke auf Erden vom Morgen bis zum Abend die gröbsten Beschimpfungen ertragen mußte, und nicht einmal sauer dazu aussehen durfte!

Zehnter Abschnitt.

Was sich während des Verfassers Gefangenschaft in Benaum
weiter ereignete — Begräbniß und Hochzeit, nebst an=
dern Ereignissen, welche die Sitten und den Charakter
der Mauren betreffen.

Obschon die Mauren selbst sehr träge sind, so wissen sie
doch ihre Untergebenen unvergleichlich zu beschäftigen.
Mein Negerjunge, Demba, mußte in den Wald hinaus, um
für Ali's Pferde Heu herbei zu schaffen, und nach vie=
lem hin und her sinnen fanden sie auch für mich eine
Beschäftigung, die dann nichts anders war, als das
ehrenvolle Amt eines — Barbiers. Ich sollte die erste
Probe meiner Fähigkeit in Gegenwart des Königs ab=
legen, und die Ehre haben, dem jungen Prinzen von
Ludamar den Kopf zu scheren. Ich setzte mich auf die
Erde, und der Knabe, etwas schüchtern, setzte sich neben
mich. Man gab mir ein kleines, drei Zoll langes Scheer=
messer in die Hand, und befahl mir zu Werke zu schrei=
ten. Ich weiß nun nicht, ob meine eigene Ungeschicklich=
keit dran Schuld war, oder die schlechte Beschaffenheit
des Instruments, genug ich war so unglücklich, gleich zu
Anfang der Operation das Haupt des Knaben ein wenig
zu verletzen. Der König bemerkte bald, wie wenig ich
das Messer zu regieren verstand, und urtheilte daß das
Haupt seines Sohnes eben nicht in den besten Händen
sei. Er befahl mir also abzulassen und meiner Wege zu
gehen. Dies that ich sehr gern, denn ich hatte es mir
zur Regel gemacht, mich so unbrauchbar und untauglich
als möglich anzustellen, weil ich dies für das einzige
Mittel hielt, meine Freiheit bald wieder zu erlangen.

Am 18ten Merz brachten vier Mauren meinen Dol=
metscher, Johnson, von Dscharra her geschleppt. Sie
hatten sich seiner bemächtigt, ehe er noch von meiner Ge=
fangenschaft etwas vernommen; nebst ihm brachten sie

auch einen Bündel Zeug mit, den ich zur Vorsorge in
Daman Dschomma's Haus auf den Fall hinterlaffen
hatte, wenn ich meinen Rückweg über Dscharra nehmen
sollte. Johnson ward nach Ali's Zelt gebracht und exa-
minirt. Man öfnete den Bündel und ließ mich holen,
um den Gebrauch jedes einzelnen Stücks darin zu erklären. Wie freuete ich mich als ich von Johnson erfuhr,
daß wenigstens meine Papiere in Sicherheit wären; er
hatte sie nehmlich einer von Daman's Frauen zu verwahren
gegeben. Als ich Ali's Neugier befriedigt hatte, wurde
der Bündel wieder zusammengebunden und in einen
großen rindsledernen Sack gesteckt, der in einem Winkel
des Zeltes stand. Den nehmlichen Abend noch schickte
Ali drei von seinen Leuten zu mir, und ließ mir sagen,
daß viele Diebe in der Nachbarschaft wären, damit mir
nun das übrige von meinen Sachen nicht gestohlen würde,
so müßte ich alles nach seinem Zelte schicken. Meine
Kleider, meine Instrumente, kurz alle meine Habseligkeiten wurden dort hingebracht, und, so nöthig ich, der
Hitze und des Staubes wegen, auch reine Wäsche brauchte,
so ließ man mir aus meinem kleinen Vorrath doch nicht
ein einziges Hemd verabfolgen. Ali fand sich indessen
sehr betrogen, als er bei Durchsuchung meiner Sachen
viel weniger Gold und Bernstein fand, als er erwartet
hatte: um aber seiner Sache recht gewiß zu sein, schickte
er die nehmlichen Leute zu mir, um untersuchen zu lassen,
ob ich nicht Geld oder Geldeswerth am Leibe verborgen
habe. Sie durchsuchten mich mit ihrer gewöhnlichen
Rohheit bis auf die Haut, und nahmen mir meine
Uhr, meinen Taschenkompaß, und alles was ich an Gold
und Bernstein bei mir trug, ab. Zum Glück hatte ich
noch einen andern Compaß in den Sand verscharrt,
und dieser und die Kleider auf dem Leibe waren alles,
was Ali's Raubsucht mir übrig ließ.

Das Gold und der Bernstein waren der Habsucht des
Fürsten eine willkommene Beute, der Compaß aber ward

bald ein Gegenstand seiner abergläubischen Neugier. Ali war sehr begierig zu wissen, weshalb das kleine Stück: chen Eisen, die Magnetnadel, immer nach der großen Wüste hinzeige; und ich war verlegen, was ich zur Ursach davon angeben sollte. Hätte ich mich unwissend gestellt, so hätten sie leicht auf den Argwohn gerathen können, daß ich ihnen die Wahrheit verhehlen wolle; ich sagte al: so, daß meine Mutter weit über die Sandwüste von Za: hara hinaus wohne, und daß, so lange sie lebe, das Stückchen Eisen immer dahin zeige und mir als Führer zu ihr diene, sterbe sie aber, so würde es auf ihr Grab zeigen. Ali sah jetzt mit doppeltem Erstaunen auf den Compaß, drehte und wandte ihn hin und her, und als er fand, daß die Spitze immer wieder auf die nehmliche Stelle kam, faßte er ihn sehr vorsichtig an und gab ihn mir mit der Aeußerung zurück, er halte das Ding für etwas magi: sches, und möchte mit einem so gefährlichen Instrument nichts zu schaffen haben.

Am folgenden Morgen (den 20sten Merz) ward bei Hofe ein geheimes Conseil über mich gehalten. Das Re: sultat der Berathschlagung ward mir von dem einen so, von dem andern anders erzählt, aber keine dieser Angaben war tröstlich für mich. Einige sagten, man wolle mich umbringen, andere, daß ich bloß die rechte Hand verlieh: ren sollte, das Wahrscheinlichste aber war wohl das, was ich von Ali's eignem Sohne erfuhr, einem Knaben von neun Jahren, der am Abend zu mir gelaufen kam und mir ganz bestürzt hinterbrachte, daß sein Oheim seinen Vater überredet habe, mir die Augen ausstechen zu lassen, weil sie wie Katzenaugen aussähen und daß alle Buschrihns diesem Antrag beigepflichtet wären; indeß würde sein Vater das Urtheil nicht eher vollziehen lassen, bis die Königin Fatima, die jetzt weiter nach Norden hin sich aufhalte, mich gesehen habe.'

Begierig über mein künftiges Schicksal Auskunft zu erhalten, ging ich am nächsten Morgen (den 21sten Merz)

zum

zum König, und da gerade viele Buschrihns bei ihm ver=
sammelt waren; so hoffte ich eine günstige Gelegenheit zu
finden, um zu erfahren, was sie mit mir vorhätten. Ich
fing damit an, den König um Erlaubniß zu bitten, daß
ich nach Dscharra zurück kehren dürfte; das ward mir aber
rund abgeschlagen: seine Frau, sagte er, habe mich noch
nicht gesehen und ich müßte warten, bis diese nach Be=
naum käme; nachher sollte ich Freiheit haben zu gehen,
wohin ich wolle, auch sollte mir mein Pferd, das mir den
Tag nach meiner Ankunft im Lager abgenommen worden
war, wieder zugestellt werden. So unbefriedigend diese
Antwort auch war, so mußte ich mich doch anstellen, als
ob ich wohl damit zufrieden wäre, und da in dieser Jah=
reszeit, wegen der entsetzlichen Hitze und des gänzlichen
Mangels an Wasser in den Wäldern, an keine Flucht zu
denken war, so blieb mir nichts anders übrig, als mich in
Geduld zu fassen, und bis zur Regenzeit hier auszuhar=
ren, wenn nicht etwa ein unerwarteter Glücksfall mich
früher erlösete. Aber diese langweilige Verzögerung mei=
ner Abreise, und der Gedanke, daß ich während der Re=
genzeit, die jetzt mit schnellen Schritten herannahete, durch
die Neger=Königreiche würde reisen müssen, machten mich
äußerst traurig. Ich hatte eine sehr unruhige Nacht und
bekam am Morgen ein heftiges Fieber. Ich hatte mich in
meinen Mantel eingehüllt, um in Transpiration zu ge=
rathen und war eben ein wenig eingeschlafen, als ein
Trupp Mauren in meine Hütte kam und mit ihrer gewöhn=
lichen Fühllosigkeit mir den Mantel wegrissen; vergebens
gab ich ihnen durch Zeichen zu verstehen, daß ich krank
sei und gern schlafen möchte, sie spotteten meines Unge=
machs und vermehrten es auf alle mögliche Weise. Diese
vorsätzlichen und empfindlichen Beleidigungen, denen ich
mich unaufhörlich ausgesetzt sah, waren mir das härteste
in meiner Gefangenschaft, und machten mir das Leben
zur Last. Wie oft habe ich in solchen Augenblicken den
niedrigsten Sklaven beneidet, der bei seinem Elend doch

Park's Reise.   H

bisweilen seinen Gedanken nachhangen kann, ein Glück,
das ich lange schon entbehrte. Ich befürchtete daher
nicht ohne Grund, daß, bei den unaufhörlichen Neckereien
und Plagen, mir die Geduld einmahl reißen und ich in
einer Aufwallung von Verdruß, durch thätliche Widersetz=
lichkeit mein Leben unmittelbar aufs Spiel setzen möchte,
und da ich eben jetzt, des Fiebers wegen mißmüthiger und
reizbarer war als je; so gieng ich zur Hütte hinaus und
legte mich unter einige schattige Bäume, etwas abwärts
vom Lager, nieder, um dort in Ruhe zu sein. Aber auch
hier vergönnte man mir sie nicht. Dem armen Christen
ward nicht einmahl das Glück der Einsamkeit zu Theil.
Ali's Sohn, von einem Trupp Reiter begleitet, kam auf
mich zugesprengt, und befahl mir aufzustehen und ihm zu
folgen. Ich bat, daß man mich hier wenigstens nur ein
paar Stunden möchte liegen lassen, aber umsonst; unter
drohenden Worten und Gebehrden nahm einer von ihnen
ein Pistol aus einem ledernen Beutel, der am Sattelknopf
befestigt war und legte auf mich an. Das Pistol versagte
zweimal, und der Kerl blieb bei dem ganzen Vorgange
so gleichgültig, daß ich wirklich glaubte, es sei nicht ge=
laden. Er spannte es zum dritten mal, und wollte den
Stein mit einem Stahl schlagen, als ich, ohne den Er=
folg abzuwarten, mich aufraffte und gutwillig nach dem
Lager zurück gieng. Wir fanden Ali bei sehr übler Laune in
seinem Zelte. Er forderte das Pistol des Mauren, und
nachdem er sich mit auf= und zumachen der Pfanne eine
Weile unterhalten hatte, griff er nach seinem Pulverhorn,
lud es aufs neue und sagte, mit drohenden Blicken gegen
mich etwas auf arabisch, was ich nicht verstand. Ich rief
meinen Jungen, der vor dem Zelte saß, um durch ihn fra=
gen zu lassen, was ich begangen hätte; und da erfuhr ich
denn, daß, weil ich ohne Ali's Erlaubniß aus dem Lager
gegangen wäre, man geglaubt habe, daß ich entflie=
hen wolle, und daß Befehl gegeben wäre, daß der er=
ste, der mich wieder außerhalb der Grenzen des La=

gers gewahr würde, mich geradezu vor den Kopf schießen
sollte.

Am Nachmittag war der Horizont, nach Osten zu,
trübe und neblicht, und die Mauren prophezeihten einen
Sandwind, der auch den andern Morgen anfing und mit
kleinen Unterbrechungen, zwei Tage lang dauerte. Er war
eben nicht heftig, sondern was die Seeleute einen guten
Segelwind nennen, aber die ungeheure Menge Sand und
Staub, die er von Osten nach Westen wie einen Strom
vor sich her trieb, verdunkelte die ganze Atmosphäre, die
Luft war oft so finster und voll von Sand, daß man das
nächste Zelt nicht sehen konnte. Da die Mauren ihre
Speisen unter freiem Himmel bereiten, so fiel ihnen viel
Sand in den Kuskus, auch hing er sich an die Haut,
weil sie von Ausdünstung feucht war, und jedem ward auf
eine zwar wohlfeile aber lästige Art das Haar gepudert.
Die Mauren hüllen sich ein Tuch um das Gesicht, um
den Staub nicht einzuschlucken, und wenn sie aufsehen,
wenden sie immer dem Winde den Rücken zu, damit der
Sand ihnen nicht in die Augen falle.

Zu dieser Zeit färbten alle Frauen im Lager ihre
Füße und Fingerspitzen mit einer dunkeln Safranfarbe.
Ich konnte aber nie recht dahinter kommen, ob es bloß
zur Zierde oder aus religiösen Begriffen geschehe. Die
Neugier der maurischen Weiber war seit meiner Ankunft
in Benaum mir schon oft lästig geworden. Am 25sten des
Abends kam eine große Anzahl von ihnen (ob auf Anstif-
ten anderer, ob aus unbezwingbarer eigner Neugier, oder
ob aus bloßem Scherz, kann ich nicht sagen) in meine
Hütte und gaben mir sehr deutlich zu verstehen, daß sie
kämen um eine Besichtigung anzustellen, ob die Nazare-
ner auch, wie die Mahomedaner, beschnitten wären. Diese
Erklärung kam mir sehr unerwartet und um der Untersuchung zu entgehen, hielt ich es fürs Beste die ganze
Sache als einen Scherz zu behandeln. Ich sagte ihnen,
daß es in meinem Lande nicht Sitte sei, in Gegenwart so

vieler schönen Frauen einen augenscheinlichen Beweis von solchen Dingen abzulegen; wenn sie sich aber alle, diese junge Frau ausgenommen (ich zeigte hierbei auf die Jüngste und Schönste) entfernen wollten, so wollte ich ihre Neugier befriedigen. Die Damen verstanden den Spaß, lachten herzlich und gingen allerseits unverrichteter Sache fort. Der jungen Frau mußte der Vorzug, den ich ihr gegeben hatte, auf keine Weise zuwider sein, denn sie schickte mir am Abend etwas Mehl und Milch.

Am 28sten Morgens, kam eine große Heerde Hornvieh von Osten her an, und einer von den Treibern, dem Ali mein Pferd geliehen hatte, brachte mir eine Antelopenkeule zum Geschenk und sagte mir, daß mein Pferd vor Ali's Zelt stände. Kurz darauf schickte Ali einen Sklaven zu mir und ließ mir andeuten, daß ich am Nachmittag mit ihm ausreiten sollte, indem er mich einigen seiner Frauen vorstellen wolle.

Um vier Uhr kam er selbst, zu Pferde, von sechs Hofleuten begleitet, nach meiner Hütte und befahl mir aufzusitzen. Ich gehorchte; die Mauren, deren Kleidung ein weites und loses Gewand ist, waren mit meinen Nanking-Beinkleidern nicht zufrieden; sie fanden sie nicht nur der Form nach häßlich, sondern weil sie allzudünn und gleichsam durchsichtig wären, auch unanständig; da es nun zum Besuch bei Damen ging, so ließ Ali durch meinen Jungen den Mantel, den ich hier gewöhnlich zu tragen pflegte, holen, und befahl mir ihn umzuhängen. Wir besuchten vier Frauen in ihren Zelten, und man bewirthete mich überall mit einem Becher Milch und Wasser. Alle diese Frauen waren sehr korpulent, was hier für die größte Schönheit angesehen wird. Sie fragten vielerlei, und betrachteten meine Haut und mein Haar sehr aufmerksam, affektirten aber, mich wie eine Art von untergeordnetem Wesen anzusehen; sie runzelten die Stirn und schauderten, wenn sie die Weiße meiner Haut sahen. Mein Anzug und

Ansehen gaben auf dem ganzen Wege meinen Gefährten zu vielem Spaß Anlaß. Sie galoppirten um mich her, als ob sie ein wildes Thier hetzten; sie schwangen ihre Flinten um die Köpfe, und machten allerhand Reiterkünste, wahrscheinlich um zu zeigen, daß sie kecker und gewandter wären, als ihr armer Gefangener.

Sehr gute Reiter sind die Mauren allerdings, sie reiten sehr dreist; da ihre Sättel hinten und vorn hoch sind, so sitzen sie fest, und stürzt auch einmal einer herunter, so beschädigen sie sich selten, weil der Boden überall sandig und daher weich ist. Beim Reiten setzen sie eine Ehre und ein Vergnügen darein, ein Pferd im schärfsten Galopp durch einen Hieb plötzlich zum Anhalten zu bringen, so daß es oft in die Knie sinkt. Alt reitet immer ein milchweißes Pferd mit rothgefärbtem Schweif. Er geht niemals zu Fuß, außer zu den Betstunden, und selbst in der Nacht müssen ohnweit seines Zeltes zwei bis drei Pferde immer gesattelt stehen. Die Mauren halten erstaunlich viel auf ihre Pferde, weil die große Schnelligkeit derselben sie allein in Stand setzt, Streifereien in die Negergebiete zu unternehmen. Sie füttern sie drei oder viermal des Tages, und am Abend geben sie ihnen viel süße Milch, welche die Pferde sehr gern saufen.

Den 3ten April Vormittags starb ein Kind in dem nächsten Zelt, und die Mutter und Verwandten fingen sogleich das Todtengeheul an. Eine Menge weiblicher Besuche gesellte sich zu ihnen, und vergrößerte dieses Trauer-Concert. Ich hatte nicht Gelegenheit, das Begräbniß zu sehen, denn es geschieht gewöhnlich in der Abenddämmerung sehr insgeheim, und das Grab ist oft nur einige Schritte weit vom Zelt. Auf dem Grabe wird ein besonderes Gesträuch gepflanzt, und kein Fremder darf ein Blatt davon nehmen, oder es auch nur anrühren, so große Ehrfurcht haben sie vor ihren Todten.

Am 7ten April gegen vier Uhr Nachmittags, erhob sich ein so heftiger Wirbelwind, daß er drei Zelte und auch von meiner Hütte eine Wand umriß. Dergleichen Wirbelwinde wehen von der Seite der großen Wüste her und sind in dieser Jahreszeit so häufig, daß ich fünf bis sechs auf Einmahl gesehen habe. Sie heben große Sand= massen zu einer gewaltigen Höhe, so daß man in der Entfernung bewegliche Rauchsäulen zu sehen glaubt.

Durch die brennende Sonnenhitze auf diesem trocke= nen und sandigen Boden wird die Luft unerträglich heiß. Ali hatte mir mein Thermometer genommen, ich konnte also keine eigentlichen Beobachtungen anstellen; um Mittag aber, wenn zu den senkrechten Strahlen der Sonne sich der heiße Wind von der Wüste gesellet, ist der Boden so erhitzt, daß der nackte Fuß es nicht ertra= gen kann; selbst die Negersklaven gehen nicht ohne San= dalen von einem Zelt zum andern. Die Mauren liegen zu dieser Tageszeit in ihren Zelten ausgestreckt, schlafen entweder, oder sind doch unthätig; und die Luft war wirklich oft so glühend, daß ich meine Hand nicht ohne empfindlichen Schmerz an die Zugluft halten konnte, die durch die Ritzen meiner Hütte eindrang.

Am folgenden Tage (den 8ten April) kam der Wind aus Süd=Westen, und in der Nacht hatten wir ein Ge= witter von starkem Regen begleitet.

Am 10ten Abends wurde die Tabala, oder große Trommel, gerührt, um eine Hochzeit anzukündigen, welche in einem der benachbarten Zelte gefeiert werden sollte. Eine große Menge Volks beider Geschlechter ver= sammelte sich, aber nicht mit dem Frohsinn und der Heiterkeit, wie bei den Neger=Hochzeiten. Hier gab es weder Gesang noch Tanz, noch irgend eine andere Lust= barkeit. Eine Frau schlug die Trommel, und die andern stießen zu verschiedenen Zeiten ein durchdringendes Ge=

schrei aus, indem sie mit großer Schnelligkeit die Zunge
im Munde hin und her bewegten. Ich ward des Lär-
mens bald überdrüßig und ging nach meiner Hütte, wo
ich eben im Einschlafen war, als eine alte Frau mit einem
Napf in der Hand zu mir hereintrat, und mir bedeutete,
daß sie ein Geschenk von der Braut brächte. Ehe ich ihr meine
Verwunderung darüber zu erkennen geben konnte, goß sie
mir den Inhalt des Napfes ins Gesicht. Da ich merkte,
daß es das nehmliche Weihwasser war, womit, wie man
sagt, die hottentottischen Priester die Neuvermählten be-
sprengen, so glaubte ich, daß das alte Weib es aus Bos-
heit gethan. Sie versicherte mir aber sehr eifrig, daß
es eine Hochzeitsspende von der Braut selbst sei, welche
die unverheiratheten jungen Mauren immer als ein Zeichen besonderer Gunst aufnehmen. Da die Sache sich so
verhielt, trocknete ich mir das Gesicht, und ließ mich
bei der Dame schönstens bedanken. Die Hochzeistrom-
mel wurde immerfort geschlagen, und die Frauen sangen
oder pfiffen vielmehr die ganze Nacht hindurch. Den Morgen gegen neun Uhr wurde die Braut im größten Staate
aus ihrer Mutter Zelt geführt und von einer Menge
Frauen begleitet, die ihr neues Zelt (ein Geschenk des
Bräutigams) trugen. Einige trugen die Stangen, andere
die Stricke, und so zogen sie unter immerwährendem Pfeifen
bis an den künftigen Wohnplatz der Braut, wo das Zelt
aufgeschlagen ward. Der Bräutigam folgte nebst einer
großen Anzahl Männer, die vier Rinder führten, welche
sie an den Stricken des Zeltes festbanden, und nachdem
sie ein fünftes geschlachtet, und das Fleisch unters Volk
vertheilt hatten, war die Ceremonie zu Ende.

Eilfter Abschnitt.

Weitere Begebenheiten im Lager — Der Verfasser zieht Nachrichten wegen Tombuktu ein — Beschreibung des Weges
von Marokko nach Benaum — Ali verlegt das Lager
weiter nach Norden — Der Verfasser wird als Gefangener mitgenommen und der Königin Fatima vorgestellt —
Großer Wassermangel.

Ich hatte nun bereits vier Wochen hier im Lager als
ein Gefangener zugebracht, und fast jeden Tag neues
Ungemach erfahren. Mit Sehnsucht folgte ich dem zö-
gernden Laufe der Sonne, und segnete ihre Abendstrah-
len, die über den sandigen Boden meiner Hütte einen
gelblichen Glanz verbreiteten; dann erst verließen mich
meine Unterdrücker, und erlaubten mir die schwüle Nacht
in Einsamkeit und Nachdenken hinzubringen.

Um Mitternacht wurde mir und meinen Gefährten
eine Portion Kuskus nebst etwas Wasser und Salz gebracht; dies war unsere gewöhnliche Kost, und mit einer
solchen Mahlzeit mußten wir uns den ganzen andern Tag
hinhalten. Die Mahomedaner hatten jetzt Fasten, und
da die Mauren sie mit religiöser Strenge halten, so
zwangen sie auch mich, sie zu beobachten, ohne darnach
zu fragen, ob ich meiner Religion wegen daran gebunden
sei oder nicht. Indeß schickte ich mich in meine Lage,
und fand, daß ich Hunger und Durst besser ertragen
konnte, als ich erwartet hatte; und um mir die Langeweile
zu vertreiben, lernte ich arabisch schreiben. Wer aus Neugier zu mir kam, den bat ich, mich die Buchstaben kennen
zu lehren. Dadurch beschäftigte ich ihre Aufmerksamkeit
und sie wurden mir weniger lästig. Sobald einer zu
mir kam, zu dessen Physiognomie ich mir nichts Gutes
versah, so bat ich ihn, mir etwas im Sande vorzuschrei-
ben, oder zu lesen was ich geschrieben hatte, und da

dieß seiner Eitelkeit schmeichelte, so that ich selten eine Fehlbitte.

Da die Königin Fatima noch immer nicht angekommen war; so machte Ali sich auf, um sie zu holen; da aber der Ort ihres Aufenthalts zwei Tagereisen von Benaum entfernt war, so mußten Lebensmittel mit auf den Weg genommen werden. Ali war so argwöhnisch und fürchtete so sehr, vergiftet zu werden, daß er von keinem Gerichte aß, das nicht vor seinen Augen zubereitet war; es wurde daher ein schönes Rind geschlachtet, das Fleisch in dünne Scheiben geschnitten und an der Sonne getrocknet; dieses und zwei Beutel mit trocknem Kuskus machten den ganzen Reisevorrath aus.

Vor seiner Abreise stellten sich, wie gewöhnlich jedes Jahr, die Neger aus Benaum zur Musterung um ihre Waffen vorzuzeigen und ihren Tribut an Korn und Zeug zu entrichten. Sie waren schlecht bewaffnet; zwei und zwanzig mit Flinten, vierzig oder funfzig mit Bogen und Pfeilen, und fast eben soviel Männer und Knaben bloß mit einem Speer. Vor dem Zelte marschierten sie auf, da denn ihre Waffen besichtigt und kleine Händel geschlichtet wurden.

Am 16ten April reiste Ali, um Mitternacht, in aller Stille von Benaum ab. Er hatte nur ein kleines Gefolge bei sich und wurde in neun oder zehn Tagen zurück erwartet.

Den 18ten April, zwei Tage nach Ali's Abreise, kam ein Scherif mit Salz und andern Waaren von Walet, der Hauptstadt des Königreichs Biru, im Lager an. Da kein Zelt für ihn in Bereitschaft war, so wohnte er mit mir in Einer Hütte. Er schien ein unterrichteter Mann zu sein, und da er Arabisch und Bambarranisch sprach; so konnte er in diesem Theil von Afrika sicher und ohne Schwierigkeit durch mehrerer Herren Gebiet reisen. So war er, obgleich sein eigentlicher Wohnsitz Walet war, sogar bis Huffa gekommen, hatte sich auch einige Jahre in Tombuktu aufgehalten. Da ich mich sehr angelegentlich erkundigte, wie weit es von Walet nach Tombuktu sei; so fragte er, ob ich gesonnen sei diesen Weg zu nehmen. Als ich es bejahete, schüttelte er den Kopf und sagte, das würde nicht angehen: denn dort sähe man die Christen für Kinder des Teufels und Feinde des Propheten an. Von ihm erfuhr ich folgende nähere Umstände: Huffa sei die größte Stadt die er je gesehen habe; Walet sei größer als Tombuktu, da es aber so weit vom Niger entfernt sei, und der vornehmste Handel nur in Salz bestehe, so kämen Fremde nur selten dorthin. Von Benaum nach Walet wären zehn Tagereisen, der Weg führe aber durch keine merkwürdige Stadt, und die Reisenden müßten sich unterweges mit Milch behelfen, welche die Araber, die sich mit ihren Heerden bei den Tränkplätzen aufhielten, verkauften. Zwei Tage lang ginge der Weg durch sandiges Land, völlig ohne Wasser: von Walet bis Tombuktu seien noch eilf Tagereisen; man finde jedoch mehr Wasser auf dem Wege, und reite gewöhnlich auf Ochsen. Zu Tombuktu gebe es viele Juden, die aber alle Arabisch sprächen und mit den Mauren einerlei Gebete hätten. Auf die Frage: nach welcher Himmelsgegend Tombuktu läge, zeigte er mit der Hand nach Südosten, oder vielmehr nach Ost gen Süd; Sicherheits wegen wiederholte ich diese Frage mehreremale, und immer blieb er sich in Andeutung der Lage gleich, oder wich höchstens nur um einen halben Compaß-Strich nach Süden ab.

Am 24sten April kam Scherif Sidi Mahomed Mura Abdalla, ein Marokkaner, mit fünf Ochsen-Ladungen Salz im Lager an. Er hatte sich vormals einige Monate in Gibraltar aufgehalten und so viel Englisch aufgegriffen, daß er sich verständlich machen konnte. Er erzählte mir,

daß er fünf Monate von Santa Cruz bis Benaum unter=
weges gewesen wäre, einen großen Theil dieser Zeit aber
hätten ihm seine Handelsgeschäfte hinweggenommen.
Ich bat ihn, mir anzugeben, wie viel Tage er wirklich zur
Reise von Marokko nach Benaum gebraucht habe, und
er gab sie folgendergestalt an: — Nach Swira, drei
Tage; nach Agadier, drei; nach Dschiniken, zehn; nach
Wädenun, vier; nach Läkeneh, fünf; nach Ziriwin=ze=
rinnen, fünf; nach Tischit, zehn; nach Benaum, zehn;
in allem funfzig Tagereisen; die Reisenden hielten sich aber
gewöhnlich in Dschiniken und Tischit auf. An diesem
letzteren Orte wird das Steinsalz gegraben, das bei den
Negern ein großer Handels=Artikel ist.

In der Unterhaltung mit diesen Scherifs, und mit
den verschiedenen Fremden die ins Lager kamen, ver=
ging mir die Zeit weniger unangenehm. Von der andern
Seite aber war ich übler dran als vorher, denn in An=
sehung meiner Kost hing ich jetzt völlig von Ali's Skla=
ven ab, denen ich nichts sagen durfte, und ich ward jetzt
noch kärglicher gehalten als selbst in den Fasten. Zwei
Tage nacheinander hatten sie es völlig vergessen uns un=
sere gewöhnliche Portion zu schicken. Mein Junge ging
in ein kleines benachbartes Negerdorf, und bettelte von
Hütte zu Hütte, erhielt aber nichts als ein paar Hand=
voll Erdnüsse, die er treulich mit mir theilte. Der
Hunger verursacht Anfangs eine sehr schmerzhafte Em=
pfindung, die sich aber in der Folge in Mattigkeit und
Schwäche verwandelt: in diesem Zustande erquickt ein
Trunk Wasser, der den Magen ausgedehnt erhält, die
sinkenden Lebensgeister, und entfernt auf eine kurze Zeit
jede Unbehaglichkeit. Johnson und Demba waren sehr
herunter. Sie lagen in einem betäubenden Schlummer
auf dem Sande ausgestreckt, und sogar wenn unser Kus=
kus kam, hatte ich Mühe sie zu erwecken. Ich fühlte
keine Neigung zum Schlaf, hatte aber einen convulsi=

visch tiefen Athem, als ob ich immer seufzte. Was mich am meisten beunruhigte, war eine Veränderung der Sehekraft, und daß, wenn ich aufrecht sitzen wollte, mich Ohnmachten anwandelten. Diese Symptomen verlohren sich erst einige Zeit nachdem ich wieder etwas gegessen hatte.

Wir erwarteten täglich, daß Ali mit seiner Gemahlin Fatima von Sahil (oder aus den nördlichen Gegenden) nach Benaum zurückkommen würde. Während der Zeit hatte Mansong, König von Bambarra, wie ich bereits weiter oben (im achten Abschnitt) erzählt habe, um einen Succurs von Reiterei gebeten, der ihm bei der vorhabenden Stürmung von Gedinguma behülflich sein sollte. Dieses Anliegen hatte aber Ali nicht nur abgelehnt, sondern, obenein, die Abgesandten mit Stolz und Verachtung entlassen. Darüber gab nun Mansong die Belagerung von Gedinguma auf und rüstete sich dagegen zu einem Feldzuge gegen Ali, um sich wegen des seinen Abgeordneten angethanen Schimpfes zu rächen.

So standen die Sachen, als am 29sten April ein Bote mit der unangenehmen Nachricht nach Benaum kam, daß die bambarranische Armee sich den Grenzen von Ludamar nähere. Darüber gerieth in der ganzen Gegend alles in Bestürzung. Den Nachmittag kam Ali's Sohn mit ohngefähr dreißig Reitern nach Benaum, und befahl, daß die Heerden sogleich weggetrieben, die Zelte abgebrochen werden, und daß am folgenden Morgen mit Tagesanbruch, jedermann zum Abzug bereit sein sollte.

Am 30sten April war also mit Sonnenaufgang das ganze Lager in Bewegung. Das Gepäck ward auf Ochsen geladen, von den zwei Zeltstangen ward auf jede Seite des Thieres eine fest gebunden und so auch die hölzernen Geräthschaften; über die ganze Ladung ward die Zeltdecke ausgebreitet, und auf diese setzten sich eine oder zwei

Frauen, denn die maurischen Weiber sind schlechte Fuß-
gängerinnen. Des Königs Favoritinnen reiten auf Kameelen mit einem ganz eigenen Sattel, der oben einen
Traghimmel hat, um sie vor der Sonne zu schützen.
Unser Weg ging nach Norden. Gegen Mittag befahl
Ali's Sohn, daß der ganze Zug, zwei Zelte ausgenommen, seinen Weg durch einen dichten niedrigen Wald
nehmen sollte, der uns zur Rechten lag, während ich mit
den zwei Zelten vorausgeschickt ward, und am Abend nach
einer kleinen Negerstadt, Faráni genannt, kam, wo wir
uns auf einem offnen Platze, ohnweit der Stadt, lagerten.

In der Eil und Verwirrung, in welcher das Lager
von Benaum aufgebrochen war, hatten die Sklaven nicht
Provision genug für unterweges zubereitet, und aus Besorgniß, daß ihr trockner Vorrath nicht zureichen möchte,
ehe wir den Ort unserer Bestimmung erreicht hätten (denn
niemand als Ali und die Hauptpersonen wußten wo die
Reise hinging) fanden sie für gut, mich einen Fasttag
halten zu lassen.

Da ich befürchten mußte, daß es mir in dieser Absicht am folgenden Tage nicht besser ergehen würde; so
ging ich früh Morgens (am ersten Mai) nach dem Neger-
städtchen Faráni und bat den Duti, mir etwas zu essen
zu geben; das that er sehr bereitwillig, und lud mich ein,
so lange ich in der Nachbarschaft wäre, alle Tage zu ihm
zu kommen. Diese guten, gastfreien Menschen, wurden
von den Mauren wie verworfene Sklaven angesehen und
auch so behandelt. Zwei von Ali's Hausfklaven, ein
Mann und eine Frau, die mit bei den beiden Zelten waren, trieben an diesem Morgen die Heerde nach dem
Brunnen bei der Stadt, um sie dort zu tränken. Als die
Negerfrauen die Heerde ankommen sahen, nahmen sie
ihre Wasserkrüge und liefen, was sie konnten, der Stadt
zu; Ali's Sklaven aber rannten ihnen nach, holten sie noch
vor dem Thore ein, und nöthigten sie, das Wasser, das

sie für sich geschöpft hatten, zurück zu tragen, es zu
Tränkung der Heerde in die Tröge zu gießen, und so lange
zu schöpfen, bis die ganze Heerde getränkt war. Die
Sklavin ging dabei in ihrem gebieterischen Uebermuth so
weit, daß sie zwei hölzerne Gefäße auf dem Kopf eines
schwarzen Mädchens entzwei schlug, weil es, ihrem Be-
dünken nach, beim Wasserschöpfen nicht hurtig genug war.

Am 3ten Mai brachen wir aus der Nachbarschaft von
Faráni auf, und langten, auf Umwegen, durch die Wälder
den Nachmittag in Ali's Lager an, welches viel größer als
das bei Benaum, und in einem dichten Walde zwei Meilen von einer Negerstadt, Bubaker genannt, aufgeschlagen war. Ich machte Ali sogleich meine Aufwartung,
um der Königin Fatima, die mit ihm aus Sahil gekommen war, vorgestellt zu werden. Er schien sich über meine Ankunft zu freuen, schüttelte mir die Hand und sagte
seiner Frau, daß ich der Christ sei. Sie war von arabischer Abkunft, sehr corpulent und hatte langes schwarzes
Haar. Der Gedanke einem Christen so nahe zu sein, schien
sie Anfangs zu erschrecken, als ich ihr aber durch einen
Negerjungen, der mandingo und arabisch sprach, eine
Menge Fragen, die sie über Sitten und Gebräuche der
Christen mit sichtbarer Neugier an mich richtete, beant-
wortet hatte, schien sie unbesorgter zu sein, und reichte
mir einen Becher Milch, welches ich für ein günstiges Zeichen hielt.

Die Hitze war jetzt durchaus unerträglich, und die
ganze Natur schien darunter zu erliegen. Das ganze
Land umher stellte dem Auge nichts dar, als eine große
Sandfläche, mit einigen wenigen kleinen Bäumen und
stachlichtem Gesträuch bewachsen, in deren Schatten das
hungrige Vieh das welke Gras abfraß, und die Kameele
und Ziegen sich an dem wenigen Laube zu sättigen suchten.
Der Wassermangel war hier noch größer als in Benaum.
Tag und Nacht waren die Brunnen von brüllenden Heer-

den umringt, die mit einander fochten, um an den Trog
zu kommen; und der entſetzliche Durſt machte mehrere
wüthend; andere, die zu ſchwach waren, um ſich des
Waſſers wegen zu ſchlagen, verſchlangen gierig den
ſchwarzen Moraſt in den Rinnen des Brunnens, ſo übel
er ihnen auch bekam.

Alles im Lager fühlte dieſen Waſſermangel ſchwer,
niemand aber mehr als ich; denn obſchon mir Ali einen
Schlauch erlaubte, um mir Waſſer zu holen, und Fatima
mir, wenn ich in Noth war, etwas weniges zukommen
ließ; ſo waren die Mauren doch ſo hartherzig, daß,
wenn mein Junge an die Brunnen ging, um den Schlauch
zu füllen, er mit einer derben Tracht Schläge zurückgewie=
ſen ward; denn jeder fand es unerhört, daß der Sklave ei=
nes Chriſten die Vermeſſenheit habe, aus Brunnen Waſ=
ſer zu ſchöpfen, die von Nachfolgern des Propheten
gegraben worden waren. Dieſe Behandlung jagte den
Jungen endlich ſo in Furcht, daß er lieber vor Durſt
umgekommen wäre, als den Schlauch bei den Brunnen
gefüllt hätte. Statt deſſen bettelte er ſich Waſſer von
den Negerſklaven, die im Lager waren; ich folgte ſeinem
Beiſpiele, aber mit ſchlechtem Erfolg, obſchon ich es bei
Negern und Mauren an guten Worten nicht fehlen ließ.
So brachte ich manche Nacht in einem wahren tantaliſchen
Zuſtand hin; denn kaum hatte ich die Augen geſchloſſen,
ſo verſetzte meine Fantaſie mich an die grünenden Ufer
irgend eines Fluſſes in meinem Vaterlande. Mit Ent=
zücken ſah' ich den Strom, und eilte einen erquickenden
Trunk daraus zu ſchöpfen, — aber leider, die Täuſchung
ſelbſt weckte mich, und ich fand mich allein, gefangen
und faſt ſterbend vor Durſt mitten in den Wüſten von
Afrika.

Einſt als ich im Lager vergebens um Waſſer gebeten
hatte, und von einem Fieber=Anfall doppelt heftigen Durſt
litt, wollte ich in der Nacht mein Glück ſelbſt an den

Brunnen versuchen. Um Mitternacht schlich ich mich also
aus meinem Zelte. Um den Weg nicht zu verfehlen, denn
die Brunnen liegen eine halbe Meile weit von der Stadt,
richtete ich mich nach dem Brüllen der Heerde. Ich
fand die Mauren eben beim Wasserschöpfen beschäftigt,
und bat, daß sie mich trinken lassen möchten; ich wurde
aber mit harten Schimpfreden zurückgewiesen. Ich ging
von einem Brunnen zum andern, bis ich zu einem kam,
wo nur ein alter Mann und zwei Knaben waren. Ich
wandte mich nun mit meiner Bitte an den Alten, und
er schöpfte mir sogleich einen Eimer Wasser; als ich ihn
aber nehmen wollte, besann er sich, daß ich ein Christ sei,
und fürchtete, daß der Eimer durch meine Lippen ver=
unreinigt werden möchte; er goß also das Wasser in den
Trog und sagte mir, ich möchte nur daraus trinken. Der
Trog war eben nicht groß, und drei Kühe tranken schon
daraus, ich wollte aber meinen Theil auch davon haben,
kniete also nieder und trank in Gesellschaft der Kühe mit
vielem Behagen, bis beinahe kein Wasser mehr da war,
und sie um den letzten Trunk mit einander stritten.

Unter Ereignissen solcher Art verfloß mir der heiße
Maimonat, ohne daß meine Lage sich im wesentlichen ver=
ändert hätte. Ali sah mich noch immer als seinen recht=
mäßigen Gefangenen an, und Fatima, obschon sie mich
reichlicher mit Lebensmitteln versah, als ich in Benaum
bekam, hatte noch nichts von meiner Befreiung gesagt.
Die öftere Veränderung des Windes, das Ansammeln
der Wolken, Blitze in der Ferne und andere Zeichen eines
nahen Regens, verkündeten endlich, daß die Regenzeit
herannahe, wo die Mauren allemahl die Negergegenden
verlassen und an die Grenze der großen Wüste zurückge=
hen. Dies ließ mich eine nahe Veränderung meines
Schicksals hoffen, und ich nahm mir also vor, diesen
Zeitpunkt ohne anscheinende Unzufriedenheit abzuwarten.
Durch einen glücklichen Zufall trat er indeß noch früher
ein

ein, als ich ihn der Jahreszeit nach erwartete. Die
Sache war diese. Als die des Krieges wegen aus Kaarta
nach Ludamar ausgewanderten Einwohner sahen, daß die
Mauren nach einer andern Gegend ziehen wollten, fürchteten sie sich vor der Rache ihres Fürsten, den sie so schänd-
lich verlassen hatten, und unterhandelten mit Ali, daß er
ihnen zweihundert Mann maurischer Cavallerie bewilligen
möchte, mit deren Beihülfe sie Däsi mit Gewalt aus Gedinguma zu vertreiben versuchen wollten; denn ehe Er
nicht überwunden oder gedemüthiget war, konnten sie
weder nach ihren ehemaligen Wohnsitzen zurückkehren,
noch auch nur in einem benachbarten Königreiche sich für
sicher halten. Um für seinen Beistand von den Kaartanern Geld zu erpressen, schickte nun Ali seinen Sohn nach
Dscharra, und bereitete sich, ihm in wenig Tagen selbst
dahin zu folgen. Dies war eine allzu günstige Gelegenheit zu meiner Befreiung, als daß ich sie hätte vernach-
lässigen sollen. Ich wandte mich also auf der Stelle an
Fatima, die, wie ich wohl sah, den Staat eigentlich
regierte, und bat sie, sich bei Ali zu verwenden, daß er
mir die Erlaubniß gäbe, ihn nach Dscharra begleiten zu
dürfen. Dieses Gesuch ward nach einigem Bedenken
gnädigst bewilligt. Fatima war gütig gegen mich gesinnt,
und mochte wol endlich Mitleid mit mir haben. Meine
Bündel wurden aus dem großen ledernen Sack, der in
Ali's Zelt stand, herbeigeholt, und man befahl mir, daß
ich von jedem Stück angeben solle, wozu es gebraucht
werde, und wie man sich desselben bediene; so mußte ich
unter andern zeigen, wie man Strümpfe, Stiefeln u.
dergl. anzieht. Mit Freuden that ich das, und nun hieß
es, sollte ich in wenig Tagen die Freiheit haben abzureisen.

Wenn ich nur erst in Dscharra wäre, dachte ich, an
Mitteln von dort zu entkommen könnte es mir nicht fehlen;
und in dieser Hofnung sah ich das Ende meiner Gefan-

Park's Reise.   J

genschaft ganz nahe vor mir. Ich unterbreche hier den
Faden meiner Erzählung, um noch einige Bemerkungen
über den Charakter und das Land der Mauren nachzu-
holen, die sich mit meiner vorhergehenden Erzählung
nicht füglich verbinden ließen.

Zwölfter Abschnitt.

Bemerkungen über die Mauren. — Nachrichten von der großen Wüste, und den Thieren in derselben.

In diesem Theil von Afrika sind die Mauren in verschiedene Stämme getheilt; die furchtbarsten von diesen sind, so viel ich erfahren konnte, der Stamm Trasart und der Stamm Il Breken, welche am nördlichen Ufer des Senegal wohnen. Die Stämme von Geduma, Dschafnu und Ludamar, sind zwar nicht so zahlreich als jene, doch ebenfalls mächtig und kriegerisch. Sie haben keinen gemeinschaftlichen Herrn, sondern jeder steht unter seinem eigenen Heerführer oder König, der unumschränkt regiert. In Friedenszeiten beschäftigt sich das Volk mit der Viehzucht, und die Mauren leben fast nur von dem Fleische ihrer Heerden. Sie sind immer im Extrem von unmäßigem Essen oder von Enthaltsamkeit. Durch die vielen und strengen Fasten, die ihre Religion ihnen auflegt, und durch die beschwerlichen Reisen durch die Wüste, sind sie an Hunger und Durst so sehr gewöhnt, daß sie beides mit bewundernswürdiger Ausdauerung ertragen; finden sie aber eine Gelegenheit ihren Hunger zu stillen, so verschlingen sie in Einer Mahlzeit soviel, als ein Europäer kaum in dreien verzehrt. Auf den Ackerbau verwenden sie wenig Fleiß, weil sie ihr Korn, Baumwollenzeug und andere Bedürfnisse von den Negern gegen Salz eintauschen, welches sie aus den Salzgruben der großen Wüste ziehen.

Bei der eigenthümlichen Unfruchtbarkeit des Bodens haben sie zu Manufakturen nur wenig Produkte; doch weben sie zu Zeltdecken ein starkes Zeug aus Ziegenhaar, welches zu diesem Behuf die Frauen zu Garn spinnen. Aus den Viehhäuten machen sie Sättel, Zäume, Säcke und andere Dinge mehr, auch sind sie geschickt genug, aus

J 2

Eifen, welches fie von den Negern bekommen, Schee=
ren, Meffer und Kochtöpfe zu bereiten; ihre Säbel aber,
und andere Waffen, fowohl als Flinten und Ammuni=
tion, kaufen fie von den Europäern für Negersklaven, die
fie auf ihren Streifereien rauben. Das meifte Verkehr
haben fie mit den franzöfifchen Kaufleuten am Senegal.

Die Mauren find ftrenge Mahomedaner, und verei=
nigen mit der Bigotterie und dem Aberglauben ihrer
Sekte auch alle Intoleranz derfelben. In Benaum
hatten fie keine Mofcheen, fondern hielten ihren Gottes=
dienft in einer Art von offenem Schoppen, oder Umzäu=
nung von Matten. Der Priefter ift zugleich Schul=
meifter. Seine Zöglinge verfammeln fich alle Abend vor
feinem Zelte, wo, bei einem Feuer von Reisholz und Kuh=
mift, ihnen einige Sentenzen des Korans vorgefagt, und
fie in den Grundlehren ihres Glaubens unterrichtet wer=
den. Ihr Alphabet ift wenig von dem in der richardfon=
fchen Grammatik verfchieden. Sie fchreiben immer mit
Vokal=Punkten. Ihre Priefter bilden fich fogar ein, et=
was von ausländifcher Litteratur zu wiffen: einer in Be=
naum verficherte mir, daß er die Schriften der Chriften
lefen könne; worauf er mir eine Menge barbarifcher Let=
tern zeigte, von denen er behauptete, daß fie das römifche
Alphabet wären, und von andern eben fo unleferlichen fag=
te er, es wäre das Kallam Jl Jndi oder Perfifche.
Seine Bibliothek beftand aus neun Quartbänden, wahr=
fcheinlich alle religiöfen Inhalts, denn der Name Ma=
homet in rothen Buchftaben ftand faft auf jeder Seite.
Die Schüler fchrieben ihre Lektionen auf dünne Brett=
chen, denn Papier war zum gewöhnlichen Gebrauch zu
koftbar. Die Knaben waren fleißig genug, auch fchien
es ihnen nicht an Nacheiferung zu fehlen; bei ihren an=
derweitigen täglichen Gefchäften tragen fie diefe Brettchen
über die Schultern hangend. Wenn ein Knabe einige
wenige Gebete auswendig gelernt hat, und gewiffe Stücke

aus dem Koran lesen und schreiben kann, so glaubt man er wisse genug, und mit diesem geringen Vorrath von Kenntnissen fängt er seine Laufbahn an. Stolz auf seine Gelehrsamkeit sieht er mit Verachtung auf die ungelehr= ten Neger herab, und ergreift jede Gelegenheit, sein Uebergewicht gegen diejenigen seiner Landsleute geltend zu machen, welche nicht eben so viele Kenntnisse besitzen.

Die weibliche Erziehung wird gänzlich vernachlässigt, an geistige Bildung wird bei den Frauen gar nicht ge= dacht; auch rechnen die Männer den Mangel derselben ihnen gar nicht für einen Fehler an. Sie werden in Vergleichung mit den Männern als Wesen geringerer Art, gleichsam als eine Gattung von Thieren betrachtet, und zu keinem andern Zweck erzogen, als für das sinnliche Vergnügen ihrer strengen Herren zu sorgen. Wollüstig= keit wird daher für ihre größte Vollkommenheit, und eine sklavische Unterwürfigkeit für ihre unerläßlichste Pflicht gehalten.

Von weiblicher Schönheit haben die Mauren einen sonderbaren Begriff. Grazie in Gestalt und Bewegung, und eine ausdrucksvolle Physiognomie kommen gar nicht in Betracht. Corpulenz und Schönheit scheinen gleich= bedeutende Worte bei ihnen zu sein, und eine Frau von den geringsten Ansprüchen muß wenigstens so dick sein, daß sie ohne die Hülfe zweier Sklaven nicht gehen kann: soll sie eine vollkommene Schönheit sein, so muß schier ein Kameel sie kaum tragen können! Schon in ihrer frühen Jugend sind die maurischen Frauen bemüht, sich diesen ungeheuren Umfang zu verschaffen. Die jungen Mädchen werden von ihren Müttern gezwungen, jeden Morgen eine gewisse Portion Kuskus und einen großen Napf Kameelmilch zu verzehren; die Mädchen mögen Appetit haben oder nicht, es muß hinunter, und wenn sie auch durch Prügel dazu gebracht werden sollten. Ich selbst sah ein armes junges Mädchen, mit dem Napfe am Munde, eine Stunde lang weinend sitzen; die Mutter stand mit einem Stock in der Hand vor ihr, und sobald sie bemerkte, daß sie nicht schluckte, schlug sie unbarmherzig auf sie los. Diese sonderbare Diät zieht indeß den jungen Dirnen weder Indigestionen noch andere Uebel zu, und verschafft ihnen bald den Grad von Corpulenz, den die Mauren für den höchsten Grad der Schönheit halten.

Da die Mauren alle ihre Zeuge von den Negern kaufen, so müssen die Frauen in Rücksicht ihres Anzuges sehr haushälterisch sein. Gewöhnlich begnügen sie sich mit einem breiten Stück Baumwollenzeug, das um die Mitte des Leibes gewickelt wird, und dessen bis zur Erde herabhangende Enden anstatt des Rockes dienen. Oben an diesem breiten Stück Zeug sind zwei viereckige angenähet, eines hinten und das andere vorn, die über die Schultern zusammengenommen und befestiget werden. Der Kopfputz bestehet in einer Binde von dem nehmlichen Zeuge die von ungleicher Breite ist, so daß sie sich mit den breiteren Theilen derselben das Gesicht bedecken, wenn sie in der Sonne gehen; oft auch verschleiern sie sich, wenn sie ausgehen, von Kopf bis zu Fuße.

Die Beschäftigungen der Frauen sind nach Maaßgabe ihrer Wohlhabenheit verschieden. Die Königin Fatima und einige andere Damen von hohem Range, bringen ihre Zeit wie unsere europäischen Damen von Stande zu, das heißt, sie geben und nehmen Besuche an, halten ihre Andacht, und bewundern ihre Reize im Spiegel. Die Frauen von der niederen Classe beschäftigen sich mit allerlei häuslichen Arbeiten. Sie sind eitel und geschwätzig; und sind sie übler Laune, so müssen es ihre Sklavinnen entgelten, über die sie mit gränzenlosem Despotismus herrschen. Der Zustand dieser Sklavinnen ist in der That erbarmungswürdig. Mit Tagesanbruch müssen sie in großen Schläuchen, die sie Girba's nennen, aus dem Brunnen Wasser holen; und wenn sie für die Hausge-

noffen und die Pferde, welchen die Mauren nur selten
die Mühe machen nach den Brunnen zu gehen, auf den
ganzen Tag Waffer genug herbeigeschaft haben, dann
müssen sie Korn stampfen und die Speisen zubereiten.
Alles dieses geschiehet unter freiem Himmel, und die armen Geschöpfe sind dreifacher Hitze, der Sonnenglut,
dem brennenden Sande und dem Koch=Feuer ausgesetzt.
In der Zwischenzeit müssen sie die Zelte reinigen, buttern
und andere häusliche Geschäfte verrichten. Dafür bekommen sie magre Kost und werden um des geringsten
Versehens willen grausam gestraft.

Der Anzug der ludamarschen Mauren, ist von der
Tracht der Neger (die ich schon weiter oben beschrieben
habe) wenig verschieden, ausgenommen, daß sie alle das
charakteristische Zeichen der mahomedanischen Secte, den
Turban tragen, der hier gewöhnlich von weißem
Baumwollenzeug gemacht ist. Auf lange Bärte sind die
Mauren sehr stolz als auf ein Zeichen arabischer Abkunft."
Zu dieser gehörte auch Ali; im ganzen haben die Mauren
kurzes, struppichtes, schwarzes Haar. Mein Bart war
das einzige, was ihnen eine vortheilhafte Idee von mir
gab, auch war er so entsetzlich lang, daß er durchgehends
entweder Wohlgefallen oder Neid erregte. Ich bin überzeugt, daß sie oft gedacht haben, dieser Bart sei doch zu
gut für einen Christen.

Die einzigen Krankheiten, die ich als herrschend bei
den Mauren bemerkte, waren intermittirende Fieber und
rothe Ruhr; die Kur wird zum Theil durch Arcana von
alten Weibern bewerkstelligt, gemeiniglich aber der Natur
überlassen. Man erwähnte auch der Pocken als sehr ver-
heerend; so lange ich aber in der Gefangenschaft war, sind
sie in Ludamar nicht ausgebrochen; daß sie jedoch oft bei
den Mauren herrschen und von ihnen zu den Negern in
die südlichen Staaten gebracht werden, weiß ich von Dr.
Laidley, der mir auch sagte, daß die Neger am Gambia
sie einimpfen.

Die Criminaljustiz wird, so viel ich zu beobachten Gelegenheit gehabt habe, schnell und entscheidend verwaltet, denn obschon man in Ludamar die bürgerlichen Rechte eben nicht sehr respektirt, so bleiben doch, des Beispiels wegen, nicht alle Verbrechen unbestraft. In solchen Fällen läßt Ali den Verbrecher vor sich bringen, und spricht ihm das Urtheil nach eignem Belieben: doch sollen Todesstrafen selten oder gar nicht vorkommen, ausgenommen an Negern.

Der Reichthum der Mauren besteht vorzüglich in ihren Heerden, folglich lebt das Volk größtentheils in gänzlichem Müßiggang. Sie verbringen den ganzen Tag mit Gesprächen von ihren Pferden, oder machen Plane, wie sie ein Negerdorf plündern wollen.

Der gewöhnliche Sammelplatz der Müßigen ist des Königs Zelt, wo die Gesellschaft sich unterhält. Hier herrscht im Reden und Urtheilen große Freiheit; doch erstreckt sich das nicht bis auf den König, sondern der wird einstimmig gelobt; es giebt auch Lieder auf ihn, welche die Versammlung oft im Chor anstimmte, sie sind aber voll so grober Schmeicheleien, daß nur ein maurischer Despot sie ohne Erröthen hören kann. Der König zeichnet sich durch die Feinheit seiner Kleider aus, die aus blauem Baumwollenzeug von Tombuktu oder aus weißer Leinewand oder Mußlin von Marocco bestehen. Auch ist sein Zelt größer als die andern und hat eine weiße Decke; in dem gewöhnlichen Umgang aber mit seinen Unterthanen wird aller Unterschied des Standes oft völlig bei Seite gesetzt. Nicht selten ißt der König mit seinem Kameeltreiber aus einer und derselben Schüssel, und hält während der größten Tageshitze seinen Mittagsschlaf mit ihm auf demselben Lager. Die Staatsausgaben und die Unkosten seines Haushalts werden von den Steuern bestritten, welche seine Negerunterthanen entrichten müssen, und die jeder Hausherr, entweder in Korn, in Zeugen-

oder in Goldstaub abträgt; ferner von den Abgaben, welche die verschiedenen maurischen Tränkplätze gewöhnlich in Vieh bezahlen müssen, und endlich von dem Zoll, der für alle durchgehende Waaren, und zwar gemeiniglich in Natura entrichtet werden muß. Ein beträchtlicher Theil der Einkünfte bestehet aus dem, was Plünderung und Confiscation einbringt. Die Neger in Ludamar und die reisenden Kaufleute fürchten sich daher, es bekannt werden zu lassen, wenn sie etwas im Vermögen haben. Ali hat in jeder Stadt einen Spion, der ihm von dem Wohlstande seiner Unterthanen Nachricht giebt; und dann erfindet er leicht irgend einen Vorwand, um ihnen das Ihrige zu nehmen und so den Reichen seinen ärmeren Mitbürgern wiederum gleich zu machen.

Wie hoch sich die Anzahl der maurischen Einwohner in Ludamar belaufen mag, hatte ich nicht Gelegenheit zu erfahren, aber das weiß ich, daß das Militär des Landes bloß in Reiterei besteht, und daß diese, zur Zeit des Krieges gegen Bambarra sich auf mehr nicht als zwei tausend Mann belief. Doch sollen sie nur einen geringen Theil aller maurischen Unterthanen ausmachen. Diese Cavallerie ist vortreflich beritten und in Scharmützeln und Ueberfällen sehr geübt. Jeder Soldat versieht sich selbst mit einem Pferde, und mit seiner Rüstung, die aus einem breiten Säbel, einer doppelläufigen Flinte, einem kleinen rothen ledernen Beutel für die Kugeln, und einem Pulverhorn besteht, das über die Schulter hängt. Löhnung oder Sold bekommt der Soldat nicht, sondern bloß einen gewissen Antheil an aller Beute. Die Pferde sind ausnehmend schön und werden so sehr geschätzt, daß ein Negerfürst zuweilen zwölf bis vierzehn Sklaven für ein Pferd giebt.

Gegen Norden hin wird Ludamar durch die große Wüste von Zahara begrenzt. Dieser große Sand-Ocean, der einen so beträchtlichen Raum im nördlichen Afrika einnimmt, ist, so weit meine Nachforschungen reichen, fast völlig unbewohnt, ausgenommen, daß hie und da wenige armselige Araber von einem Tränkplatz zum andern ziehen, um einige magere Weide für ihre kleine Heerde zu finden. An andern einzelnen Stellen, wo etwas mehr Wasser und Weiden sind, haben kleine Haufen von Mauren ihren Wohnsitz aufgeschlagen und leben hier in unabhängiger Armuth sicher vor der tyrannischen Regierung der Fürsten auf der Küste der Barbarei; der größte Theil der Wüste aber ist, wegen gänzlichen Wassermangels, durchaus unbewohnt und nur den Carawanen zugänglich, die mit großer Mühe und Gefahr nach verschiedenen Richtungen ihren Weg hindurch nehmen. An einigen Orten ist der Boden mit kurzem Gesträuch bewachsen, das den Carawanen zu Grenzzeichen dient und den Kameelen ein wenig schlechtes Futter giebt; an andern erblickt der hofnungslose Wanderer rund umher in einem weiten unbegrenzten Horizont nichts als Sand und Himmel; eine heiße dürre Leere, wo das Auge keinen Ruhepunkt findet und die bange Ahnung zu verschmachten die Seele ergreift. In dieser fürchterlichen Einöde findet der Wanderer die Leichname von Vögeln, welche durch die Heftigkeit des Windes aus glücklicheren Regionen hierher getrieben worden waren, und mit Besorgniß über die schreckliche Länge des noch vor ihm liegenden Weges, horcht er bang auf das Sausen des Windes, den einzigen Ton, der die todte Stille der Wüste unterbricht *).

An wilden Thieren wohnen in diesem traurigen Erdstrich nur die Antelope und der Strauß, die vermöge ihrer Schnelligkeit bald die fernen Wasserplätze erreichen. An den Grenzen der Wüste, wo mehr Wasser vorhanden ist, giebt es Löwen, Panther, Elephanten und wilde Schweine.

*) S. Verhandlungen der afrikanischen Gesellschaft, 1. Theil.

Das Kameel ist das einzige unter den zahmen Thieren, das die beschwerliche Reise durch die Wüste aushält. Vermöge des besondern Baues seines Magens kann es in demselben so viel Wasser beherbergen, daß es daran auf zehn bis zwölf Tage genug hat; sein breiter und weicher Fuß scheint ausdrücklich für den sandigen Boden gemacht zu sein, und durch eine ihm eigenthümliche Bewegung der Oberlippe kann es auf seinem Wege auch die kleinsten Blättchen des dornigen Strauchwerfs in der Wüste abfressen. Das Kameel ist daher das einzige Lastthier, dessen sich die Handelscarawanen bedienen, welche von der Barbarei nach Nigritien in verschiedenen Richtungen durch die Wüste reisen. Da dieses nützliche und lenksame Thier in den Lehrbüchern der Naturgeschichte schon hinlänglich beschrieben worden ist, so darf ich von seinen Eigenschaften hier kaum noch etwas sagen, doch muß ich hinzusetzen, daß das Fleisch, obgleich ich es trocken und unschmackhaft gefunden habe, von den Mauren doch jedem andern vorgezogen wird, und daß die Milch süß, wohlschmeckend und nährend ist.

Ich haben oben gesagt, daß die Mauren in ihrer Gesichtsfarbe den westindischen Mulatten gleichen; jene aber haben etwas sehr Unangenehmes in ihrem Gesicht, das diese nicht haben. Bei den meisten verriethen die Gesichtszüge Anlagen zur Grausamkeit und zu niedriger List, daher ich sie nie ohne ein unangenehmes Gefühl ansehen konnte. Ihr starrer wilder Blick deutet auf Mordsucht; auf den Streifereien, die sie nach den Negerdörfern machen, beweisen sie die größte Tücke und Hinterlist, und bemächtigen sich, ohne daß jene Anlaß dazu geben, ja manchmal unter den wärmsten Freundschaftsversicherungen, der Heerden und oft der Einwohner selbst. Die Neger setzen sich selten zur Wehre, denn die Verwegenheit der Mauren, ihre Kenntniß des Landes, und vorzüglich die Schnelligkeit ihrer Pferde, machen sie zu so

furchtbaren Feinden, daß die kleinen Negerſtaaten an der
Grenze der Wüſte in immerwährender Furcht ſind, ſo
lange mauriſche Stämme ſich in ihrer Nachbarſchaft auf=
halten; und ſie ſind viel zu ſehr unter dem Druck, als
daß ſie ſichs einfallen laſſen ſollten, an Widerſtand zu
denken.

Wie die herumſtreifenden Araber, ſo ziehen auch die
Mauren, nach Maasgabe der Jahreszeit und der Weide,
von einem Ort zum andern. Im Februar, wo die Son=
nenhitze die ſpärlichen Pflanzen in der Wüſte zu verſengen
anfängt, brechen ſie ihre Zelte ab, und nähern ſich den
ſüdlichen Negerſtaaten, bleiben den Sommer über dort,
tauſchen für Salz, welches ſie aus der Wüſte mitbringen,
Korn und andere Bedürfniſſe ein, und wann die Regen=
zeit angeht, das heißt im Julius, kehren ſie wieder nach
der Wüſte zurück.

Dieſes wandernde unruhige Leben, das ſie gegen
jedes Ungemach abhärtet, macht auch zugleich, daß ſie
mit gegenſeitiger Anhänglichkeit ſehr feſt unter ſich zuſam=
menhalten, und eine faſt unüberwindliche Abneigung
gegen Fremde haben. Dadurch, daß ſie von allem Um=
gang mit civiliſirten Nationen abgeſchnitten ſind, und
ſich gleichwol, weil ſie leſen und ſchreiben können, unend=
lich beſſer dünken, als die Neger, ſind ſie das eitelſte,
ſtolzeſte und vielleicht das bigotteſte, wildeſte und intole=
ranteſte Volk auf Erden, das den blinden Aberglauben
der Neger, mit der wilden Grauſamkeit und Verrätheret
der Araber in ſich vereinigt.

Es iſt wahrſcheinlich, daß ich der erſte Weiße war,
den ſie in Benaum geſehen hatten; allen aber iſt ein ſo
unglaublicher Haß gegen Chriſten beigebracht, daß ſie,
einen Europäer umzubringen, oder einen Hund todt zu
ſchlagen, für gleich unbedenklich halten. Das traurige
Schickſal des Major Houghton, und die Behandlung

die während meiner Gefangenschaft bei ihnen mir wider=
fuhr, mag Reisende die nach mir kommen, belehren,
was sie in diesen unwirthbaren Distrikten zu hoffen haben.

Der Leser hat vielleicht mehrere und ausführlichere
Nachrichten über die Sitten, Gebräuche, den Aberglau=
ben und die Vorurtheile dieses abgesonderten und seltsamen
Volkes erwartet, in diesem Fall bitte ich ihn, zu erwegen,
daß ich in meiner kläglichen Lage zu näheren Erkundigun=
gen und Beobachtungen nicht füglich Gelegenheit hatte.
Ich könnte indeß hier noch manches davon anführen; da
dasselbe aber auch von den südlichen Negern gilt, so wird
der Verfolg meiner Reise Anlaß geben, es seines Orts
einzuschalten.

Dreizehnter Abschnitt.

Der Verfasser erhält Erlaubniß dem Ali nach Dscharra zu
folgen, und dort zu bleiben, als dieser in sein Lager
zurückkehrt; — er denkt von diesem Augenblick an auf
seine Flucht. — Er begleitet die Einwohner, welche bei
der Annäherung des Königs Däsi die Stadt verlassen; —
wird von einer Partei Mauern in Quehra eingeholt, —
macht sich von ihnen los, — wird geplündert und entkommt zuletzt glücklich.

Nachdem ich, wie schon erzählt worden, Erlaubniß erhalten, Ali nach Dscharra zu begleiten, beurlaubte ich mich
bei der Königin Fatima, die mir auf eine sehr gnädige
Art einen Theil meiner Kleidungsstücke wieder zustellte,
und den Abend vor meiner Abreise wurde mir, auf Ali's
Befehl, auch mein Pferd mit Sattel und Zaum zurück
geschickt.

Sehr früh des Morgens, am 26sten Mai, reiste ich
von meinen beiden Bedienten, Johnson und Demba,
und von vielen Mauren zu Pferde begleitet, aus dem Lager von Bubakehr ab, von wo Ali selbst schon in der Nacht
mit etwa funfzig Reutern insgeheim aufgebrochen war.
Mittags hielten wir zu Faråni an; zwölf Mauren, die auf
Kameelen ritten, stießen zu uns, und wir gingen in ihrer
Gesellschaft weiter zu einem Tränkplatz in den Wäldern,
wo wir Ali und seine funfzig Reuter antrafen. Sie waren nahe bei den Brunnen in einigen kleinen Hirten-Zel-
ten einquartiert, welche, da die Gesellschaft zahlreich war,
kaum uns alle beherbergen konnten, und ich mußte auf
dem freien Platz zwischen den Zelten schlafen, damit ich
jedermann unter Augen wäre. In der Nacht blitzte es
häufig in Nord-Osten, und mit Tagesanbruch erhob sich
ein heftiger Sandwind, der bis vier Uhr Nachmittags

mit großer Gewalt anhielt. Es muß diesen Tag über unglaublich viel Sand nach Westen getrieben worden sein. Bißweilen war es unmöglich aufzusehn, und das Vieh wurde von dem Sande, der ihm in Augen und Ohren hinein flog, so gequält, daß es wie toll herumlief, und ich in beständiger Gefahr war von ihm todt getreten zu werden.

Den 28sten sattelten die Mauren sehr zeitig ihre Pferde, und Ali's Kammersklave befahl mir mich fertig zu halten. Bald darauf kam er zurück, nahm meinen Knaben beim Arme, sagte ihm auf Mandingo, „Ali würde von nun an sein Herr sein" und wendete sich dann mit den Worten zu mir: „die Sache ist endlich in Richtigkeit gebracht, der Knabe und alles übrige, ausgenommen dein Pferd, geht nach Bubakehr zurück; aber den alten Narren — er meinte den Dollmetscher Johnson — kannst du mit nach Dscharra nehmen". Ich antwortete ihm nicht, sondern in der unbeschreiblichsten Bestürzung über den Gedanken, den armen Knaben zu verlieren, eilte ich zu Ali, der eben von vielen Hofleuten umgeben vor seinem Zelt frühstückte. Ich sagte ihm, vielleicht in einem allzu leidenschaftlichen Tone, wie groß auch die Unbesonnenheit gewesen sei, die ich dadurch begangen hätte, daß ich sein Gebiet betrat, so sei ich doch durch meine lange Gefangenschaft, und durch den Verlust meiner ganzen kleinen Habe, hinlänglich dafür gestraft; das alles aber achtete ich für nichts im Vergleich mit dem, was mir jetzt eben wiederfahre. Ich gab ihm zu erwegen, daß der Knabe, dessen er sich bemächtigt habe, weder ein Sklave noch irgend eines Verbrechens angeklagt sei; er gehöre zwar zu meinen Bedienten, aber eben seine treuen Dienste hätten ihm schon seine Freiheit verschafft; nur seine Liebe und Anhänglichkeit hätten ihn vermocht, mir in meiner jetzigen Lage zu folgen, und da er auf meinen Schutz überall Anspruch habe, so könne ich ihn unmöglich seiner Freiheit berauben sehen, ohne gegen eine solche Handlung als gegen die äusserste Grausamkeit und Ungerechtigkeit zu protestiren. Ali antwortete gar nicht, sondern mit stolzer Miene und einem boshaften Lächeln, sagte er nur seinem Dollmetscher, wenn ich mich nicht sogleich zu Pferde setzte, würde er mich eben so zurückschicken. Es liegt in dem kalten Uebermuth eines Tyrannen etwas, was das Herz bis in sein Innerstes empört; ich konnte meine Gefühle nicht unterdrücken, und im Unwillen wandelte mich die Lust an, die Welt von einem solchen Ungeheuer zu befreien.

Der arme Demba war nicht ruhiger als ich; denn er war mir wahrhaft und innig zugethan. Er hatte eine Heiterkeit des Gemüths, welche oft die langweiligen Stunden der Gefangenschaft hinwegtäuschte; zudem machte er Fortschritte in der Bambarranischen Sprache, und auch in dieser Rücksicht versprach er mir in Zukunft sehr nützlich zu werden. Es war aber umsonst, etwas menschliches von Leuten zu erwarten, denen alle menschlichen Gefühle fremd sind. Ich drückte also dem unglücklichen Knaben die Hand, weinte mit ihm, versicherte ihn, daß ich mein möglichstes thun würde, ihn wieder zu befreien, und mußte sehen, wie drei von Ali's Sklaven ihn nach dem Lager von Bubakehr hin abführten.

Als die Mauren zu Pferde stiegen, befahl man mir, ihnen zu folgen, und nach einer mühseligen Reise durch die Wälder, an einem sehr schwülen Tage, kamen wir Nachmittags in ein Dorf mit Ringmauern, welches Dumbehni hieß; hier blieben wir zwei Tage, um die Ankunft einiger Reuter aus Norden abzuwarten.

Den ersten Juni gingen wir von Dumbehni nach Dscharra. Wir waren jetzt zweihundert Mann stark, alle zu Pferde; denn die Mauren haben in ihren Kriegen

nie

nie Fußvolk. Sie scheinen viel Beschwerlichkeiten ertragen zu können; aber bei dem gänzlichen Mangel an Mannszucht, glich unser Zug nach Dscharra, mehr einer Fuchsjagd als dem Marsch einer Armee.

In Dscharra nahm ich meine Wohnung in dem Hause meines alten Bekannten, Deman Dschomma und erzählte ihm alles, was mir begegnet war. Ich lag ihm besonders an, er sollte seinen Einfluß bei Ali anwenden, um die Befreiung meines Knaben zu bewirken, und versprach ihm, sobald er ihn nach Dscharra bringen würde, eine Anweisung an Dr. Laidley auf den Werth von zwei Sklaven auszustellen. Deman unterzog sich dem Geschäft sehr gern, fand aber, daß Ali den Knaben als meinen vornehmsten Dollmetscher ansah, und ihn nur deshalb nicht fahren lassen wollte, damit er nicht wieder in meine Hände käme, und mir behülflich wäre, nach Bambarra zu kommen. Ali schob also die Sache von Tage zu Tage auf, und sagte ihm: wenn er den Knaben für sich selbst kaufen wolle, solle er ihn in der Folge für den gewöhnlichen Preis eines Sklaven bekommen; und den versprach Deman zu bezahlen, sobald der Knabe nach Dscharra geschickt würde.

Ali's Hauptabsicht bei diesem Zuge nach Dscharra ging, wie ich schon erwähnt habe, dahin, von denen Kaartanern, die in sein Gebiet geflüchtet waren, Geld beizutreiben. Einige von ihnen hatten seinen Schutz nur deswegen gesucht, um den Schrecken des Krieges zu entgehen; bei weitem die meisten aber waren Mißvergnügte, die ihrem eigenen Fürsten nicht wohl wollten. Diese Leute hatten kaum gehört, daß die Bambarranische Armee nach Sego zurückgekehrt sei, ohne, wie man allgemein erwartet hatte, den König Däsi zu überwinden; so entschlossen sie sich, ihn selbst schleunig anzugreifen, ehe er seine Armee, die bekanntlich durch einen blutigen Feldzug sehr geschwächt war, und großen Mangel an Lebensmitteln

Park's Reise.   K

litt, wieder ergänzen und in guten Stand setzen konnte. In dieser Absicht suchten sie die Mauren zu bewegen, daß sie sich mit ihnen vereinigen sollten, und machten deshalb dem Ali das Anerbieten, sie wollten zweihundert Reiter von ihm in Sold nehmen. Ali machte sich unter den wärmsten Freundschaftsversicherungen anheischig, sie ihnen zu stellen, wenn sie ihm vorher vierhundert Stück Rindvieh, zweihundert Stücke blaues Zeug und eine ansehnliche Menge Korallen und Schmuck geben wollten. Diese Forderung setzte sie nicht wenig in Verlegenheit, und um das Vieh herbeizuschaffen, überredeten sie den König, die Hälfte der bedungenen Anzahl von den Einwohnern von Dscharra zu fordern, denen sie sie bald wiederzugeben versprachen. Ali nahm diesen Vorschlag an, und noch denselben Abend (den 2ten Juni) ging die Trommel durch die Stadt, und der Ausrufer machte bekannt, daß wenn jemand den nächsten Morgen sein Vieh in die Wälder triebe, ehe der König seinen Antheil ausgesucht habe, so würde sein Haus geplündert und seine Sklaven weggeführt werden. Das Volk wagte es nicht diesen Befehl zu übertreten, und so wurden den nächsten Morgen zweihundert Stück ihres besten Viehes ausgesucht und den Mauren übergeben: die fehlende Hälfte wurde hernach durch eben so ungerechte und gewaltsame Mittel herbeigeschafft.

Den 5ten Juni, Nachmittags, schickte Ali seinen Kammersklaven zu mir, und ließ mir sagen, er würde nach Bubehker zurückgehn; da er aber nur wenige Tage dort bleiben wolle, um das bevorstehende Fest (Benna Salih) zu feiern, so könne ich bei Deman bleiben bis er nach Dscharra zurück käme. Dies war mir eine angenehme Bothschaft; ich war aber schon so oft getäuscht worden, daß ich gar nicht das Herz hatte daran zu glauben, bis Johnson kam und mir sagte, Ali habe wirklich mit einem Theil seiner Reiter die Stadt verlaſſen, und der Reſt werde ihm am nächſten Morgen folgen.

Am 9ten, ganz früh, verließen auch die übrigen Mauren die Stadt. Sie hatten während ihres Aufenthalts viele Räubereien begangen, und noch am letzten Morgen mit der beiſpielloſeſten Frechheit drei Mädchen, die Waſſer von den Brunnen brachten, aufgefangen und als Sklavinnen weggeführt.

Das Feſt Benna Salih verdiente in Dſcharra in der That den Namen eines Feſtes. Alle Sklaven waren ſchön gekleidet, und die Hauswirthe wetteiferten miteinander in der großen Menge Speiſen, die ſie herbeiſchafften und zu allen Nachbaren mit großer Freigebigkeit herumſchickten. Der Hunger war im buchſtäblichen Sinne aus der Stadt verbannt: Männer, Weiber und Kinder, Sklaven ſowohl als Freie, jeder bekam ſoviel als er nur eſſen konnte.

Den 12ten Juni fand man bei einem Tränkplatz, in den Wäldern, zwei Leute auf eine ſchreckliche Art verwundet; der eine war ſo eben verſchieden, der andere wurde noch lebendig nach Dſcharra gebracht. Als er ſich etwas erholt hatte, ſagte er aus, daß er aus Kaſſon durch die Wälder geflüchtet ſei; daß Däſi gegen den König Sambo von Kaſſon Krieg führe; daß er drei von ſeinen Städten überfallen, und alle Einwohner über die Klinge habe ſpringen laſſen. Er rechnete viele Freunde von Leuten aus Dſcharra namentlich her, die alle in Kaſſon ermordet waren. Auf dieſe Nachricht entſtand in Dſcharra ein allgemeines Todtengeheul, welches zwei volle Tage währte.

Auf dieſe böſe Zeitung folgte eine andere, die nicht weniger beunruhigend war. Es kamen am 14ten einige aus Kaarta entlaufene Sklaven, und erzählten, daß Däſi von dem gegen ihn im Werk ſeienden Angriff Nachricht bekommen habe, und im Begriff sei, einen Besuch in Dscharra abzustatten. Dies machte, daß die Neger nun den Ali wegen der zweihundert Reiter, die er ihnen in Folge ihres Vertrags liefern sollte, ansprechen ließen. Ali hörte aber wenig auf ihre Vorstellungen, und sagte ihnen zuletzt grade heraus, seine Reiterei sei anderweitig beschäftigt. Die Neger, die sich auf diese Art von den Mauren verlassen sahen, und den sehr richtigen Schluß machten, daß der König von Kaarta mit ihnen nicht ge= linder umgehn würde, als mit denen von Kasson, ent= schlossen sich, alle ihre Kräfte zu sammeln und eine Schlacht zu wagen, ehe noch der König, der jetzt aus Mangel an Lebensmitteln in großer Noth war, ihnen allzu mächtig würde. Sie brachten in allem etwa achthun= dert wirklich streitbare Männer zusammen, und mit die= sen rückten sie am 18ten Juni des Abends ins Kaarta= nische ein.

Am 19ten früh setzte sich der Wind nach Südwesten um, und wir bekamen Nachmittags einen heftigen Tor= nado, (Gewittersturm mit Regen) der die ganze Natur merklich erfrischte, und der Luft eine angenehme kühle Tem= peratur gab. Es war seit vielen Monaten der erste Regen.

Da bis jetzt jeder Versuch, meinen Knaben zu be= freien, fehlgeschlagen war, und es aller Wahrscheinlich= keit nach nie anders gegangen wäre, so lange ich im Lande blieb; so hielt ich es um so mehr für nothwendig, in Rücksicht auf das, was für mich selbst zu thun wäre, zu einem festen Entschluß zu kommen, ehe die Regenzeit völlig einträte; denn mein Wirth, der keine Aussicht hatte, für die Unruhe, die ich ihm machte, bezahlt zu werden, wünschte meine Abreise, und da Johnson, der Doll= metscher, sich weigerte weiter zu gehen, so wurde meine Lage sehr bedenklich. Blieb ich wo ich war, so war vor= auszusehen, daß ich bald ein Opfer der barbarischen Mau=

ren werden würde; wollte ich ohne Begleiter weiter gehen, so
mußten offenbar aus dem Mangel an allen Mitteln mir
die Nothwendigkeiten des Lebens zu verschaffen, und
mich Andern verständlich zu machen, die unübersteiglich=
sten Schwierigkeiten entstehen. Auf der andern Seite
war mir der Gedanke nach England zurückzukehren, ohne
den Zweck meiner Sendung erfüllt zu haben, ärger als
alles andere. Ich beschloß also, die erste Gelegenheit zur
Flucht zu benutzen, und geradezu nach Bambarra zu
gehen, sobald es nur so viel geregnet haben würde, daß
ich sicher seyn konnte, Wasser in den Wäldern zu finden.

So war meine Lage beschaffen, als ich den 24sten
des Abends durch einige Flintenschüsse ganz nahe bei der
Stadt erschreckt ward. Ich erkundigte mich was es be=
deute, und erfuhr, daß die Armee von Dscharra aus
einem Gefecht mit Däsi zurückkehre, und daß dies Freu=
denschüsse wären. Als aber die angesehensten Männer
des Orts sich versammelten, und die näheren Umstände
von dieser Expedition hörten, wurden sie eben nicht ver=
anlaßt, die Besorgnisse, die sie sich Däsi's halber gemacht
hatten, fahren zu lassen. Daß die wortbrüchigen Mau=
ren sich, nachdem sie von den Negern in Sold genommen
waren, von der Conföderation losgesagt hatten, dies hatte
den Muth der Insurgenten sehr niedergeschlagen; überdies
hatten sie den König nicht etwa mit wenigen Anhängern
in der starken Festung Gedinguma eingeschlossen gefun=
den, sondern bei einer Stadt ohnweit Dschoka im ofnen
Felde, mit einer so zahlreichen Armee, daß sie sogleich
jeden Gedanken an einen Angrif aufgaben, und nur daran
dachten, sich durch Plünderung der kleinen Orte in der Nach=
barschaft zu bereichern. Sie überfielen also zwei von Däsi's
Städten, und führten alle Einwohner weg; damit aber
Däsi dies nicht zu früh erfahren, und auf den Gedanken
kommen möchte, ihnen den Rückzug abzuschneiden, nah=
men sie gleich bei der Nacht ihren Rückweg durch die

Wälder, und brachten ihre Beute an Vieh und Sklaven mit.

Den 26ſten Juni, Nachmittags, brachte ein Spion
die Nachricht, daß Däſi dieſen Morgen Sambing einge-
nommen habe, und gewiß noch am folgenden Tage in
Dſcharra ſein werde. Sogleich wurden kleine Parteien
auf die Gipfel der Felſen und auf die verſchiedenen Wege,
die nach der Stadt führen, ausgeſchickt, um bei Zeiten
Nachricht von Däſi's Bewegungen zu geben, und die
Frauen fingen an alle nöthigen Vorkehrungen zu treffen,
damit man die Stadt ſobald als möglich verlaſſen könne.
Die ganze Nacht hörten ſie nicht auf Korn zu dreſchen,
und ihre Habſeligkeiten einzupacken, und des Morgens früh
machte ſich beinahe die Hälfte der Einwohner auf den
Weg nach Bambarra über Dihna.

Ihr Auszug war ein rührender Anblick: Weiber und
Kinder weinten, die Männer waren muthlos und trübſin-
nig, und alle ſahen mit Leidweſen auf ihre Geburtsſtadt,
und auf die Brunnen und Felſen zurück, von welchen
Ehrgeiz oder Raubſucht ſie nie entfernt hatten, und auf
die alle ihre Ausſichten auf künftige Glückſeligkeit berechnet waren. Jetzt mußten ſie dieſe geliebte Heimath
verlaſſen, und bei Fremden Schutz ſuchen.

Am 27ſten, etwa um eilf Uhr Vormittags, wurden
wir durch die Wachen in Unruhe geſetzt, welche Nachricht
gaben, daß Däſi bereits auf dem Marſch nach Dſcharra,
und die conföderirte Armee geflohen ſei, ohne einen Schuß
zu thun. Der Schrecken, den dies in der Stadt verbreitete,
läßt ſich nicht beſchreiben. Das Klagegeſchrei der Weiber
und Kinder, und die lärmende Verwirrung, die überall
herrſchte, machte mich glauben, daß die Kaartaner ſchon
in der Stadt wären, und ob ich gleich Urſach hatte, mit
Däſi's Betragen gegen mich, als ich in Kemmu war,

ganz zufrieden zu sein, so hatte ich doch jetzt keine Luft, mein Schicksal auf die Diskretion seiner Armee ankommen zu lassen, die mich in der allgemeinen Verwirrung leicht für einen Mauren halten konnte. Ich setzte mich also zu Pferde, nahm einen großen Sack voll Korn vor mich, und ritt langsam mit den Leuten aus der Stadt fort, bis wir den Fuß eines felsichten Berges erreichten, wo ich abstieg, und mein Pferd vor mir hertrieb. Auf dem Gipfel setzte ich mich nieder; ich hatte hier die Aussicht auf die Stadt und die benachbarte Gegend, und konnte nicht umhin, den Zustand der armen Einwohner zu bedauern, die mit einem dürftigen Vorrath von Lebensmitteln und einigen Kleidern beladen, hinter mir her gezogen kamen, und ihre Schaafe, Kühe und Ziegen vor sich her trieben. Ueberall auf der Straße war große Unruhe und viel Geschrei; viele alte Leute und Kinder konnten nicht gehen, und diese nebst den Kranken mußten getragen werden, um sie nicht dem gewissen Tode Preis zu geben.

Gegen fünf Uhr kamen wir an ein kleines Gehöfte Namens Kadihdscha, welches den Dscharranern gehörte; hier fand ich Deman und Johnson beschäftigt, große Säcke mit Korn zu füllen und auf Ochsen zu laden, damit Demans Familie unterwegens zu leben hätte.

Den 28sten mit Tagesanbruch gingen wir von Kadihdscha ab, und kamen, ohne uns aufzuhalten, über Trunguhmba Nachmittags nach Quehra. Hier blieb ich zwei Tage, damit mein Pferd, welches die Mauren in eine wahre Rosmante verwandelt hatten, sich etwas erholen könnte; auch wollte ich die Ankunft einiger Mandingo-Neger abwarten, die in einigen Tagen nach Bambarra gehen wollten.

Den ersten Juli Nachmittags, da ich auf der Weide mein Pferd hütete, kam Ali's Kammersklave mit vier

Mauren nach Quehra, und nahmen ihr Quartier in des
Duti Hause. Mein Dollmetscher, Johnson, der die
Absicht dieses Besuchs argwohnte, schickte zwei Knaben
aus, um sie zu behorchen, und es zeigte sich, daß sie abgeschickt waren, mich nach Bubehker zurückzuführen.
Denselben Abend kamen zwei von den Mauren insgeheim,
um nach meinem Pferde zu sehen; der eine schlug vor,
es sogleich in des Duti Gehöft zu nehmen, der andere
aber meinte, diese Vorsicht sei unnütz, da ich auf einem
solchen Thiere nimmermehr entwischen könne. Sie erkun-
digten sich dann wo ich schliefe, und kehrten zu ihren Gefährten zurück.

Dies alles war ein Donnerschlag für mich, denn
nichts fürchtete ich so sehr, als wieder von den Mauren
festgehalten zu werden, von deren Barbarei ich nichts als
den Tod zu erwarten hatte. Ich beschloß also, mich sogleich auf den Weg nach Bambarra zu machen, da es
auf diese Art noch allein möglich war, mein Leben zu
retten, und die Absicht meiner Sendung zu erreichen. Ich theilte Johnson meinen Plan mit, der zwar
meinen Entschluß billigte, aber so wenig Neigung zeigte,
mich zu begleiten, daß er feierlich versicherte, er wolle
eher seinen ganzen Lohn verlieren, als irgend weiter gehen.
Er sagte, Deman habe ihm den halben Werth eines
Sklaven geboten, wenn er ihm helfen wolle, eine Skla-
ven-Koffle nach dem Gambia zu führen, und er sei entschlossen, diese Gelegenheit wahrzunehmen, um zu Frau
und Kindern zurückzukehren.

Ich hatte keine Hofnung, ihn zum Gegentheil zu
überreden, und beschloß also allein zu gehen. Um Mitternacht machte ich mein Bündel Kleidungsstücke zurecht,
welche aus zwei Hemden, zwei Ueberhosen, zwei Taschentüchern, einer Weste, einem Brusttuch, einem Hut und einem
Paar Halbstiefeln bestanden; dies und mein Mantel war

meine ganze Garderobe. Und ich hatte nicht eine einzige Koralle, oder sonst etwas von Werth mehr übrig, um Lebensmittel für mich, oder Korn für mein Pferd zu kaufen.

Gegen Tagesanbruch kam Johnson, welcher die ganze Nacht hindurch die Mauren beobachtet hatte, und flüsterte mir zu, daß sie alle schliefen. Der große Augenblick war nun da, welcher entscheiden mußte, ob ich das Glück der Freiheit wieder schmecken, oder mein Leben in der Gefangenschaft verschmachten sollte. Ein kalter Schweiß stand mir vor der Stirn, als ich an die schreckliche Alternative dachte, und überlegte, daß sich an diesem Tage mein Schicksal auf eine oder die andere Art entscheiden müßte. Berathschlagen, hieß den köstlichen Augenblick, in welchem die Flucht möglich war, verstreichen lassen. Ich nahm also mein Bündel, schritt leise über die Neger, die unter freiem Himmel schliefen, hinweg, bestieg mein Pferd, sagte Johnson Lebewohl, und bat ihn, die Papiere die ich ihm anvertraut hatte, wohl in Acht zu nehmen, und meinen Freunden am Gambia zu sagen, daß er mich in gutem Wohlsein auf dem Wege nach Bambarra verlassen habe.

Jeden Schritt that ich mit der größten Behutsamkeit, jeden Busch untersuchte ich, und alle Augenblicke horchte ich auf, und sah mich hinterwärts um nach den maurischen Reitern. Als ich etwa eine Meile von der Stadt entfernt war, erschrak ich nicht wenig, mich in der Nähe einer maurischen Hürde zu finden. Die Hirten folgten mir wol eine Meile, zischten hinter mir drein und warfen Steine nach mir und als ich ihnen endlich aus dem Gesicht war, und der angenehmen Hofnung, daß ich glücklich entkommen sei, Raum zu geben anfing, hörte ich zu meinem großen Schrecken schon wieder jemand hinter mir her rufen; ich sah mich um, und erblickte drei Mauren zu Pferde, die mir in der größten Eile nachkamen, pfiffen, und mit ihren doppelläufigen Flinten drohten. Ich wußte, daß ich gar nicht daran denken durfte, ihnen zu entkommen, wendete also mein Pferd und ritt ihnen entgegen; als ich herankam, fiel mir auf jeder Seite einer in den Zügel, und der dritte hielt mir sein Gewehr vor, und sagte, ich müsse zurück zu Ali.   Wenn die menschliche Seele eine Zeitlang zwischen Hofnung und Verzweiflung geschwebt hat, von Angst gepeinigt, und von einem Extrem zum andern hin und her geworfen worden ist, so giebt es eine Art von düsterer Beruhigung, wenn man weiß, was denn nun das ärgste ist, was sich ereignen kann.   Dies war meine Stimmung; ich war bis zur Gleichgültigkeit gegen das Leben und alle seine Freuden abgestumpft, und ritt in scheinbarer Ruhe mit den Mauren zurück.   Die Sache änderte sich aber, ehe ich es erwartete.   Als wir durch ein dickes Gebüsch kamen, befahl mir einer von den Mauren mein Bündel aufzumachen, und ihnen zu zeigen was darin wäre.   Sie durchsuchten alles; aber nichts schien ihnen der Mühe werth es zu nehmen, als mein Mantel; den sahen sie für eine gute Beute an,   und einer von ihnen riß mir ihn ab, und warf ihn sich selbst um.   Dieser Mantel war mir von großem Nutzen gewesen, er schützte mich bei Tage vor dem Regen, und bei Nacht vor den Muskito's; ich bat ihn also ernstlich, mir ihn wieder zu geben, und verfolgte ihn noch eine Weile mit meinen Vorstellungen; aber ohne im geringsten darauf zu hören, ritt er nebst seinen Gefährten mit dem Raube weiter.   Da ich ihnen immer noch folgte, hieb der dritte, der neben mir geblieben war, meinem Pferde über den Kopf, hielt mir das Gewehr vor und sagte mir, ich solle nicht weiter gehen.   Nun wurde ich erst inne, daß diese Leute von gar niemand abgeschickt waren, um mich aufzugreifen, sondern daß sie mich lediglich in der Absicht verfolgt hatten, um mich auszuplündern.   Noch einmal lenkte ich also mein Pferd wieder nach Osten, und da ich sahe, daß der Maur seinen Kameraden folgte, wünschte ich mir Glück, doch noch lebendig, wenn gleich im größten Elende, dieser Horde von Barbaren entkommen zu sein.

Sobald ich den Mauren aus dem Gesicht war, lenkte ich, um nicht verfolgt zu werden, in die Wälder, und ritt möglichst schnell zu, bis ich an einige hohe Felsen kam, die ich schon vorher auf dem Wege von Quehra nach Dihna gesehen hatte. Ich hielt mich nun etwas nördlich, und kam glücklich in den Weg.

Vierzehnter Abschnitt.

Große Freude des Verfassers bei seiner Errettung; er setzt
seinen Weg durch die Wüste in Ost-Süd-Östlicher Richtung fort. — Ein Regenschauer erlöst ihn glücklicher
Weise von den Qualen des Durstes. — Ankunft in
einem Fulah-Dorf, wo eine arme Frau ihn speiset,
nachdem der Duti ihm jede Unterstützung versagt hatte.
— Der Verfasser kommt am dritten Tage in eine dem
König von Bambarra zinsbare Negerstadt, Waara.

Es ist unmöglich zu beschreiben, wie froh ich war,
als ich mich umsah, und mich außer Gefahr erblickte. Meine Empfindung war die eines Genese-
nen: ich athmete freier, ich fühlte mich ungewöhnlich
leicht; die Wüste selbst schien mir reizend, und ich fürchtete nichts so sehr, als einem Trupp umherstreifender Mauren
zu begegnen, der mich in das Land der Räuber und Mörder, aus welchem ich eben glücklich entronnen war, zu-
rückschleppen möchte.

Ich wurde indeß bald inne, daß meine Lage sehr
kläglich war: denn ich hatte kein Mittel mir Nahrung zu
verschaffen, und keine Aussicht Wasser zu finden. Gegen
zehn Uhr sah ich eine Heerde Ziegen dicht am Wege weiden, und nahm einen Umweg, um nicht bemerkt zu werden; ich gieng immer weiter durch die Wüste, indem ich
meine Richtung mit Hülfe des Kompasses nach O. S. O.
nahm, um so bald als möglich eine Stadt oder ein Dorf
im Königreich Bambarra zu erreichen.

Bald nach Mittag, als die brennende Sonnenhitze
von dem glühenden Sande mit doppelter Heftigkeit auf
mich zurückprallte und die Umrisse der entfernten Hügel,
durch den aufsteigenden Dunst gesehen, wie eine unruhige See zu wogen schienen, quälte mich der Durst aufs

heftigste, und ich klomm einen Baum hinan, in der Hofnung, irgendwo in der Ferne Rauch oder irgend ein anderes Zeichen, daß es menschliche Wohnungen da gäbe, zu sehen: aber vergeblich; rund umher nichts als dickes kurzes Gesträuch und weiße Sandhügel.

Um vier Uhr ohngefähr stieß ich plötzlich auf eine große Ziegenheerde; ich zog mein Pferd in den Busch, und legte mich auf die Lauer, um zu beobachten, ob die Hüter Mauren oder Neger wären. Ich wurde sehr bald zwei maurische Knaben ansichtig, und nicht ohne Schwierigkeit überredete ich sie, mir näher zu kommen. Sie sagten, daß die Heerde dem Ali gehörte, und daß sie selbst nach Dihna gehn wollten, wo es mehr Wasser gäbe, und wo sie zu bleiben gedächten, bis der Regen die Pfützen in der Wüste angefüllt haben würde. Sie zeigten mir ihre leeren Wasserschläuche, und versicherten mich, in den Wäldern hätten sie kein Wasser getroffen. Diese Erzählung gab wenig Trost; es war aber nichts anders zu machen, und ich eilte vorwärts so gut ich konnte, in der Hofnung, während der Nacht irgend einen Wasserplatz zu erreichen. Mein Durst war indessen unerträglich geworden, mein Mund war entzündet, es wurde mir oft plötzlich schwarz vor den Augen, und andere Kennzeichen der Ohnmacht stellten sich ein; dabei war mein Pferd im höchsten Grade ermüdet, und ich fing an ernstlich zu befürchten, daß ich vor Durst umkommen würde. Um den brennenden Schmerz im Munde und Halse zu lindern, kauete ich die Blätter verschiedener Stauden; aber ich fand sie alle bitter, und sie halfen mir nichts.

Kurz vor Sonnenuntergang hatte ich den Rücken eines ziemlich ansehnlichen Berges erreicht; ich kletterte auf einen hohen Baum, und von den Aesten, die seinem Gipfel am nächsten waren, warf ich einen melancholischen Blick über die dürre Wildniß; aber ohne auch nur die entfernteste Spur eines menschlichen Wohnplatzes zu entdecken. Auf allen

Seiten zeigte sich wieder dieselbe traurige Einförmigkeit,
Gesträuch und Sand, und der Horizont war ringsum eben
so ununterbrochen wie auf der See.

Als ich vom Baum wieder hinabstieg, fand ich mein
Pferd mit großer Begierde an dem Gesträuch und dem
Buschwerk nagend: und da es viel zu schwach war, um
mich zu tragen; so hielt ich es nur für eine Handlung der
Menschlichkeit — und vielleicht für die letzte, die je in
meiner Gewalt sein würde — es von seinem Zügel zu
befreien und sich selbst zu überlassen. Indem ich dies
that, fühlte ich mich plötzlich krank und schwindlig; ich
fiel auf den Sand hin, und hatte ganz die Empfindung,
als ob meine Todesstunde nun mit starken Schritten her=
annahte. Hier also, dachte ich, endigen sich nach einem
kurzen und unwirksamen Streben alle meine Hofnungen,
meiner Zeit und meinem Geschlecht nützlich zu werden:
hier soll es mit der kurzen Spanne meines Lebens vorbei
sein. Ich warf — wie ich fest glaubte — noch einen letz=
ten Blick auf das, was mich umgab, und indem ich über
die schauerliche Veränderung, die mir bevorstand, nach=
dachte, schien diese Welt mit allem, was darin ist, schon
aus meinem Bewußtsein zu verschwinden. Endlich aber
setzte sich das Triebwerk der Natur wieder in Bewegung,
und als ich zur Besinnung kam, fand ich mich im Sande
hingestreckt, den Zügel noch in meiner Hand, und die
Sonne ging eben hinter den Bäumen unter. Ich raffte
nun allen meinen Muth zusammen, und beschloß noch ein=
mal das Mögliche zu versuchen, um mein Leben zu erhal=
ten. Da der Abend etwas kühl war, setzte ich mir vor
so weit zu gehen, als meine Beine mich tragen würden,
in der Hofnung, einen Tränkplatz zu erreichen; denn das
war das Einzige, was mich retten konnte. So legte ich
den Zügel auf mein Pferd, trieb es vor mir hin, und
schlich langsam fort, wol eine Stunde lang, als ich von
Nordosten her einige Blitze wahrnahm; das war ein er=

freulicher Anblick, denn er verhieß Regen. Finsterniß und Gewitter nahmen sehr schnell zu, und in weniger als einer Stunde hörte ich den Wind in den Büschen sausen. Schon hatte ich meinen Mund geöfnet, um die erfrischen= den Tropfen aufzufangen, die ich erwartete, als ich plötz= lich von einer Sandwolke bedeckt ward, die der Wind mit solcher Gewalt fortwälzte, daß es mir eine höchst unan= genehme Empfindung an Gesicht und Händen verursachte; ich war genöthigt mein Pferd zu besteigen, und unter ei= nem Busch zu halten, um nicht erstickt zu werden. Eine Stunde lang flog der Sand in erstaunlicher Menge, dann machte ich mich wieder auf den Weg, und wanderte, je= doch mit großer Beschwerde, bis zehn Uhr. Um diese Zeit wurde ich angenehm überrascht durch mehrere sehr lebhafte Blitze, denen einige wenige schwere Regentropfen folgten. Nun hörte es auch auf Sand zu wehen; ich stieg ab und breitete alles aus, was ich von reinen Kleidungsstücken hatte, um den Regen zu sammeln, der doch endlich ein= mal gewiß kommen mußte. Es regnete denn auch länger als eine Stunde reichlich, und ich löschte meinen Durst, indem ich meine Wäsche ausrang und aussog.

Mondschein war nicht; daher wurde es so außeror= dentlich finster, daß ich mein Pferd führen, und meinen Weg nur nach dem Kompaß suchen mußte, welchen ich beim Schein der Blitze beobachten konnte. So ging es noch leidlich geschwind bis nach Mitternacht; aber nun entfernte sich das Gewitter, und ich mußte tappend weiter gehn, mit nicht geringer Gefahr meiner Augen und Hände. Gegen zwei Uhr stutzte mein Pferd über etwas, und da ich mich umsah, war ich nicht wenig verwundert, in einer nur geringen Entfernung ein Licht zwischen den Bäumen zu sehen. In der Meinung, daß es eine Stadt sein müßte, tappte ich im Sande umher nach Kornhalmen, Baumwollstauden, oder anderen Merkmalen angebauten Landes, fand aber nichts der=

gleichen. Als ich näher kam, sah ich eine Menge anderer Lichter an verschiedenen Stellen, und begann zu argwöhnen, daß ich unter einen Trupp Mauren gerathen wäre. Dennoch war ich in meiner gegenwärtigen Lage entschlossen, zu sehen wer sie wären, wenn ich es irgend mit Sicherheit thun könnte. Ich leitete also mein Pferd behutsam nach dem Lichte hin, und hörte an dem Brüllen des Viehes und den lauten Stimmen der Hirten, daß es ein Tränkplatz war, der höchst wahrscheinlich den Mauren gehörte. So erfreulich mir auch der Ton menschlicher Stimmen sein mußte, so beschloß ich doch, lieber wieder in den Wald einzubeugen, und mich der Gefahr des Hungertodes auszusetzen, als mich ihren Händen anzuvertrauen; aber durstig wie ich war, und schon in Furcht vor der Annäherung des kommenden Tages, hielt ich es für rathsam, die Brunnen aufzusuchen, die ich in der Nähe zu finden hoffte. Bei dieser Untersuchung kam ich unbedachtsamerweise einem von den Zelten so nahe, daß ich von einer Frau bemerkt wurde, die denn sogleich ein Geschrei erhob. Zwei Leute kamen aus einem der nächsten Zelte zu ihrem Beistande herbei gerannt, und liefen so nahe an mir vorüber, daß ich mich entdeckt glaubte, und wieder in den Wald eilte.

Etwa eine Meile von diesem Platz hörte ich ein lautes und verwirrtes Geräusch irgendwo, rechts ab von meinem Wege, und war bald so glücklich zu unterscheiden, daß es das Quaken von Fröschen war. Dies war himmlische Musik für meine Ohren. Ich folgte dem Ton, und bei Tagesanbruch, kam ich an einige seichte sumpfige Pfützen, so voll von Fröschen, daß man kaum das Wasser sehen konnte. Ihr Lärm machte mein Pferd scheu, und ich mußte ihnen, so lange es trank, Ruhe gebieten, indem ich mit einem Zweige ins Wasser schlug. Nachdem ich meinen Durst hier gelöscht hatte, erstieg ich einen Baum, und da der Morgen still war, erblickte ich bald den Rauch von

dem

dem Tränkplatz, an dem ich diese Nacht vorbei gekommen war, und entdeckte noch eine andere Rauchsäule ostsüdöstlich, 12 oder 14 Meilen weit. Dorthinwärts nahm ich meine Richtung, und erreichte das angebaute Land ein wenig vor 11 Uhr; eine Menge Neger fand ich beschäftigt, Korn zu pflanzen; ich fragte nach dem Namen des Ortes, und erfuhr, daß es Schrilla, ein Fulah = Dorf, und dem Ali zugehörig sei. Nun war ich wieder zweifelhaft, ob ich hinein gehen sollte; aber da mein Pferd sehr ermüdet war, und der Tag heiß wurde, des Hungers nicht zu gedenken, der mich zu peinigen anfing, so beschloß ich es zu wagen. Ich ritt auf des Duti's Haus zu, wo man mir aber unglücklicherweise den Eintritt verweigerte, und wo ich nicht einmal eine Handvoll Korn erhalten konnte, weder für mich, noch für mein Pferd. Dieser unfreundlichen Thür den Rücken kehrend ritt ich langsam zum Orte hinaus, und da ich außerhalb einige einzelne schlechte Hütten gewahr ward, lenkte ich zu diesen hin, wol wissend, daß in Afrika, wie in Europa, die Gastfreiheit nicht immer in den stattlichsten Wohnungen vorzüglich zu Hause ist. Vor der Thüre von einer dieser Hütten saß ein altes Mütterchen und spann Baumwolle; ich gab ihr durch Zeichen zu verstehen, daß ich hungrig sei, und fragte, ob sie nichts von Lebensmitteln in ihrer Hütte habe. Sie legte sogleich ihren Spinnrocken bei Seite, und bat mich auf arabisch, hineinzutreten. Ich ließ mich auf der Diele nieder, und sie setzte mir eine Schüssel Kuskus vor, die am vorigen Abend übrig geblieben war, und von der ich eine leidliche Mahlzeit machte. Zur Erkenntlichkeit für diese Güte, gab ich ihr eins von meinen Taschentüchern, und bat zugleich um etwas Korn für mein Pferd, welches sie sehr bereitwillig herbeibrachte.

Innig froh über eine so unerwartete Hülfe, erhob ich meine Augen zum Himmel, und dachte mit einem Herzen voll Dankbarkeit an das gütige Wesen, dessen Macht

Park's Reise.   L

mir schon durch so viele Gefahren hindurchgeholfen, und jetzt in der Wildniß den Tisch für mich bereitet hatte.

Während mein Pferd fraß, sammelten sich Leute um uns her, und einer flüsterte meiner Wirthinn etwas ins Ohr, was sie gar sehr in Verwunderung zu setzen schien. Obgleich ich von der Fulah = Sprache nicht viel verstand, merkte ich doch bald, daß einige von den Männern die Idee hatten, mich fest zu nehmen, und zu Ali zurück zu führen, wofür sie sich vermuthlich eine Belohnung verspra=chen. Ich band also mein Korn auf, und damit nie=mand argwöhnen möchte, daß ich den Mauren entlaufen wäre, schlug ich eine nördliche Richtung ein, und mar=schirte ganz lustig zu, das Pferd vor mir hertreibend, und die sämtliche Jugend des ganzen Orts, beiderlei Ge=schlechts, hinter mir. Als ich ungefähr zwei Meilen weit entfernt war, und meine unruhigen Begleiter sich alle ver=lohren hatten, machte ich mich wieder in den Wald, und suchte mir einen großen Baum aus, um unter seinem Schuße zu ruhen, was mir sehr nöthig war; ein Bündel Reisig war mein Unterbett, und mein Sattel mußte zum Kissen dienen.

Gegen zwei Uhr weckten mich drei Fulahs; sie hiel=ten mich für einen Mauren, zeigten auf die Sonne, und erinnerten mich, daß es Zeit sei zu beten. Ohne mich mit ihnen einzulassen, sattelte ich mein Pferd und setzte meine Reise fort. Bis Sonnenuntergang wanderte ich durch eine ebene aber fruchtbarere Gegend als ich lange Zeit ge=sehen hatte; dann traf ich auf einen Pfad, der nach Sü=den zu ging; diesem folgte ich, er führte mich gegen Mit=ternacht an eine kleine Pfüße von Regenwasser, und da der Wald offen war, beschloß ich die Nacht hier zu bleiben. Ich gab meinem Pferde das übrige Korn, und machte mein Lager zurecht wie vorher: aber die Muskito's und Fliegen aus dem Pfuhl hinderten mich lange am Schlafen, und zweimal ward ich in der Nacht durch wilde Thiere

gestört, die sehr nahe kamen, und deren Geheul mein
Pferd in beständigem Schrecken hielt.

Den 4ten Juli setzte ich bei Tagesanbruch meinen
Weg durch die Wälder fort, wie vorher; ich sah eine
Menge Antelopen, wilde Schweine und Strauße; aber
der Boden war hüglichter und nicht so fruchtbar als ich
ihn gestern gefunden hatte. Gegen eilf Uhr kam ich auf
eine Höhe, ich erstieg einen Baum, und entdeckte in einer
Entfernung von ohngefähr acht Meilen eine ofne Gegend
mit verschiedenen rothen Flecken, die, wie ich schloß, an=
gebautes Land sein mußten; ich nahm meinen Weg dort=
hin, und kam gegen Ein Uhr an die Umzäunungen eines
Tränkplatzes. Aus dem ganzen Aussehn desselben konnte
ich abnehmen, daß er den Fulahs gehörte, und ich hoffte,
daß ich eine bessere Aufnahme finden würde, als mir in
Schrilla zu Theil geworden war. Darin betrog ich mich
auch nicht: denn einer von den Hirten lud mich ein, in
sein Zelt zu kommen, und einige Datteln mit ihm zu es=
sen. Dies war eins von den niedrigen Fulah=Zelten,
worin eben Raum genug ist, um aufrecht zu sitzen, und
worin Familie, Hausgeräth, und alles Uebrige unter=
einander gepackt liegt, eben wie vielerlei Dinge, die man
in eine Schachtel zusammen geworfen hat. Als ich auf
Händen und Füßen in diese niedrige Wohnung hineinge=
krochen war, fand ich eine Frau und drei Kinder darin;
diese nebst dem Schäfer und mir füllten den ganzen Raum
vollkommen aus. Ein Gericht geröstetes Korn und Dat=
teln kam zum Vorschein; der Hausvater kostete, der Lan=
dessitte gemäß, zuerst, und hieß mich dann seinem Beispiel
folgen. Indem ich aß verwendeten die Kinder kein Auge
von mir, und kaum hatte der Schäfer das Wort Naza=
reni ausgesprochen, so erhuben sie ein Geschrei; auch die
Mutter schlich sich sachte zur Thür, sprang dann
wie ein Windhund hinaus, und alle ihre Kinder
hinterdrein. So erschrocken waren sie schon bei
L 2

dem Namen eines Christen, und kein Zureden konnte sie
bewegen, dem Zelte wieder nahe zu kommen. Gegen
einige metallene Knöpfe tauschte ich hier etwas Korn
für mein Pferd ein, dankte dem Schäfer für seine Be=
wirthung und lenkte wieder in den Wald. Bei Sonnen=
untergang traf ich auf eine Straße, die nach der Gegend
von Bambarra hinführte, und ich beschloß, ihr die Nacht
über zu folgen; als ich aber gegen acht Uhr Menschen von
Süden her kommen hörte, hielt ich es für räthlich, mich
in einem dichten Gebüsch nahe an der Straße zu verbergen.
Da diese Dickichte gewöhnlich voll wilder Thiere sind,
so fand ich meine Lage sehr unbequem, im Dunkeln sitzend,
das Pferd mit beiden Händen an der Nase haltend, da=
mit es nicht wiehern möchte, und gleich sehr in Furcht
vor den Menschen draußen, und vor den wilden Thieren
drinnen. Meine Angst wurde aber bald gehoben, denn
nachdem die Leute sich im Dickicht umgesehen und nichts
bemerkt hatten, gingen sie vorüber, und ich eilte den
ofneren Theilen des Waldes zu, in denen ich meinen
Weg in O. S. Oestlicher Richtung bis nach Mitternacht
fortsetzte; dann verleitete mich das Geschrei der Frösche
noch einmal ein wenig von meinem Wege abzugehn um
meinen Durst zu löschen. Nachdem ich ich dies an einem
großen Pfuhl von Regenwasser bewerkstelligt hatte, sah
ich mich nach einem ofnen Platz um, und unter einem
einzelnen Baum in der Mitte desselben bereitete ich mein
Nachtlager. Gegen Morgen beunruhigten mich einige
Wölfe, weshalb ich noch etwas vor Tage aufbrach; ich
kam durch ein kleines Dorf Wassalita, und erreichte ohn=
gefähr um 10 Uhr (den 5ten Juli) eine Negerstadt, Na=
mens Waara, die eigentlich zu Kaarta gehört, zu dieser
Zeit aber Mansong, dem König von Bambarra, zins=
bar war.

Funfzehnter Abschnitt.

Weitere Reise des Verfassers nach Wassibu; einige flüchtige
  Kaartaner gesellen sich zu ihm, und begleiten ihn auf sei‑
  nem Wege durch Bambarra. — Er erblkkt den Niger. —
  Einige Nachrichten von Sego der Hauptstadt von Bam‑
  barra. — Mansong, der König dieses Reichs, will den
  Verfasser nicht sehen, sendet ihm aber ein Geschenk. —
  Große Gastfreundschaft einer Negerfrau.

Waara ist eine kleine Stadt mit hohen Mauern umge‑
ben; die Einwohner sind ein Gemisch von Mandingo's
und Fulah's, und legen sich hauptsächlich auf den Acker‑
bau, und gegen ihr Korn tauschen sie von den Mauren
Salz ein. Da ich sehr ermüdet und vor den Mau‑
ren hier in Sicherheit war, beschloß ich einen Rasttag zu
machen; der Duti, er hieß Flantscherie, hatte mich sehr
freundlich bewillkommt, und so legte ich mich auf eine
Rindshaut nieder, und schlief köstlich beinahe zwei Stun‑
den. Länger aber wollte es mir die Neugier der Leute
nicht vergönnen. Sie hatten meinen Sattel und Zaum
gesehen, und waren in großer Anzahl versammelt, um
zu erfahren, wer ich wäre und woher ich käme. Einige
waren der Meinung, daß ich ein Araber wäre, andere
bestanden darauf, ich sei ein maurischer Sultan, und sie
debattirten die Sache so lange und so hitzig, daß der Streit
mich aufweckte. Endlich legte sich der Duti, der einmal
am Gambia gewesen war, für mich ins Mittel, und ver‑
sicherte sie, ich wäre ganz gewiß ein Weißer; aber mein
ganzes Aussehen überzeugte ihn, daß ich sehr arm
sein müßte.

Im Verlauf des Tages kamen mehrere Weiber, wel‑
che gehört hatten, daß ich nach Sego ging, und baten,
ich möchte mich beim König Mansong erkundigen, was
aus ihren Kindern geworden wäre. Eine besonders er‑

zählte mir, ihr Sohn hieße Memadih, er wäre kein
Heide, sondern bete Morgens und Abends, und sei vor drei
Jahren durch Mansongs Armee weggenommen worden,
seit welcher Zeit sie nun nichts von ihm gehört habe. Sie
sagte, daß sie oft von ihm träume, und bat mich, wenn
ich ihn etwa sähe, es sei nun in Bambarra oder in mei=
nem eigenen Lande, möchte ich ihm sazen, daß seine
Mutter und Schwester noch lebten. Nachmittags unter=
suchte der Duti den Inhalt des Mantelsacks, worin ich
meine Kleider gepackt hatte, da er aber nichts fand, was
der Mühe werth gewesen wäre, gab er ihn zurück, und
kündigte mir an, daß ich den nächsten Morgen weiter
reisen möchte.

Den 6ten Juli regnete es in der Nacht sehr stark, und
mit Tagesanbruch reiste ich ab in Gesellschaft eines Negers,
der nach einer Stadt, Namens Dingiih, gehen wollte, um
Korn zu holen; wir hatten aber noch nicht mehr als eine
Meile zurückgelegt, als der Esel, den er ritt, ihn ab=
warf: nun kehrte er um, und ließ mich meinen Weg allein
fortsetzen.

Gegen Mittag erreichte ich Dingiih; aber der Duti
und der größte Theil der Einwohner war in den Feldern,
um Korn zu pflanzen. Ein alter Fulah, der mich im
Ort herumwandern sah, lud mich in seine Hütte, wo ich
gut bewirthet ward; und der Duti sandte mir, als er
zurückkam, einige Provision für mich, und Korn für
mein Pferd.

Den 7ten Juni, des Morgens, da ich eben abreisen
wollte, bat mich mein Wirth sehr schüchtern um eine Locke
von meinem Haar. Er habe gehört, sagte er, daß das
Haar der Weißen eine Zauberkraft habe, und dem Eigen=
thümer alle ihre Einsichten mittheile. Nie hatte ich vor=
her von einer so höchst einfachen Art sich zu bilden etwas
vernommen; aber ich bewilligte die Forderung ohne An=

stand; und die Begierde des Mannes, nach Erkenntniß,
war so groß, daß er immer darauf losrupfte und schnitt,
bis er mir die eine Seite des Kopfes ganz kahl geschoren
hatte. Gewiß würde er's mit der andern eben so gemacht
haben, hätte ich nicht einigen Unwillen bezeigt, und
indem ich meinen Hut aufsetzte, ihn versichert, daß ich
von dieser köstlichen Waare auch noch für andere Gelegen=
heiten etwas zu behalten wünschte.

Wassibu, eine kleine Stadt, erreichte ich um zwölf Uhr,
und mußte hier warten bis sich eine Gelegenheit fände,
einen Wegweiser nach Satileh zu bekommen; dieser Ort ist
eine sehr starke Tagereise entfernt, und man muß durch
Wälder ohne irgend einen gebahnten Weg. Ich schlug also
meine Wohnung in des Duti Hause auf, wo ich vier
Tage blieb und während dieser Zeit zu meinem Vergnügen
immer mit der Familie in die Felder ging und beim Korn=
pflanzen Hand anlegte. Der Ackerbau wird hier sehr stark
betrieben, und, wie die Leute sich selbst ausdrückten, „von
Hunger wissen sie nichts". Männer und Frauen bearbeiten
gemeinschaftlich den Boden. Sie bedienen sich eines lan=
gen scharfen Spatens, der weit besser ist als die, welche
man am Gambia hat; aber aus Furcht vor den Mauren,
müssen sie ihre Waffen immer mit auf den Acker nehmen.
Der Herr theilt mit dem Schaft seines Speers das Feld in
regelmäßige Flächen, auf deren jede drei Sklaven an=
gewiesen werden.

Den 11ten Abends kamen acht von den flüchtigen
Kaartanern nach Wassibu. Sie hatten es unmöglich ge=
funden, unter der tyrannischen Regierung der Mauren
zu leben, und gingen jetzt, um sich unter die Herrschaft
des Königs von Bambarra zu begeben. Sie erboten sich
mich bis Satileh mitzunehmen, was ich gern annahm.

Den 12ten machten wir uns mit Tagesanbruch auf,
und reisten mit ungewöhnlicher Eilfertigkeit bis Sonnen=

untergang. Wir hielten den ganzen Tag über nur zwei=
mal an: einmal bei einem Tränkplatz in den Wäldern,
und das andere Mal bei den Ruinen einer Stadt, die
ehemals dem Däsi gehört hatte, und Illa Kompe, die
Kornstadt hieß. Als wir in die Nähe von Satileh ka=
men, und die Leute, die in den Kornfeldern beschäftigt
waren, so viele Reiter sahen, hielten sie uns für einen
Trupp Mauren, und rannten unter großem Geschrei
davon. Der ganze Ort war sogleich in Bewegung, und
von allen Seiten her sahen wir Sklaven, welche Vieh
und Pferde nach der Stadt zu trieben. Vergeblich galo=
pirte einer von unserer Gesellschaft voran, um ihnen ihren
Irrthum zu benehmen; das jagte ihnen nur um so mehr
Furcht ein, und da wir an die Stadt kamen, fanden wir
die Thore geschlossen, und jedermann unter den Waffen.
Nach langen Unterhandlungen ließ man uns endlich ein,
und da aller Anschein zu einem schweren Tornado vorhan=
den war, erlaubte uns der Duti in seinem Baluhn zu
schlafen und gab uns jedem eine Rindshaut zum Lager.

Den 13ten des Morgens machten wir uns wieder auf
den Weg. Die Wege waren naß und schlüpfrig, aber
die Gegend sehr schön, voll kleiner Bäche, die durch den Re=
gen zu reißenden Strömen angewachsen waren. Gegen zehn
Uhr kamen wir zu den Ruinen eines Dorfes, welches
ohngefähr sechs Monate vorher im Kriege zerstört worden
war. Um zu verhindern, daß nie wieder eine Stadt hier
erbaut würde, hatte man den großen Bentang=Baum,
unter dem man hier zu Lande den Tag zuzubringen pflegt,
niedergebrannt, alle Brunnen verschüttet, und alles zer=
stört was den Ort bewohnbar machen konnte.

Am Mittag war mein Pferd so sehr ermüdet, daß
ich mit meinen Gefährten nicht mehr Schritt halten
konnte. Ich stieg also ab, und bat sie, nur weiter zu
reiten; ich würde ihnen folgen, sobald mein Pferd ein
wenig geruht hätte. Aber sie hatten gar nicht Lust mich

zu verlassen. Die Löwen, sagten sie, wären in diesen Gegenden sehr häufig, und wenn sie auch nicht leicht einen ganzen Trupp angriffen, so würden sie doch einen Einzelnen sehr bald ausspüren. Es wurde also beschlossen, daß einer von der Gesellschaft bei mir bleiben sollte, um mir mein Pferd treiben zu helfen, indessen die Andern voran nach Gallu ritten, um uns vor Nachts Quartier zu bestellen, und Gras für die Pferde herbeizuschaffen. Von diesem braven Neger begleitet, trieb ich mein Pferd vor mir her bis gegen vier Uhr, da wir Gallu zu Gesicht bekamen. Dies ist eine beträchtliche Stadt in einem fruchtbaren schönen Thale, welches von hohen Felsen umgeben ist.

Da meine Gefährten den Gedanken hatten sich in dieser Gegend niederzulassen, so gab ihnen der Duti ein schönes Schaaf, und ich war glücklich genug mir Korn die Fülle für mein Pferd zu verschaffen. Man bläst hier auf Elephanten-Zähnen, um das Zeichen zum Abendgebet zu geben, grade wie in Kemmuh.

Den nächsten Morgen (am 14ten Jul.) sagte ich unserm Wirth vielfachen Dank für seine Gastfreundschaft, unterdeß meine Gefährten ihre Gebete für ihn darbrachten, daß es ihm nie an etwas fehlen möge, worauf wir uns zeitig auf den Weg machten. Gegen drei Uhr kamen wir nach Murdscha, einer großen, ihres Salzhandels wegen berühmten Stadt. Die Mauren bringen das Salz in großer Menge hieher, um dagegen Korn und baumwollene Zeuge einzutauschen.

Da der größte Theil der Einwohner Mahomedaner sind, so ist es den Kafiren nicht erlaubt Bier zu trinken, welches sie Neo-dollo, Korngeist nennen; ausgenommen in gewissen bestimmten Häusern. In einem von diesen sah ich an zwanzig Personen, in der größten Fröhlichkeit des Herzens, um große Humpen voll Bier her ſitzen; mehrere von ihnen waren ſchon berauſcht. Da die Einwohner Korn im Ueberfluß haben, ſo ſind ſie ſehr freigebig gegen Fremde; es wurde uns von mehreren Orten her ſo viel Korn und Milch geſchickt, daß ich glaube, es wäre für dreimal ſoviel Menſchen hinreichend geweſen; und ob wir gleich zwei Tage hier blieben, merkte ich doch nicht, daß ihre Gaſtfreundſchaft ſich vermindert hätte.

Den 16ten des Morgens brachen wir wieder auf, begleitet von einem Zuge von 14 Eſeln, die mit Salz beladen und nach Sanſanding beſtimmt waren. Der Weg ging zwiſchen zwei felſichten Hügelreihen hin, und war ausnehmend romantiſch; aber die Mauren liegen hier bisweilen im Hinterhalt um Reiſende zu plündern. Sobald wir das offne Land erreicht hatten, bedankte ſich der Eigenthümer der Salzladung, daß wir uns ſo lange mit ihm aufgehalten hätten, und bat uns nun weiter zu reiten. Die Sonne war beinahe untergegangen, als wir Datlibu erreichten. Des Abends gab es einen fürchterlichen Tornado. Da das Haus, welches wir bewohnten, flach gedeckt war, ſo ſtürzte der Regen ſtromweiſe herein; unſre Diele war bald bis über die Knöchel unter Waſſer geſetzt, das Feuer ging aus, und es blieb uns nichts übrig, als die Nacht auf einigen Bündeln Brennholz zuzubringen, welche zufällig in einem Winkel lagen.

Den 17ten Juli reiſten wir von Datlibu ab, und begegneten gegen zehn Uhr einer anſehnlichen Koffle, die von Sego zurückkam; ſie hatte Grabſcheite, Matten und anderes Hausgeräth geladen. Um fünf Uhr kamen wir an ein großes Dorf, wo wir die Nacht zu bleiben gedachten; aber der Duti wollte uns nicht aufnehmen. Als wir von dieſem Orte abreiſten, war mein Pferd wieder ſo ermüdet, daß ich mich genöthigt ſah es zu treiben, und es war finſter, ehe wir Faximbuh, ein kleines Dorf erreichten. Der Duti deſſelben hörte nicht ſo bald, daß ich ein Weißer wäre, als er drei alte Flinten herbeibrachte; und er war sehr in seinen Erwartungen getäuscht, da ich ihm sagte, daß ich sie nicht zurechtmachen könnte.

Den 18ten Juli setzten wir unsere Reise fort. Da wir gestern Abend nur eine sehr leichte Mahlzeit gehalten hatten, fühlten wir diesen Morgen Hunger, und bemühten uns in einem Dorfe etwas Korn zu bekommen, aber ohne Erfolg. Städte wurden jetzt häufiger, und was von dem Lande nicht angebaut ist, giebt herrliches Futter für große Heerden Rindvieh; aber da die Passage von und nach Sego täglich sehr stark ist, so sind die Einwohner weniger gastfrei gegen Fremde.

Mein Pferd, welches von Tage zu Tage schwächer wurde, war mir wenig mehr nütze; den größten Theil des Weges mußte ich es vor mir her treiben, und ich erreichte Geosorro nicht eher als um acht Uhr Abends. Meine Gefährten fand ich in einem heftigen Streit mit dem Duti, der es rundaus abgeschlagen hatte, ihnen irgend etwas von Provision zu geben oder zu verkaufen; und da wir sämtlich seit vier und zwanzig Stunden nichts genossen hatten, waren wir gar nicht aufgelegt noch einen Tag zu fasten, wenn wir es irgend vermeiden könnten. Da ich jedoch sah, daß alle Bitten unwirksam waren und ich sehr ermüdet war, so schlief ich ein, wurde aber um Mitternacht durch die frohe Nachricht „Kinna = nata, es ist zu essen da“ wieder aufgeweckt. Nun brachten wir den noch übrigen Theil der Nacht sehr lustig hin, und traten den 19ten mit Tagesanbruch unsre Reise wieder an, mit dem Vorsatz, die folgende Nacht in einem Dorfe, Namens Dutinkibu zuzubringen. Meine Reisegefährten, die bessere Pferde hatten als ich, waren mir bald aus dem Gesicht; denn ich mußte leider mein Pferd vor mir her treiben und war überdies barfuß. So begegnete ich einem Zuge Sklaven, es mochten ihrer siebenzig sein, die von Sego kamen. Sie waren mit Riemen von Rindshaut, die wie ein Strick gedreht waren, am Nacken zusammengebunden, je sieben an

einen Riemen, und zwischen sieben und sieben ging immer ein
Mann mit einer Flinte. Viele von den Sklaven waren
in einem schlechten Zustande, und ein großer Theil waren
Weiber. Ganz hinten kam Sidi Mahomeds Bedienter, den
ich mich erinnerte im Lager von Benaum gesehen zu haben:
er erkannte mich ebenfalls und sagte mir, diese Sklaven
gingen über Ludamar und die große Wüste nach Marokko.

Nachmittag, als ich nicht mehr weit von Dulinkibu
war, begegnete ich zwanzig Mauren zu Pferde; es waren
die Eigenthümer der Sklaven, die ich diesen Morgen
gesehen hatte, sie waren gut mit Flinten bewafnet, und
fragten mich gewaltig aus; doch waren sie nicht so ungestüm als ihre Landsleute gewöhnlich sind. Ich erfuhr
von ihnen, daß Sidi Mahomed nicht zu Sego wäre, sondern nach Kankaba gereist, um Goldstaub zu holen.

Als ich nach Dulinkibu kam hörte ich, daß meine
Reisegefährten weiter gegangen wären; mein Pferd war
aber so ermüdet, daß ich ihnen unmöglich folgen konnte.
Der Duti des Orts gab mir, als ich ihn darum ansprach,
einen Trunk Wasser; und da dies allgemein als das Un-
terpfand einer reichlichern Gastfreundschaft angesehen
wird, so zweifelte ich nicht, daß ich mich für die Beschwerden des Tages an einer guten Mahlzeit und einem gesun-
den Schlaf erholen würde; aber unglücklicherweise wurde
mir keines von beiden zu Theil. Die Nacht war regnicht
und stürmisch, und der Duti schränkte seine Freigebigkeit
auf jenen Trunk Wasser ein.

Am folgenden Morgen (den 20sten Juli) bemühte ich
mich aufs neue, etwas Speise vom Duti zu erhalten,
aber vergeblich. Ich bat sogar eine seiner Sklavinnen,
welche eben Korn am Brunnen wusch, um etwas davon,
und hatte auch hier die Kränkung, eine abschlägige Antwort
zu bekommen. Als der Duti ins Feld gegangen war, sandte
mir jedoch seine Frau eine Handvoll Mehl, welches ich

mit Wasser vermischte und so zum Frühstück trank. Um
acht Uhr reiste ich von Dulinkibu ab, und gegen Mittag
hielt ich bei einer großen Korrih auf einige Minuten an,
wo mir die Fulahs etwas Milch gaben. Zwei Neger sollten von da nach Sego gehen; ich war sehr froh in ihrer Gesellschaft zu sein, und wir machten uns sogleich auf den
Weg. Um vier Uhr hielten wir bei einem kleinen Dorf,
wo einer von den Negern einen Bekannten antraf, der
uns zu einer Art von öffentlicher Lustbarkeit einlud, wobei es weit besser und ordentlicher als gewöhnlich herging.
Ein aus saurer Milch und Mehl bereitetes Gericht, welches Sinkatu heißt, und Bier aus ihrem Korn gebraut,
ward mit großer Freigebigkeit ausgetheilt; auch die Weiber waren mit von der Gesellschaft, wovon ich bisher
noch kein Beispiel in Afrika gesehen hatte. Es war kein
Gedränge; jeder hatte Freiheit so viel zu trinken als er
Lust hatte, sie nickten einander gewöhnlich zu wenn sie
tranken, und wenn sie den Kalabasch niedersetzten, sagten sie Barka, „ich danke euch". Männer und Frauen
schienen etwas berauscht zu sein, waren aber weit entfernt Händel anzufangen.

Von da aus kamen wir durch verschiedene große
Dörfer; überall wurde ich für einen Mauren genommen,
und mußte das Ziel für den Witz der Bambarraner sein,
die, wenn sie mich so mein Pferd vor mir hertreiben sahen, sich über die ganze Gruppe von Herzen lustig machten. — „Er ist in Mekka gewesen", sagte einer, „das
könnt ihr an seiner Kleidung sehn"; ein anderer fragte
mich, ob mein Pferd krank sei, ein dritter wollte es kaufen u. s. w., so daß ich glaube, die Sklaven selbst schämten sich, in meiner Gesellschaft getroffen zu werden. Grade
als es finster ward, nahmen wir unser Nachtquartier in einem kleinen Dorfe, wo ich mir für den mäßigen
Preis eines Knopfes, Lebensmittel für mich und etwas
Korn für mein Pferd verschaffte; auch erfuhr ich, daß ich

den Niger (den die Neger Joliba, oder das große Waffer,
nennen) am andern Tage schon früh zu Gesicht bekommen
würde. Die Löwen sind hier sehr zahlreich: die Thore
werden bald nach Sonnenuntergang geschlossen und niemand wird hinaus gelassen. Der Gedanke, am nächsten
Morgen den Niger zu sehn, und das fatale Summen der
Muskito's, ließ mich die ganze Nacht kein Auge zuthun.
Schon vor Tage hatte ich mein Pferd gesattelt, und war
reisefertig, aber der wilden Thiere halben, mußten wir
warten bis die Leute hier lebendig wurden und man die
Thore öffnete. Es war eben Markttag in Sego und die
Straßen waren überall voll Menschen, welche verschiedene Artikel zum Verkauf hinführten. Wir kamen durch
vier große Dörfer und um acht Uhr sahen wir den Rauch
über Sego.

Als wir uns der Stadt näherten, war ich so glücklich
die flüchtigen Kaartaner einzuholen, deren Güte ich auf
meiner Reise durch Bambarra soviel zu verdanken hatte,
und sie übernahmen es sehr gern, mich dem Könige vor-
zustellen. Wir ritten durch ein Stück Marschland, und
eben, indem ich mich ängstlich nach dem Fluß umsah,
rief einer von ihnen aus: „Geo affilli" seht da, das
Waffer! ich blickte vorwärts, und mit unendlichem Vergnügen sah ich den großen Gegenstand meiner Sendung,
den majestätischen Niger, so breit als die Themse bei
Westminster, in der Morgensonne flimmernd und langsam
nach Osten fließend. Ich eilte an das Gestade, trank
von dem Waffer, und mein glühender Dank strömte in
Gebeten zu dem großen Regierer aller Dinge, der so weit
wenigstens meine Bemühungen mit einem glücklichen Erfolg gekrönt hatte.

Der Umstand, daß der Niger nach Osten, und den
nächstgelegenen Compaßstrichen zufließt, setzte mich aber
nicht in Verwunderung; denn ob ich gleich Europa in
großen Zweifeln über diesen Gegenstand verlassen hatte,

und eher glaubte, er nehme einen ganz entgegengesetzten
Lauf: so hatte ich doch bei allen Nachfragen über diesen
Fluß, die ich während meiner Reise häufig anstellte, von
Negern verschiedener Nationen immer so deutliche und
entscheidende Versicherungen erhalten, daß er im Ganzen
der aufgehenden Sonne entgegen fließe, daß mir
kaum noch irgend ein Zweifel übrig blieb, besonders da
ich wußte, daß Major Houghton ähnliche Nachrichten
auf dieselbe Art eingezogen hatte.

Sego, die Hauptstadt von Bambarra, bei der ich
nunmehr angekommen war, besteht eigentlich aus vier verschiedenen Städten; zwei davon, Sego-Korro, und Se-
go-Bu liegen am nördlichen Ufer des Nigers, und die andern beiden, Sego-Su-Korro, und Sego-Sih-Korro am
südlichen. Alle sind mit hohen Erdmauern umgeben; die
Häuser sind von Lehm gebaut, viereckig gestaltet, mit flachen Dächern; einige sind zwei Stockwerk hoch, und viele
sind abgeweißt. Außer diesen Gebäuden sieht man in jedem Quartier maurische Moscheen, und die Straßen sind
zwar eng, aber in einem Lande, wo man von keiner Art
von Fuhrwerk etwas weiß, in aller Absicht breit genug.
Den besten Nachforschungen zu Folge, welche ich anstellen
konnte, habe ich Ursach zu glauben, daß Sego in allem
ohngefähr dreißig tausend Einwohner enthält. Der König von Bambarra residirt beständig in Sego-Sih-Korro.
Eine Menge seiner Sklaven sind bei der Ueberfahrt über
den Fluß angestellt, und das Geld welches sie empfangen
macht, obgleich der Preis für die Person nur zehn Kauri-
Muscheln ist, das Jahr über eine beträchtliche Einnah-
me für den König aus. Die Kähne sind von einer ganz
besondern Bauart; sie bestehen aus zwei Stämmen von
großen Bäumen, welche ausgehöhlt und zusammengefügt
sind; aber nicht etwa der Breite nach, sondern in die
Länge, so daß die Fuge genau über die Mitte des Kahns
gehet; daher sind sie sehr lang und unverhältnißmäßig

schmal, und haben weder Verdeck noch Masten. Dennoch sind sie sehr geräumig, denn ich sah in einem vier Pferde und noch verschiedene Menschen über den Fluß setzen. Als wir an diese Fähre kamen, wartete schon viel Volk auf die Ueberfahrt; mich sahen sie mit stiller Verwunderung an, und nicht ohne Bestürzung bemerkte ich verschiedene Mauren darunter. Man schiffte sich an drei verschiedenen Plätzen ein, und die Fährleute waren sehr rasch und fleißig; aber unter der großen Menge Volks konnte ich nicht sogleich mit hinüberkommen, ich setzte mich also an das Ufer des Flusses hin, um auf einen bequemeren Zeitpunkt zu warten. Der Anblick dieser ansehnlichen Stadt, die Menge von Kähnen auf dem Fluß, das Gedränge des Volks, die Kultur der ganzen umliegenden Gegend, dies alles deutete auf einen Grad von Bildung und Wohleben, den ich in dem Herzen von Afrika nicht vermuthet hatte.

Ich wartete länger als zwei Stunden, ohne daß ich hinüber kommen konnte; unterdessen aber hatten schon diejenigen, welche übergesetzt waren, dem König Mansong die Nachricht gebracht, daß ein Weißer am Fluß auf die Ueberfahrt warte und ihn sehen wolle. Er schickte sogleich einen von seinen Hauptleuten herüber, welcher mir sagen mußte, der König könne mich unmöglich vor sich lassen, ehe er wüßte, was mich in dieses Land geführt hätte, und ich solle mir nicht beigehn lassen, ohne seine Erlaubniß auf die andere Seite zu kommen; ich möchte in einem Dorfe, welches er mir in der Ferne zeigte, übernachten, und würde den andern Morgen nähere Verhaltungsbefehle bekommen. Das war sehr niederschlagend; es war aber nichts zu thun, als auf das Dorf loszuwandern, wo mich hernach zu meiner großen Kränkung nicht einmal jemand aufnehmen wollte. Man betrachtete mich mit Erstaunen und Furcht, und ich mußte den ganzen Tag ohne etwas zu essen, unter dem Schatten eines Baumes zubringen.

ßen. Dabei drohte die Nacht sehr unangenehm zu werden; es erhob sich ein Wind, der einen heftigen Regen
erwarten ließ, und da die wilden Thiere in der Nähe so
zahlreich sind, wäre ich gewiß genöthigt gewesen, auf
einen Baum zu klettern, und mich in die Aeste zu lagern.
Gegen Sonnenuntergang, da ich mich eben anschickte,
die Nacht auf diese Art zuzubringen, und mein Pferd ab-
gezäumt hatte, damit es nach Belieben grasen könnte,
kam eine Frau des Weges von der Arbeit aus dem Felde;
sie machte Halt um mich zu betrachten, und ließ sich
kürzlich meine Umstände erzählen, worauf sie mit viel
Ausdruck von Mitleiden meinen Sattel und Zaum nahm
und mich folgen hieß. Sie führte mich in ihre Hütte,
zündete eine Lampe an, breitete eine Matte auf der Diele
aus, und sagte mir, daß ich die Nacht da bleiben könne.
Bald brachte sie auch, da sie merkte, daß ich sehr hungrig
war, einen guten Fisch herbei, der auf heißer Asche, freilich nur halb, geröstet, und mir zur Abendmahlzeit ge-
reicht ward. Nachdem auf diese Art den dringendsten Forderungen der Gastfreundschaft gegen den unglücklichen
Fremdling Genüge geleistet war, deutete meine würdige
Wohlthäterin auf die Matte, und sagte mir, ich könne mich
ohne alle Besorgniß schlafen legen; und nun rief sie ihren
weiblichen Hausgenossen, welche die ganze Zeit über wie versteinert um mich her gestanden hatten, ihre Baumwollenspin-
nerei wieder vorzunehmen, womit sie auch einen großen Theil
der Nacht beschäftigt blieben. Sie erleichterten sich ihre
Arbeit durch Gesänge, von denen einer gewiß aus dem
Stegereif verfertigt wurde, da ich der Gegenstand
desselben war. Eine von den jungen Frauen sang, und
die übrigen fielen nachher als Chor ein. Die Melodie
war sanft und klagend, und die Worte lauteten buchstäb-
lich so: Die Winde sausten, der Regen fiel — der arme
Weiße, matt und verdrossen, kam und setzte sich
unter unsern Baum. Er hat keine Mutter mehr, die ihm
Milch bringt, keine Frau, die ihm Korn stampft. Chor:

Beklaget den Weißen, keine Mutter hat er 2c. 2c. So unbedeutend dies dem Leser scheinen mag, so war es doch für einen Menschen in meiner Lage im höchsten Grade rührend; ich war so übernommen von dieser unerwarteten Güte, daß der Schlaf meine Augen floh. Am Morgen schenkte ich meiner mitleidigen Wirthin zwei von den vier metallenen Knöpfen, die noch an meiner Weste saßen; die einzige Erkenntlichkeit, die ich ihr bezeigen konnte.

Den 21. Julius blieb ich den ganzen Tag in diesem Dorfe, und unterhielt mich mit den Einwohnern, die nun haufenweise kamen, mich zu sehen; je näher aber gegen Abend, um so unruhiger ward ich, daß gar keine Bothschaft vom Könige kam, und das desto mehr, da die Leute anfingen unter sich zu flüstern, daß Mansong von den in Sego sich aufhaltenden Mauren und Slatihs, die wegen der Absichten meiner Reise sehr viel Argwohn zu hegen schienen, sehr ungünstige Berichte meinetwegen erhalten habe. Ich erfuhr, daß viel darüber berathschlagt worden sei, wie man mich aufnehmen, und was man mit mir machen solle, und einige von den Bauern sagten mir geradezu, ich habe viele Feinde und dürfe wenig Gutes erwarten.

Den 22. Julins um eilf Uhr kam ein Abgeordneter des Königs; er brachte mir aber wenig befriedigendes. Er fragte vorzüglich, ob ich gar keine Geschenke mitgebracht habe, und es schien ganz gegen seine Rechnung, als ich ihm sagte, daß ich von den Mauren rein ausgeplündert worden. Da ich mich erbot, mit ihm zu gehen, sagte er, ich sollte warten, Nachmittags würde der König nach mir schicken.

Am 23sten Nachmittags kam ein anderer Bote von Mansong, der einen Sack trug. Er sagte, es sei des Königs Wille, daß ich mich sogleich aus der Nachbarschaft

von Sego entfernen folle; da er aber wünsche, einem
Weißen in seinem Unglück einige Erleichterung zu ge=
ben, sende er mir fünf tausend Kauries *), damit ich im
Stande sein möchte, mir auf meiner weitern Reise Lebens=
mittel anzuschaffen. Der Bote fügte hinzu, daß falls es
wirklich meine Absicht sei nach Dschenneh zu reisen, er
Befehl habe mich als Wegweiser bis Sansanding zu be=
gleiten. Anfänglich konnte ich mir diese Maaßregeln des
Königes nicht erklären; aus meiner nachherigen Unter=
haltung mit dem Wegweiser war aber zu schließen, daß
Mansong mich gern in Sego vor sich gelassen haben würde,
daß er aber besorgt, es möchte nicht in seiner Gewalt ste=
hen, mich gegen das übermüthige und barbarische Verfah=
ren der maurischen Einwohner zu schützen. Sein Betragen
war also eben so klug als edelmüthig. Die Umstände,
unter denen ich in Sego erschien, waren allerdings von
der Art, daß sie in dem Gemüthe des Königs einen wohl=
gegründeten Argwohn erregen konnten, als suche ich die
eigentliche Absicht meiner Reise nur zu verbergen. Er
schloß wahrscheinlich eben so wie mein Wegweiser, der,
als ich ihm sagte, ich sei von sehr weitem her, und habe
mancherlei Gefahren ausgestanden, um den Joliba zu se=
hen, sehr naiv fragte: ob es in meinem Lande keine Flüsse
gäbe, und ob nicht ein Fluß aussähe wie der andere.
Demohnerachtet und trotz aller feindseligen Eingebungen
der Mauren glaubte dieser wohldenkende Fürst, der un=
glückliche Zustand, worin ein Weißer innerhalb sei=
nes Reiches gefunden worden, gebe ihm ein hinreichen=
des Recht auf seine Güte, und dazu bedürfe es keiner
weiteren Untersuchungen.

*) Da in Bambarra und den umliegenden Gegenden alle Lebens=
bedürfnisse ausnehmend wohlfeil sind, so waren 100 Kauries täg=
lich für mich und mein Pferd hinreichend. Ich rechnete etwa 250
Kauries auf einen Schilling.

Sechszehnter Abschnitt.

Abreise von Sego — Beschreibung des Butterbaums — Anfunft und Begebenheiten zu Sansanding — Fortsetzung der Reise nach Osten — der Verfasser verliert unterwegens sein Pferd — Er fährt in einem Fischerkahn auf dem Niger bis Silla, und beschließt, nicht weiter ostwärts zu gehen — Einige Nachrichten von dem weiteren Lauf des Nigers nach Osten und von den daranliegenden Städten.

Auf diese Art wurde ich gezwungen, Sego zu verlassen, und noch denselben Abend sieben Meilen weit in ein Dorf geführt, von dessen Einwohnern mein Führer einige kannte, und wo wir gut aufgenommen wurden. Er war sehr freundlich und gesprächig *), und machte viel Rühmens von dem Betragen seiner Landsleute gegen Fremde; bei alle dem aber sagte er, wenn wirklich Dschenneh mein Bestimmungsort wäre, woran er immer noch gezweifelt zu haben schien, so habe ich Etwas unternommen, was gefährlicher sei, als ich es mir wol gedacht habe; denn obgleich Dschenneh dem Namen nach zum Gebiete des Königs von Bambarra gehöre, so sei es doch in der That eine maurische Stadt; die angesehensten Einwohner seien Buschrihner, und der Stadthalter selbst, obgleich Mansong ihn bestelle, sei von dieser Sekte. So war ich also in Gefahr, zum zweitenmale in die Hände dieser Menschen zu fallen, die es nicht nur für erlaubt, sondern für verdienstlich hielten, mich umzubringen. Ich war desto übler dran, da die Gefahr immer zunahm, je weiter ich reiste; denn wie ich hörte, so waren die Orte jenseits Dschenneh noch mehr als dieser Ort selbst unter dem Einfluß der Mauren, und Tombuktu, der große Gegenstand meiner Untersuchungen, war ganz im Besitz

---

*) Ich hätte schon früher anmerken sollen, daß die Bambarranische Sprache ein plattes Mandingoisch ist. Nach ein wenig Uebung verstand und sprach ich sie ohne Schwierigkeit.

dieses wilden und unbarmherzigen Volks, welches auch
keinem Christen den Aufenthalt dort verstatte. Ich hatte
aber nun schon allzu große Fortschritte gemacht, um auf so
unbestimmte und unsichere Nachrichten wieder nach Westen
umzukehren; ich beschloß also weiter zu gehn, und reiste
mit meinem Führer am 24sten früh aus diesem Dorfe ab.
Gegen acht Uhr kamen wir durch eine große Stadt, Kabbe
genannt, welche mitten in einer schönen und sehr angebauten Gegend liegt, wo alles dem Mittelpunkt von
England ähnlicher sieht, als dem, was ich mir vom innern
Afrika vorgestellt hatte. Die Leute waren hier überall
beschäftigt, die Früchte des Schihbaumes einzusammeln,
aus dem die vegetabilische Butter bereitet wird, deren ich
schon gedacht habe. Dieser Baum wächst in diesem ganzen Theile von Bambarra in großem Ueberfluß in den
Wäldern, ohne eigentlich gepflanzt zu werden, nur daß
man, wo Land urbar gemacht, und alles andere Holz
herunter gehauen wird, den Schihbaum stehen läßt. Der
Baum selbst ist der amerikanischen Eiche sehr ähnlich, und
die Frucht hat einigermaßen das Ansehn einer Spanischen Olive. Aus dem Kern derselben wird die Butter
bereitet, indem er in Wasser gekocht wird, nachdem die
Frucht an der Sonne getrocknet worden. Dieser Kern
sitzt unter einer dünnen grünen Schale, in weißes Mark
eingehüllt; und die Butter, die daraus gewonnen wird,
hat nicht nur den Vorzug, daß sie sich ein ganzes Jahr
ohne Salz hält; sondern sie ist auch weißer, fester und,
für meinen Gaumen wenigstens, schmackhafter, als die beste
Butter aus Kuhmilch, die ich jemals gekostet habe. Die
Verfertigung dieser Waare scheint unter die vornehmsten
Gegenstände der afrikanischen Industrie, in diesem und
in den benachbarten Staaten, zu gehören, und sie ist ein
Hauptartikel ihres inneren Handels.

Wir kamen den Tag über durch sehr viele Dörfer,
die größtentheils von Fischern bewohnt werden, und

Abends gegen fünf Uhr, erreichten wir Sansanding, welches eine große Stadt ist, die wie man mir sagte, acht bis
zehn tausend Einwohner enthält. Dieser Platz wird sehr
stark von den Mauren besucht, welche Salz aus Bihru
und Korallen vom mittelländischen Meer herbringen, wogegen sie Goldstaub und baumwollene Zeuge hier eintauschen. Diese Zeuge verkaufen sie mit großem Vortheil,
in Bihru und andern solchen maurischen Gegenden, wo
aus Mangel an Regen keine Baumwolle gewonnen werden kann.

Ich bat meinen Führer, mich so unbemerkt als möglich in unser Quartier zu bringen. Wir ritten also zwischen der Stadt und dem Fluß hin, bei einer Art von
Bucht oder Hafen vorbei, wo ich zwanzig große Kähne
sah, die fast alle ihre volle Ladung hatten, und mit Matten bedeckt waren, damit die Güter nicht vom Regen litten. Indem wir vorüber gingen, kamen noch drei Kähne,
zwei mit Passagiers, und einer mit Gütern. Zu meiner
großen Freude merkte ich, daß alle Neger mich für einen
Mauren hielten, und unter diesem Charakter würde ich
wahrscheinlich unangefochten, durchgekommen sein, wenn
nicht ein Maur, der an der Flußseite saß, den Irrthum
entdeckt, und ein großes Geschrei darüber erhoben hätte,
welches eine Menge seiner Landsleute herbeizog.

Als ich bei dem Hause des Kaunti Mamadi, des Duti der Stadt, ankam, war ich schon von mehreren hundert Menschen umgeben, die sehr verschiedene, mir alle
gleich unverständliche Sprachen redeten. Wie mein Führer, der den Dollmetscher machte, mir sagte, so behauptete der eine, er habe mich hier, der andere, er habe mich
dort gesehen, und besonders schwor eine maurische Frau,
sie sei in Gallam am Senegal, drei Jahre lang in meinem
Hause gewesen. Offenbar hielt man mich für einen Andern,
und ich bat daher Zwei, die am zutraulichsten waren, sie
möchten doch die Gegend andeuten, wo sie mich gesehen

hätten. Beide zeigten nach Süden, und ich vermuthe daher, daß sie vom Cap = Coast kamen, wo sie viele Weiße gesehen haben mochten. Ihre Sprache war von allen, die ich bis jetzt gehört hatte, verschieden. Die Mauren versammelten sich nun in großer Anzahl, und drängten mit ihrer gewöhnlichen Arroganz die Neger in die Ferne zurück. Sie fingen sogleich an, mich über meine Religion zu befragen, und da sie merkten, daß ich des Arabischen nicht mächtig war, schickten sie nach zwei Leuten, die sie Jallhuidi (Juden) nannten, in der Hofnung, daß diese mit mir würden sprechen können. Diese Juden kommen in ihrer Kleidung und ihrem ganzen Aeußern den Arabern sehr nahe, aber ob sie sich gleich so weit zur mohamedanischen Religion bequemen, daß sie öffentlich Gebete aus dem Koran hersagen, werden sie doch von den Negern wenig geachtet, und die Mauren selbst sagten, ob ich gleich ein Christ sei, wäre ich doch noch besser als ein Jude. Doch bestanden sie darauf, daß ich eben wie diese, die mahomedanischen Gebete nachsagen sollte, und als ich Ausflüchte suchte, und sagte, ich könne nicht arabisch sprechen, stand einer unter ihnen auf, ein Scherif von Tuat in der großen Wüste, und schwor beim Propheten, wenn ich mich weigerte in die Moschee zu gehen, so wolle er einer von denen sein, die mich schon hinbringen würden. Diese Drohung würde auch gewiß sogleich erfüllt worden sein, wenn sich mein Wirth nicht für mich verwendet hätte. Er sagte ihnen, ich sei des Königs Gastfreund, und so lange ich unter seinem Schutz wäre, würde er nicht leiden, daß man mich mißhandle. Er rieth ihnen also, mich diese Nacht in Ruhe zu lassen, morgen würde man mich meine Straße ziehen heißen. Darauf legte sich denn der Tumult einigermaßen; doch aber nöthigten sie mich einen hohen Sitz an der Thür der Moschee zu besteigen, damit mich jedermann sehen könnte: denn das Volk hatte sich in solcher Anzahl versammelt, daß es gar nicht mehr in Ordnung zu halten war; sie stiegen auf die Häuser, und drängten und stießen sich wie die Zuschauer bei einer Hinrichtung. Auf diesem Platz blieb ich bis Sonnenuntergang, da ich in eine niedliche kleine Hütte, mit einem kleinen Hof davor, geführt ward, dessen Thüre Kannti Mamadi verschloß, damit mich Niemand stören möchte. Das konnte aber die Mauren nicht abhalten. Sie stiegen über die Erdmauer, und kamen Haufenweise in den Hof, um mich, wie sie sagten, mein Abendgebet verrichten und Eier essen zu sehn. Das erste hielt ich nicht für nöthig, ihnen zu Gefallen zu thun; ich sagte ihnen aber, ich hätte gar nichts dagegen Eier zu essen, wenn sie mir welche bringen wollten. Mein Wirth holte sogleich sieben Hüner-Eier, und wunderte sich sehr, daß ich sie nicht roh essen konnte; denn es scheint eine allgemeine Meinung unter allen Einwohnern des Innern zu sein, daß dies die gewöhnlichste Kost der Europäer ist. Als ich meinen Wirth überzeugt hatte, daß diese Meinung ungegründet sei, und daß ich sehr gern mit jeder Speise vorlieb nehmen würde, die er mir reichen lassen wollte, so befahl er ein Schaaf zu schlachten und einen Theil davon zu meiner Abendmahlzeit zurecht zu machen. Um Mitternacht, als mich die Mauren verlassen hatten, besuchte er mich, und bat mich sehr ernstlich, ihm ein Safi zu schreiben. Wenn eines Mauren Safi gut ist, sagte der gastfreie alte Mann, so muß ein Safi von einem Weissen noch weit besser sein. Gern gab ich ihm eins das alle Tugenden besaß, die ich nur hinein legen konnte; es enthielt nemlich, das Gebet des Herrn. Die Feder, mit der ich schrieb, ward von einem Schilfrohr gemacht, etwas Kohle und Gummiwasser gab eine leidliche Dinte, und ein dünnes Brettchen diente statt Papiers.

Am 25sten früh, ehe die Mauren sich noch versammeln konnten, verließ ich Sansanding, und schlief die folgende Nacht in der kleinen Stadt Sibili; am folgenden

Tage erreichte ich Niara, eine große Stadt in einiger Entfernung vom Strom, wo ich den 27ſten blieb, um mein Zeug waſchen, und mein Pferd ausruhen zu laſ- ſen. Der Duti hier hat ein ſehr bequemes Haus, zwei Stockwerk hoch, mit einem platten Dach. Er zeigte mir etwas Schießpulver von ſeiner eignen Fabrik, und mach- te mich auf einen kleinen braunen Affen, der an einen Pfahl bei der Thüre angebunden war, als auf eine große Seltenheit, aufmerkſam: er käme aus einem ſehr entfern- ten Lande, Namens Kong.

Den 28ſten reiſte ich von Niara ab, und erreichte gegen Mittag Niamih. Dieſe Stadt wird vorzüglich von Fulahs aus dem Königreich Maſina bewohnt. Der Du- ti wollte mich, ich weiß nicht warum, nicht aufnehmen, gab mir aber ſehr höflich ſeinen Sohn zu Pferde mit, um mich nach Modibuh zu bringen, bis wohin es nicht weit ſein ſollte.

Wir ritten faſt in grader Linie durch die Wälder, aber überall mit großer Vorſicht. Mein Führer hielt oft ſtill, und ſah unter die Büſche, weil, wie er ſagte, die Lö- wen hier ſehr häufig wären, und nicht ſelten diejenigen angriffen, welche durch die Wälder reiſten. Indem er mir dies ſagte, ſtutzte mein Pferd, und da ich mich um- ſah, ſah ich in einer kleinen Entfernung ein großes Thier, aus dem Geſchlecht der Giraffen ſtehn. Hals und Vor- derbeine waren ſehr lang; am Kopf hatte es zwei kurze ſchwarze Hörner, die rückwärts gebogen waren; der Schwanz reichte bis an die Knie, und endigte in ein Bü- ſchel Haare; die Farbe war mauſefalb. Das Thier trabte ſchläfrig fort, und wandte nur den Kopf bisweilen von der Seite, um zu ſehen, ob wir ihm nachſetzten. Kurz darauf, als wir eine große ofne Fläche durchſchnit- ten, wo nur hin und her einzelne Büſche ſtanden, wendete mein Führer der etwas voran ritt, auf einmal ſein Pferd kurz um, und rief mir etwas in ſeiner Sprache zu, was

ich nicht verstand. Ich fragte ihn auf mandingoisch was
es gäbe: Wara billi billi, „einen sehr großen Löwen"
sagte er, und winkte mir davon zu jagen. Mein Pferd
war aber zu ermüdet, und so ritten wir langsam um den
Busch herum, aus dem das Thier uns den Schreck gegeben hatte. Ich sah nichts, und glaubte schon mein Führer habe sich geirrt, als er seine Hand in den Mund nahm
und ausrief: Subah an Allahi, „Gott stehe uns bei!"
und nun sah ich zu meinem großen Schreck einen gewaltigen rothen Löwen ohnweit des Busches, den Kopf zwischen die Vordertatzen gelegt. Ich erwartete, daß er den
Augenblick auf mich losspringen würde, und machte mich
aus den Steigbügeln los, um mich herunterwerfen zu
können, damit lieber mein Pferd das Opfer würde als
ich. Der Löwe war aber vermuthlich nicht hungrig; denn
er ließ uns ruhig vorbeiziehn, ohnerachtet er uns sehr bequem hätte erreichen können. Meine Augen waren so fest
auf diesen Monarchen der Thiere gerichtet, daß ich sie
noch immer nicht wegwenden konnte, als wir schon weit
entfernt waren. Wir nahmen nun einen Umweg durch
einen Moorgrund, um nicht mehr dergleichen anzutreffen.
Mit Sonnenuntergang kamen wir nach Modibuh, einem
gar reizenden Dorfe an den Ufern des Nigers; es hat
die Aussicht längs dem Fluß, sowol ost- als westwärts
viele Meilen weit. Die kleinen grünen Inseln, die
freundliche Zuflucht einiger emsigen Fulahs, deren Vieh
hier vor den Räubereien der wilden Thiere sicher ist, und
die majestätische Breite des Stromes, der hier weit größer
ist als bei Sego, machen diesen Fleck zu einem der lieb-
lichsten in der Welt. Man fängt hier sehr viel Fische,
vermittelst großer baumwollener Netze, die man hier
selbst verfertigt, und sich ihrer eben so bedient, wie in
Europa. Auf einem von den Häusern sah ich den Kopf
eines Krokodills liegen, den die Schäfer, wie ich hörte, in
einem Sumpf nahe bei der Stadt erlegt hatten. Diese
Thiere sind im Niger nicht ungewöhnlich, aber gefährlich,

glaube ich, sind sie selten. Für den Reisenden wenigstens sind sie nichts gegen die unermeßlichen Schwärme
Muskito's, die von den Sümpfen und Buchten in solcher Menge emporsteigen, daß es selbst den abgehärtetsten
Negern beschwerlich wird. Da meine Kleider bereits aus
einander fielen, war ich gegen ihre Angriffe sehr schlecht
geschützt; ohne ein Auge zuzuthun, brachte ich gewöhnlich
die Nacht zu, auf und abgehend, und mit meinem Hut
herumschlagend; von ihren Stichen bekam ich unzählige
Blasen an Armen und Beinen, und diese nebst dem Mangel an Schlaf machten, daß mir sehr übel und fieberhaft
zu Muthe ward.

Am 29sten Juli, da mein Wirth merkte, daß ich
kränklich war, trieb er des Morgens sehr zeitig auf meine
Abreise, und gab mir einen Sklaven als Wegweiser nach
Kih mit. Ich konnte nicht gut gehen, aber noch weniger konnte mein Pferd mich tragen, und etwa sechs
Meilen ostwärts von Modibuh fiel es um, als wir eben
einen schweren Lehmgrund paßirten; mein Führer und ich
strengten alle unsere Kräfte an, um ihm wieder auf die
Beine zu helfen, aber umsonst. Ich setzte mich eine
Weile neben diesem nun ganz erschöpften Gefährten meiner Abentheuer hin, da er aber immer' außer Stande
blieb aufzustehen, nahm ich ihm Sattel und Zaum ab,
und legte ihm einen Haufen Gras hin. Ich sah das arme
Thier, wie es keuchend auf der Erde lag, mit sympa-
thetischer Rührung an; denn ich konnte die traurige Besorgniß nicht unterdrücken, daß ich selbst in kurzem eben
so da liegen, und vor Mattigkeit und Hunger umkommen würde. Mit dieser Ahnung verließ ich mein armes
Pferd, und folgte schwer und ungern meinem Führer zu
Fuß längs den Ufern des Flusses. Kih, welches wir um
Mittag erreichten, ist nichts als ein kleines Fischerdorf,
und der Duti, ein verdrießlicher alter Mann, der am
Thore saß, nahm mich sehr kalt auf und sagte, da ich

ihm meine Lage schilderte: er kümmere sich wenig um
schöne Reden, und ich solle nur nicht in sein Haus gehen.
Es half nichts, daß mein Führer für mich sprach; er
blieb unbeweglich auf seinem Sinn. Zum Glück kam
ein Fischerkahn, der nach Silla gehörte, eben den Fluß
herunter. Der Duti rief die Fischer heran, und bat sie,
mich bis Muhrzan mitzunehmen; nach einigen Bedenk-
lichkeiten willigten sie ein, und ich bestieg den Kahn, worin
der Fischer, seine Frau und ein Knabe sich befanden.
Den Neger bat ich, auf seinem Rückwege nach meinem
Pferde zu sehen, und sich seiner anzunehmen, wenn es
noch lebte, was er auch versprach.

Als wir etwa eine Meile den Fluß hinunter gefahren
waren, ruderte der Fischer den Kahn ans Ufer und hieß
mich aussteigen. Er band den Kahn an einen Pfahl,
warf seine Kleider ab, und tauchte so lange unter, daß ich
wirklich glaubte, er sei ertrunken, und mich sehr wunderte,
seine Frau so gleichgültig zu sehn. Endlich kam er hinter
dem Kahn wieder zum Vorschein, er rief nach einem
Strick, mit diesem tauchte er zum zweiten Male unter,
kam dann in den Kahn, und befahl dem Knaben ihm ziehen zu helfen. Sie brachten einen großen Korb herauf,
etwa zehn Fuß im Durchmesser, worin zwei schöne Fische
waren, die der Fischer, nachdem der Korb wieder ins
Wasser gelassen worden, sogleich ans Land trug und im
Grase versteckte. Ein wenig weiter unten wurde noch ein
Korb heraufgezogen, worin Ein Fisch war. Der Fischer
verließ uns nun, um seinen Fang auf den nächsten Markt
zu tragen, und die Frau und der Knabe fuhren mit mir
weiter den Fluß hinunter.

Um vier Uhr kamen wir nach Muhrzan, einem
Fischerort am nördlichen Ufer; von da ward ich über den
Fluß nach Silla, einer großen Stadt, geführt, wo ich,
bis es völlig finster ward, unter einem Baume blieb, umgeben von vielen hundert Menschen. Ihre Sprache war

von der in andern Gegenden von Bambarra völlig verschieden, und ich erfuhr, daß weiter ostwärts die Bambarranische Sprache wenig verstanden würde, und daß ich in
Dschenneh den größeren Theil der Einwohner eine ganz
andere würde reden hören, welche die Neger Dschen-
neh-Kummo, die Mauren Kalam-Suchdan
nennen.

Auf vieles Bitten erlaubte mir der Duti in seinen
Baluhn zu kommen, um mich vor dem Regen zu bergen;
es war aber sehr feucht da, und ich hatte in der Nacht
einen Fieberanfall. Nun fing ich an ernstlich über meine
Lage nachzudenken: ich war durch Krankheit herunterge-
bracht, von Hunger und Mühseligkeiten erschöpft, halb
nackend, und ohne irgend etwas von Werth, wodurch ich
mir hätte Speise, Wohnung und Kleider verschaffen können. Durch eine schmerzliche Erfahrung war ich zu
der Ueberzeugung gekommen, daß sich meinem weiteren
Vordringen unübersteigliche Schwierigkeiten in den Weg
stellten. Die tropischen Regen traten schon in ihrer ganzen
Heftigkeit ein; die Reißfelder und Niederungen waren
überall überschwemmt, und wenige Tage weiterhin wäre
jede andere Art zu reisen, als zu Wasser, völlig unmöglich gewesen. Die Kauries, die mir noch von Mansongs
Geschenk übrig geblieben waren, hätten nicht hingereicht,
um einen Kahn für einen beträchtlichen Weg zu miethen,
und ich hatte wenig Hofnung in einer Gegend, wo die
Mauren so viel Einfluß haben, bloß von der allgemeinen
Wohlthätigkeit leben zu können. Vor allen Dingen aber
sah ich deutlich, daß ich je weiter landeinwärts desto mehr
in die Gewalt dieser fühllosen fanatischen Barbaren käme,
und meine Aufnahme in Sego und in Sansanding ließ mich
befürchten, daß ich schon bei dem Versuch, Dschenneh zu erreichen, wenn es nicht unter dem Schutz eines angesehenen
Mauren geschähe, den ich doch auf keine Weise zu erlangen
wußte, mein Leben einbüßen würde, und das ganz ohne

Nutzen, denn meine Entdeckungen würden mit mir un=
tergehen. Die Aussicht war auf beiden Seiten sehr
trübe. Wollte ich nach dem Gambia zurück kehren, so
hatte ich viele hundert Meilen durch ein Land zu wan=
dern, welches mir ganz unbekannt war. Dennoch war
dies das einzige was mir übrig blieb; denn bei je=
dem Versuch ostwärts vorzudringen, sah ich meinen un=
vermeidlichen Untergang vor Augen. In dieser festen
Ueberzeugung wird, hoffe ich, der Leser gestehen, daß ich
Recht that nicht weiter zu gehen. Ich hatte alles, was
die Klugheit zuließ, versucht, um meiner Sendung in ih=
rem ganzen Umfang Genüge zu leisten. Wäre nur die
entfernteste Aussicht zu einem glücklichen Ausgang gewe=
sen, so hätten mich weder die unvermeidlichen Beschwer=
den der Reise, noch die Gefahren einer zweiten Gefangen=
schaft bewegen sollen meinen Vorsatz aufzugeben. Dazu
war ich aber jetzt schlechterdings genöthigt, und wie auch
die Leser im Allgemeinen darüber denken mögen, meine
verehrten Committenten haben mir bei meiner Rückkunft
ihre vollkommne Zufriedenheit mit meinem Benehmen zu
erkennen gegeben.

Nachdem ich endlich durch viele Zweifel und Bedenk=
lichkeiten hindurch zu dem Entschluß gekommen war, nach
Westen umzukehren, hielt ich es für meine Pflicht, ehe ich
Silla verließ, von den Maurischen und Neger=Kaufleu=
ten über den östlichen Lauf des Nigers und die Lage und
den Umfang der daran stoßenden Reiche soviel Nachrichten
einzuziehen, als ich nur immer könnte, und die folgenden
wenigen Angaben habe ich aus soviel verschiedenen Quel=
len erhalten, daß ich sie füglich als authentisch ansehen kann.

Zwei kleine Tagereisen ostwärts von Silla liegt die
Stadt Dschenneh auf einer kleinen Insel im Strome; sie
soll mehr Einwohner haben als Sego selbst, oder irgend
eine andere Stadt in Bambarra. Zwei Tagereisen wei=
terhin breitet sich der Strom in einen ansehnlichen See

aus, welcher Dibbih oder der schwarze See heißt, und über dessen Größe ich keine weitere Nachricht erhalten konnte, als daß die Kähne, wenn sie ihn von Westen nach Osten durchschneiden, einen ganzen Tag lang das Land aus dem Gesicht verlieren. Aus diesem See kommt das Wasser in verschiedenen Strömen hervor, die sich in zwei große Arme vereinigen, von denen der eine nordostwärts, der andere ostwärts fließt; aber auch diese vereinigen sich wieder bei Kabra, welches eine Tagereise südwärts von Tombuktu liegt, und der Hafen oder Ladungsplatz für diese Stadt ist. Der Landstrich, den die beiden Ströme einschließen, heißt Dschinbala, und ist von Negern bewohnt, und die ganze Entfernung von Dschenneh nach Tombuktu beträgt zu Lande zwölf Tagereisen.

Eilf Tagereisen von Kabra, den Strom hinunter, geht er südlich vor Hussa vorbei, in einer Entfernung von zwei Tagereisen. Mit dem weiteren Lauf dieses großen Stromes und seinem Ende, schienen alle Einwohner, mit denen ich sprach, gänzlich unbekannt zu sein. Ihr kaufmännisches Interesse führt sie selten weiter als bis Tombuktu und Hussa, und da es ihnen bei diesen Reisen nur um ihren Erwerb zu thun ist, so bekümmern sie sich wenig um den Lauf der Ströme oder die Geographie des Landes. Höchst wahrscheinlich ist es aber, daß der Niger zwischen sehr entfernten Völkern eine sichre und leichte Gemeinschaft eröffnet. Alle stimmten darin überein, daß die Sprache vieler von den Negerkaufleuten, die von Osten her nach Tombuktu und Hussa kommen, von der bambarranischen und der in allen andern ihnen bekannten Reichen völlig verschieden sei. Diese Kaufleute selbst aber scheinen von dem Ende des Stromes nichts zu wissen, indem diejenigen unter ihnen, welche arabisch sprechen können, von der erstaunlichen Länge seines Laufes nur in höchst allgemeinen Ausdrücken reden; sie glauben, sagen sie, er ginge bis an der Welt Ende.

Die Namen vieler Königreiche östlich von Huffa, wissen die Bambarraner. Es wurden mir Bogen und Pfeile von sehr sonderbarer Arbeit gezeigt, und gesagt, sie kämen aus dem Königreich Kaffina.

Am nördlichen Ufer des Niger, nicht weit von Silla, ist das Königreich Mafina, welches von Fulah's bewohnt wird. Sie legen sich hier, wie überall, vornehmlich auf die Viehzucht, und bezahlen dem König von Bambarra einen jährlichen Tribut von dem Lande, welches sie inne haben.

Nordöstlich von Mafina liegt das Königreich Tombuktu, der große Gegenstand der europäischen Nachforschungen, dessen Hauptstadt einer der wichtigsten Marktplätze für den ausgebreiteten Handel zwischen den Mauren und Negern ist. Die Hoffnung auf diesem Wege Reichthümer zu erwerben, und der Eifer für die Ausbreitung der Religion, haben diese Stadt mit Mauren und mahomedanischen Proselyten angefüllt; der König selbst und die vornehmsten Staatsbedienten sind Mauren, und sie sollen in ihren Grundsätzen strenger und unduldsamer sein, als irgend ein anderer Stamm in diesem Theile von Afrika. Ein alter ehrwürdiger Neger erzählte mir, er habe, da er zum erstenmal nach Tombuktu gekommen sei, sein Quartier in einer Art von öffentlichem Gasthause genommen, und als der Wirth ihn in seine Hütte geführt, habe er eine Matte auf den Boden gebreitet und einen Strick darauf gelegt, wobei er ihn also angeredet: „Bist du ein Muselmann, so bist du mein Freund, und kannst dich niedersetzen; bist du aber ein Kafir, so bist du ein Sklave und ich will dich an diesem Strick zu Markte führen". Der jetzige König von Tombuktu heißt Abu Abrahima und soll unermeßliche Reichthümer besitzen. Seine Frauen und Konkubinen sind in Seide gekleidet, und die obersten Staatsbedienten leben in großem Glanz. Alle Unkosten der Regierung werden, wie man mir sagte,

durch

durch eine, auf die Waaren gelegte Taxe bestritten, welche an den Thoren der Stadt eingehoben wird.

Die Stadt Huſſa, die Hauptſtadt eines großen Reiches gleiches Namens öſtlich von Tombuktu, iſt ein anderer großer Markt für den mauriſchen Handel. Ich ſprach mit vielen Kaufleuten, die in dieſer Stadt geweſen waren, und ſie waren darüber einig, daß ſie größer und volkreicher ſei als Tombuktu. Handel, Polizei und Verfaſſung, ſind in beiden faſt einerlei, nur daß in Huſſa verhältnißweiſe viel weniger Mauren ſind, daher auch die Neger einigen Antheil an der Regierung haben.

Ueber das kleine Königreich Dſchinbala konnte ich nicht viel Auskunft bekommen. Der Boden ſoll ſehr fruchtbar und das ganze Land ſo ſehr von Gewäſſern und moraſtigen Niederungen durchſchnitten ſein, daß die Mauren bisher bei jedem Verſuch es zu erobern zurückgewieſen worden ſind. Die Einwohner ſind Neger, und viele unter ihnen ſollen in einem artigen Wohlſtande leben; beſonders in der Nähe der Hauptſtadt, welche ein Ruheplatz für die Kaufleute iſt, die Güter von Tombuktu nach den weſtlichen Gegend von Afrika führen.

Südwärts von Dſchinbala liegt das Neger-Königreich Gotto, welches von weitem Umfang ſein ſoll. Ehedem war es in eine Menge kleiner Staaten getheilt, deren jeder von ſeinem eigenen Oberhaupt regiert wurde; ihre Streitigkeiten untereinander, begünſtigten aber Einfälle von den benachbarten Königreichen her. Endlich gelang es einem von dieſen Oberhäuptern, Namens Muſſi, ſie alle zum Kriege gegen Bambarra zu vereinigen; bei dieſer Gelegenheit ward er einmüthig zum General erwählt, indem die anderen Oberhäupter es ſich gefallen ließen, eine Zeitlang unter ſeinen Befehlen zu ſtehn. Muſſi rüſtete ſogleich an den Ufern des ſchwarzen Sees eine

Park's Reiſe. N

Flotte von Kähnen aus, die er mit Proviant beladen den Niger hinauf nach Dschenneh schickte, und er setzte sich mit seiner ganzen Armee gegen das Bambarranische in Bewegung. Er kam an den Ufern des Nigers, Dschenneh gegenüber, an, ehe noch die Einwohner das geringste von seiner Annäherung erfahren hatten; seine Kahnflotte stieß denselben Tag zu ihm, und nachdem er seine Vorräthe gelandet hatte, schiffte er einen Theil seiner Armee ein, und eroberte in der Nacht Dschenneh mit Sturm. Diese Begebenheit setzte den König von Bambarra in solche Furcht, daß er durch Abgesandte um Frieden bitten ließ, und sich dazu verstand, dem Mußi jährlich eine gewisse Anzahl von Sklaven zu bezahlen und alles wieder zu erstatten, was den Einwohnern von Gotto war genommen worden. Mußi kehrte triumphirend nach Gotto zurück, wo er zum König ausgerufen und die Hauptstadt des Landes nach seinem Namen benannt wurde.

Westwärts von Gotto ist das Königreich Baeduh, welches ohngefähr vor sieben Jahren von dem jetzigen König von Bambarra erobert wurde, und ihm seitdem zinsbar geblieben ist.

Westwärts von Baeduh liegt Maniana, dessen Bewohner nach den besten Nachrichten, die ich einziehn konnte, grausam und wild sind. Sie sind gegen ihre Feinde so erbittert, daß sie nie Pardon geben, und sogar unnatürliche und ekelhafte Gastmäler von Menschenfleisch anstellen.

Ich weiß wohl, daß man die Nachrichten, welche die Neger von ihren Feinden geben, immer für sehr verdächtig halten muß; aber ich habe dieselbe Erzählung in so verschiedenen Ländern, und von so verschiedenen Menschen gehört, gegen deren Glaubhaftigkeit ich gar nichts einzuwenden hatte, daß ich in der That geneigt bin, ihr einigen Glauben beizumeſſen. Die Bambarraner müſſen während eines langen und blutigen Krieges, häufig Gelegenheit gehabt haben, über dieſen Punkt hinter die Wahrheit zu kommen, und wenn die Sache ganz ohne Grund wäre, ſo begreife ich nicht, wie man den Namen Ma Dummulo „Menſchenfreſſer‟ ſo ausſchließend den Einwohnern von Maniana beilegen würde.

Siebzehnter Abschnitt.

Der Verfasser wendet sich wieder nach Westen, und findet
sein Pferd wieder. — Beschwerden auf der Reise wegen der Ueberschwemmungen. — Er erfährt, daß der
König von Bambarra ihn gefangen nehmen lassen will,
vermeidet Sego und reist längst den Ufern des Nigers
weiter. — Ankunft in Taffara.

Nachdem ich mich aus den oben erzählten Ursachen entschlossen hatte, von Silla aus nicht weiter ostwärts zu
gehn, sagte ich dem Duti, ich wäre gesonnen, nach Sego
zurückzukehren, und wollte meinen Weg am südlichen Ufer
des Stroms nehmen; er sagte mir aber, daß es wegen
der vielen Buchten und Sümpfe, an dieser Seite nicht
möglich wäre, einen andern Weg zu nehmen, als am nördlichen Ufer, und auch dieser Weg, würde wegen der
Ueberschwemmungen bald nicht mehr zu passiren sein.
Da er übrigens meinen Entschluß nach Westen umzukehren billigte, redete er mit einem von den Fischern, wegen
meiner Ueberfahrt nach Murzan. Ich setzte mich also
am 30sten Juli, Morgens um acht Uhr, in einen Kahn,
und in einer halben Stunde war ich in Murzan gelandet.
Hier miethete ich für 60 Kauries einen Kahn, und kam
Nachmittags nach Kih, wo mir der Duti für vierzig
Kauries die Erlaubniß ertheilte, mit einem von seinen
Sklaven in einer Hütte zu schlafen. Da dieser arme
Neger sah, wie krank ich war, und wie zerrissen meine
Kleider, lieh er mir eine große Decke, um mich in
der Nacht darin einzuhüllen.

Den 31sten Juli, da des Dutis Bruder nach Modibuh
ging, nahm ich diese Gelegenheit wahr, und begleitete
ihn; denn es giebt keinen gebahnten Weg dorthin. Er
versprach mir meinen Sattel zu tragen, den ich in Kih
gelassen hatte, und mit dem ich nun dem König von Bambarra ein Geschenk machen wollte.

Etwa eine Meile westwärts von Kih, sahen wir am Ufer des Flusses eine große Menge irdener Krüge, sehr ordentlich aufgestellt. Sie waren sehr niedlich geformt, aber nicht glasirt, und offenbar von der Art Töpferwaare, die man zu Dauni, einer Stadt westwärts von Tombuktu, verfertigt, und sehr vortheilhaft in mehreren Gegenden von Bambarra verkauft. Als wir uns den Krügen näherten, pflückte mein Begleiter eine Handvoll Gras, und warf es darauf, machte mir auch ein Zeichen dasselbige zu thun. Hierauf erzählte er mir sehr ernsthaft: diese Krüge gehörten irgend einem überirdischen Wesen; sie wären vor zwei Jahren in ihrer gegenwärtigen Lage gefunden worden, und da sich niemand dazu gemeldet habe, so werfe nun jeder Reisende, aus Ehrfurcht vor dem unsichtbaren Eigenthümer, im Vorbeigehn etwas Gras oder einen Zweig darauf, um sie vor dem Regen zu schützen.

Indem wir so in freundschaftlicher Unterhaltung unsern Weg fortsetzten, sahen wir die Spur eines Löwen noch ganz frisch im Schlamm an der Flußseite. Mein Gefährte ging nun nur mit der äußersten Behutsamkeit vorwärts; als wir aber an dickes Strauchwerk kamen, bestand er darauf, ich sollte voran gehen. Ich suchte mich damit zu entschuldigen, daß ich den Weg nicht wisse, er beharrte aber bei seiner Forderung, und nach einigen lauten Worten und drohenden Blicken, warf er meinen Sattel hin, und ging fort. Dies brachte mich sehr aus der Fassung. Da ich aber alle Hoffnung aufgegeben hatte, wieder ein Pferd zu bekommen, konnte ich nicht daran denken, mich mit dem Sattel zu beladen; ich nahm also nur den Gurt und die Steigbügel davon, und warf den Sattel in den Fluß. Kaum hatte dies der Neger gesehen, so kam er aus dem Busch, in welchem er sich versteckt hatte, hervorgesprungen, stürzte sich ins Wasser, holte mit Hülfe seines Speers den Sattel heraus, und rannte damit fort. Ich ging längst dem Ufer weiter, da aber der Wald sehr dick war, und ich alle Ursach hatte zu glauben, daß ein Löwe in der Nähe wäre, war ich sehr ängstlich, und nahm einen großen Umweg durch die Büsche, um ihn zu vermeiden.

Gegen vier Uhr erreichte ich Modibuh, wo ich meinen Sattel fand. Dem Neger, der früher ankam, war bange geworden, ich möchte dem Könige von seiner Aufführung erzählen, und darum hatte er den Sattel in einem Kahn mitgebracht. Indem ich über dies Betragen des Wegweisers, der mich in einer solchen Lage verlassen hatte, mit dem Duti sprach, hörte ich ein Pferd wiehern und der Duti fragte, ob ich wol wüßte wer mit mir spräche? Er sagte mir, daß mein Pferd noch lebe, und sich etwas von seiner Schwäche erholt habe, zugleich bestand er aber darauf, daß ich es mitnehmen solle; denn er habe einmal eines Mauren Pferd vier Monate lang bei sich gehabt, und als es wieder in gutem Stande gewesen, habe es der Maur zurückgefordert, und sich geweigert ihm irgend eine Belohnung für seine Mühe zu geben.

Den 1sten August ging ich, mein Pferd vor mir hertreibend, von Modibuh ab, und erreichte Niamih, wo ich drei Tage blieb, weil es diese ganze Zeit über so heftig regnete, daß sich niemand aus der Thür wagte.

Am 5. August reiste ich von Niamih ab: Das Land war aber so überschwemmt, daß ich oft in Gefahr war den Weg zu verlieren und in den Savannen ganze Meilen weit bis an die Knie im Wasser waten mußte. Selbst das Kornland, welches immer das trockenste in der Gegend ist, war so vom Wasser durchweicht, daß mein Pferd zweimal im tiefen Schlamm stecken blieb und nur mit der größten Mühe heraus gezogen werden konnte.

Abends kam ich nach Niara, wo der Duti mich wohl aufnahm. Da es den 6ten regnete, reiste ich erst den 7ten wieder ab; das Wasser war aber so hoch angeschwollen, daß ich an einigen Stellen kaum durchkommen konnte. Ich watete bis an die Brust durch den Sumpf und kam nur bis Nimabuh, ein kleines Dorf, wo ich für hundert Kauries von einigen Fulah's Korn genug für mein Pferd und Milch für mich bekam.

Den 8. August. Die Mühseligkeiten, die ich Tages vorher erduldet, erregten ein dringendes Verlangen in mir, einen Reisegefährten anzuwerben, besonders da ich überzeugt war, die Gegend würde in einigen Tagen so überschwemmt sein, daß es völlig unmöglich sein würde zu reisen; allein auch für zweihundert Kauries, die ich bot, wollte mich niemand begleiten. Am folgenden Morgen (den 9ten) kam ein Maur mit seiner Frau das Dorf vorbei; sie ritten auf Ochsen und gingen mit Salz nach Sego. Sie ließen sichs gefallen mich mitzunehmen, aber sie nützten mir wenig; denn der Weg war ihnen unbekannt und da sie an einen sandigen Boden gewöhnt waren, gaben sie schlechte Gefährten ab. Anstatt vor den Ochsen herzuwaten, um zu fühlen, ob der Grund auch fest wäre, ritt die Frau ganz keck, oben auf ihrer Ladung sitzend, in das erste Wasser hinein; aber kaum war sie zweihundert Ruthen weit, so versank der Ochse in ein Loch und zog sie zusamt der Ladung zwischen das Schilf hinunter. Der Mann stand eine ganze Weile versteinert vor Schreck, und ließ seine Frau beinahe ertrinken, ehe er ihr zu Hülfe kam.

Gegen Sonnenuntergang kamen wir nach Sibiti, als ich aber den Duti um einen Führer nach Sansanding bat, sagte er mir ganz kalt, seine Leute hätten anders zu thun. Ich wurde in eine dumpfige alte Hütte gewiesen, wo ich eine sehr schlechte Nacht hatte. Wenn die Wände dieser Hütten vom Regen durchweicht sind, werden sie öfters zu schwach, um die Last des Daches zu tragen; ich hörte diese Nacht drei Hütten einstürzen, und mir war

bange, daß meine die vierte sein würde. Als ich des
Morgens ausging, etwas Gras für mein Pferd zu pflük=
fen, zählte ich vierzehn Hütten, welche auf diese Art seit
Anfang der Regenzeit eingefallen waren. Den gan=
zen folgenden Tag regnete es äußerst heftig, und da mir
der Duti nichts zu leben geben wollte, kaufte ich etwas
Korn, welches ich mit meinem Pferde theilte.

Den 11. August nöthigte mich der Duti den Ort zu
verlassen, und ich machte mich auf nach Sansanding, oh=
ne große Hofnung, daß es mir dort besser gehen würde
als in Sibiti; denn ich erfuhr von Leuten, die mich be=
suchten, es habe sich ein Gerücht verbreitet, und es werde
allgemein geglaubt, daß ich als ein Spion nach Bam=
barra gekommen sei; und da Mansong mich nicht vor sich
gelassen hatte, so hatten die Duti's an jedem Ort völlige
Freiheit, mich zu behandeln, wie sie wollten. Dieselbe
Geschichte wurde mir so oft wiederholt, daß ich an der
Wahrheit der Sache nicht zweifeln konnte. Ich kam ge=
gen Sonnenuntergang nach Sansanding, und wurde auf=
genommen, wie ich es erwartet hatte. Kaunti Mamadi,
der vorher so gütig gegen mich war, begrüßte mich kaum.
Jeder suchte mich zu vermeiden, und mein Wirth schickte
jemand zu mir, um mir zu sagen, man habe sehr nach=
theilige Dinge über mich aus Sego gehört, und er wün=
sche, daß ich des Morgens zeitig abreisen möchte. Ge=
gen zehn Uhr Abends kam Kaunti Mamadi selbst insge=
heim zu mir, und erzählte mir, Mansong habe einen Kahn
ausdrücklich nach Dschenneh gesandt, um mich zurückzu=
holen, und er besorge, ich würde sehr viel Unannehmlich=
keiten erfahren, wenn ich nach Westen ginge. Er rieth
mir von Sansanding vor Tagesanbruch abzureisen, und
warnte mich weder in Diggani noch in irgend einem Ort
nahe bei Sego anzuhalten.

Am 12. August reiste ich also von Sansanding ab und
erreichte Nachmittags Kabba. Als ich mich der Stadt

näherte, fand ich zu meiner Verwunderung mehrere
Menschen am Thor versammelt, von denen Einer, als ich
heran kam, auf mich zulief, mein Pferd am Zügel nahm,
und mich rund um die Mauern der Stadt führte; dann
zeigte er nach Westen und sagte: ich sollte gehen, oder es
würde übel mit mir werden. Umsonst stellte ich ihm die
Gefahr vor, der ungestümen Witterung und der Wuth
der wilden Thiere ausgesetzt, in den Wäldern von der
Nacht überfallen zu werden. „Geh,“ war seine ganze
Antwort: und da mehr Leute kamen und mich sehr ernstlich auf dieselbe Art nöthigten zu gehn, vermuthete ich,
es möchten einige von des Königes nach mir ausgeschickten Leuten im Orte sein, und diese Neger hätten mich aus
lauter Güte herumgeführt, um mir das Entkommen zu
erleichtern. Ich nahm also den Weg nach Sego mit der
eben nicht tröstlichen Aussicht, die Nacht in den Aesten
eines Baumes zuzubringen. Drei Meilen weiterhin kam
ich an ein kleines Dorf, nahe an der Straße. Der Duti
stand am Thor und spaltete Holz; ich fand ihn nicht geneigt mich aufzunehmen, und da ich dennoch versuchen
wollte, hinein zu reiten, sprang er auf und drohte mir
mit dem Stück Holz, das er eben in der Hand hielt, mich
vom Pferde herunter zu hauen, wenn ich noch einen Schritt
näher käme. Nicht weit von diesem Dorf abwärts von
der Straße liegt ein anderes, eben so kleines. Ich vermuthete, daß die Bewohner desselben, eben weil man gewöhnlich nicht bei ihnen vorbei reist, weniger Einwendungen dagegen machen würden, mir Nachtquartier zu geben; ich ritt also quer über die Kornfelder und setzte mich
am Brunnen unter einen Baum. Ein paar Frauen
kamen um Wasser zu schöpfen, und die eine, welche
sah, daß ich ein Fremder war, fragte wohin ich ginge.
Ich sagte ihr, ich ginge nach Sego, es habe mich aber auf
der Straße die Nacht überfallen und ich wünsche hier im
Dorfe bleiben zu können bis Morgen; ich bat, sie möchte
den Duti mit meinen Umständen bekannt machen. Bald

darauf ließ mich der Duti holen und erlaubte mir in ei=
nem großen Baluhn zu schlafen, in dessen einem Winkel
ein Ofen gebaut war, um die Früchte des Schihbaumes
zu trocknen. Es mochte etwa ein halber Karren voll
darin sein und unten wurde ein helles Feuer unterhalten.
Die Leute sagten, die Frucht würde in drei Tagen so weit
sein, daß man sie stoßen und kochen könne, und die But=
ter, die auf diese Art bereitet würde, sei besser als die von
Früchten, die an der Sonne getrocknet wären, besonders
in der regnichten Jahreszeit, wo die letztere Verfahrungs=
art immer langwierig wäre und oft ganz mißlänge.

Den 13ten August gegen zehn Uhr erreichte ich ein
kleines Dorf, eine halbe Meile von Sego, wo ich mir
umsonst Mühe gab, einige Lebensmittel zu bekom=
men. Jeder schien ängstlich bemüht, mich zu vermeiden,
und ich konnte an den Mienen und dem Betragen der Ein=
wohner deutlich sehn, daß sehr ungünstige Gerüchte von
mir herumgehn mußten. Es wurde mir wieder gesagt,
daß Mansong Leute ausgeschickt habe, um mich festzu=
nehmen; und des Duti's Sohn sagte, ich hätte keine
Zeit zu verlieren, wenn ich glücklich aus Bambarra ent=
kommen wollte. Ich sah nun wie gefährlich meine Lage
war, und beschloß Sego gänzlich zu vermeiden. Ich be=
stieg mein Pferd, und ritt auf der Straße nach Deggeni
so schnell als ich konnte, bis ich den Leuten im Dorfe ganz
aus dem Gesichte war; dann bog ich westwärts ab durch
hohes Gras und morastigen Grund. Gegen Mittag
machte ich Halt unter einem Baum, um zu überlegen,
welchen Weg ich nehmen sollte; denn ich zweifelte nun
nicht mehr daran, daß die Mauren und Slatihs dem
König über den Gegenstand meiner Sendung falsche Vor=
stellungen beigebracht hätten, und daß wirklich Leute aus=
geschickt wären, um mich gefangen nach Sego zurückzu=
bringen. Bisweilen fiel mir der Gedanke ein, mit mei=
nem Pferde über den Niger zu schwimmen, und südwärts
nach Cape Coast zu gehn; wenn ich aber bedachte, daß

ich zehn Tage zu reisen hätte, ehe ich nur Kong erreichte, und daß ich dann noch eine große Strecke Landes zu durch= wandern hätte, die von verschiedenen Nationen bewohnt wird, mit deren Sprache und Sitten ich gänzlich unbe= kannt war, so verwarf ich wiederum diesen Plan, und meinte, ich würde der Absicht meiner Sendung besser entsprechen, wenn ich westwärts längs dem Niger hin= ginge, und zu erforschen suchte, wie weit der Strom in dieser Richtung schiffbar ist. Bei diesem Entschluß blieb es, und so kam ich gegen Abend in ein Fulah=Dorf, Na= mens Subu, wo ich für zweihundert Kauries ein Nacht= quartier bekam.

Den 14ten August setzte ich meinen Weg längs dem Ufer des Flusses fort, durch eine bevölkerte und wohl= angebaute Gegend. Durch eine mit Mauern ver= sehene Stadt Kamalia *) ging ich ohne anzuhalten, und Mittags ritt ich durch eine große Stadt Samih, wo eben Markt gehalten wurde, und viel Menschen auf einem ofnen Platz mitten in der Stadt versammelt waren, und mit Vieh, Zeug, Korn 2c. handelten. Ich ritt mitten durch sie hindurch, ohne eben sehr bemerkt zu werden, weil mich jedermann für einen Mauren hielt. Nachmit= tags kam ich in ein kleines Dorf Binni, wo ich mit des Duti's Sohn für hundert Kauries einig wurde, daß er mich die Nacht beherbergen sollte; als aber der Duti nach Hause kam, bestand er darauf, ich sollte augenblicklich den Ort verlassen, und wenn sich nicht seine Frau und sein Sohn für mich verwendet hätten, würde ich haben nachgeben müssen.

Den 15ten August um neun Uhr kam ich durch eine große Stadt, Namens Sai, welche meine Neugierde gar sehr beschäftigte. Sie war nehmlich ganz und gar mit einem doppelten Laufgraben umgeben, der von der Ringmauer

---

*) Es giebt noch eine andere Stadt dieses Namens, deren weiter unten Erwehnung geschieht.

ohngefähr sechs hundert Fuß weit absteht. Auf dem
Aufwurf desselben stehn eine Anzahl viereckiger Thürme,
und das Ganze hat das Ansehn einer regelmäßigen
Festung. Ich fragte nach dem Ursprung dieser sonderba=
ren Umschanzung, und erfuhr von zwei Leuten aus der
Stadt folgende Umstände, die, wenn sie sich so verhal=
ten, ein trauriges Bild von den Abscheulichkeiten der
afrikanischen Kriege geben. Ohngefähr vor funfzehn
Jahren, so erzählten sie, als der Vater des jetzigen Kö=
nigs von Bambarra Maniana verwüstete, verlor der Duti
von Sai zwei Söhne, welche für den König fochten, in
der Schlacht. Er hatte noch einen dritten Sohn, und
als der König in der Folge Verstärkungen verlangte, und
darunter auch diesen Jüngling, so weigerte sich der Duti,
ihn herzugeben. Dies Betragen brachte den König dermaßen
auf, daß, als er beim Eintritt der Regenzeit aus Ma=
niana zurückkehrte, und die Einwohner den Duti schützten,
er sich mit seiner Armee vor Sai lagerte, und die Lauf=
gräben um die Stadt zog, welche ich eben gesehen hatte.
Nach einer zweimonatlichen Belagerung geriethen die
Einwohner in die fürchterlichste Hungersnoth, und indem
die Armee des Königs in ihren Laufgräben schwelgte, sah
sie mit Vergnügen, wie die unglücklichen Belagerten die
Blätter und Rinde des Bentangbaums verzehrten, der
mitten in ihrer Stadt stand. Da der König sah, daß sie
dennoch lieber umkommen, als sich ergeben würden, nahm
er seine Zuflucht zur Verrätherei. Er versprach, wenn
sie die Thore öfneten, sollte niemanden das Leben
genommen, oder das mindeste Leid zugefügt werden, als
dem Duti allein. Der arme alte Mann wollte sich für
seine Mitbürger aufopfern, und ging sogleich hinüber zu
des Königs Armee, wo er umgebracht ward. Sein
Sohn, der zu entkommen versuchte, ward ergriffen, und
in den Laufgräben niedergemacht, und die übrigen Ein=
wohner wurden gefangen weggeführt, und als Sklaven
an Negerkaufleute verhandelt.

Gegen Mittag kam ich in das Dorf Kaimuh, welches am Ufer des Stroms liegt, und da das Korn, welches ich in Sibiti gekauft hatte, zu Ende war, suchte ich einen frischen Vorrath anzuschaffen, hörte aber, daß in der ganzen Gegend das Korn sehr selten geworden sei, und ob ich gleich für eine kleine Quantität funfzig Kauries bot, wollte mir doch niemand etwas verkaufen. Als ich eben wegreisen wollte, kam noch einer von den Bauern, der mich wahrscheinlich für einen maurischen Scherif ansah, und brachte mir etwas zum Geschenk, wofür er nichts verlangte, als meinen Segen; den gab ich ihm in gutem Englisch, und er nahm ihn mit tausend Danksagungen an. Dies Geschenk war mein Mittagsmahl, und ich hatte nun drei Tage hintereinander nur von rohem Korn gelebt.

Gegen Abend kam ich an ein kleines Dorf, Song, dessen verdrießliche Einwohner mich nicht aufnehmen, ja nicht einmal zum Thore hineinlassen wollten; da aber die Löwen in dieser Gegend sehr zahlreich waren, und ich den Tag über unterweges häufig ihre Fußstapfen gesehen hatte, so beschloß ich wenigstens in der Nähe des Dorfes zu bleiben. Ich sammelte also etwas Gras für mein Pferd, und legte mich unter einen Baum am Thor. Gegen zehn Uhr hörte ich das hohle Brüllen eines Löwen in einer nicht sehr großen Entfernung, und versuchte das Thor zu öfnen. Die Leute drinnen aber sagten mir, es dürfe niemand zum Thor hinein, ohne Erlaubniß des Duti. Ich bat sie dem Duti zu sagen, daß sich ein Löwe dem Dorfe nähere, und ich hofte, er würde mich deshalb ins Thor hineinlassen. Mit großer Angst erwartete ich die Antwort auf diese Botschaft; denn der Löwe schlich immer um das Dorf herum, und kam einmal so nahe, daß ich ihn im Grase ruscheln hörte, und eilig auf einen Baum stieg, um mich in Sicherheit zu setzen. Um Mitternacht öfnete der Duti mit seinen Leuten das Thor, und ließ mich hereinkommen. Sie wären jetzt überzeugt, sagten sie, daß ich kein Maur wäre; denn ein Maur warte nie eine Zeitlang an dem Thore eines Dorfs, ohne den Einwohnern zu fluchen.

Den 16ten gegen zehn Uhr kam ich durch eine beträchtliche Stadt mit einer Moschee; sie hieß Dschabbih. Das Land fängt hier an, sich in Hügeln zu erheben, und ich konnte gegen Westen hin die Spitzen hoher Berge sehen. Den ganzen Tag hatte ich wegen der grundlosen Wege eine sehr unangenehme Reise; denn der Fluß war nun zu einer solchen Höhe gestiegen, daß er sich über einen großen Theil des flachen Landes zu beiden Seiten ausbreitete, und weil das Wasser sehr schlammig ist, war es schwer die tiefen Stellen zu unterscheiden. Indem ich ein wenig westwärts von einem Orte, Namens Gangu, quer durch eine von diesen überschwemmten Stellen ritt, glitt mein Pferd, welches ohnedies bis an den Bauch im Wasser ging, plötzlich in eine tiefe Grube, und wäre beinahe ertrunken, ehe es seine Füße aus dem fetten Lehm auf dem Grunde losmachen konnte. In der That waren Pferd und Reiter beide so ganz mit Schlamm bedeckt, daß, als ich das Dorf Kalimana passirte, die Leute uns mit zwei schmutzigen Elephanten verglichen. Um Mittag machte ich in einem kleinen Dorfe, nahe bei Jamina, Halt, wo ich etwas Korn kaufte, und meine Papiere und Kleider trocknete.

Die Stadt Jamina hat von fern ein sehr schönes Ansehn. Sie hat beinahe einen eben so großen Umfang als Sansanding; da sie aber vor vier Jahren von dem König Däsi von Kaarta geplündert worden ist, hatte sie ihren vorigen Wohlstand noch nicht wieder erlangt. Fast die Hälfte der Stadt ist nichts als ein Haufe Ruinen. Doch ist sie immer noch ein beträchtlicher Ort, und von den Mauren so häufig besucht, daß ich es nicht für rathsam hielt, Quartier darin zu nehmen; um mir aber doch von ihrer Bevölkerung und Größe einen Begrif zu machen, beschloß ich hindurchzureiten. Ich sah sehr viele Mauren

am dem Bentang und an andern öffentlichen Versamm=
lungsplätzen sitzen; jedermann sah mich mit Verwunde=
rung an, da ich aber rasch fortritt, hatten sie nicht Zeit,
viel zu fragen. Nachtquartier bekam ich ohne Schwierig=
keit in Ferre, einem Dorfe mit einer Ringmauer.

Den 17ten August gegen acht Uhr führte mich mein
Weg durch einen ansehnlichen Ort Baleba; hernach ver=
läßt die Straße die Ebene, und geht längs den Hügeln
hin. Ich kam diesen Tag bei den Ruinen von drei Städ=
ten vorbei, deren Einwohner der König Däsi von Kaarta
sämtlich an demselben Tage hinweggeführt hatte, da er
Jamina einnahm und plünderte. Nahe bei einem von
diesen Plätzen stieg ich auf einen Tamarindenbaum, die
Frucht fand ich aber ganz grün und sauer, und der An=
blick der Gegend war auch nichts weniger als einladend:
hohes Gras und Buschwerk schien die Straße völlig zu
versperren, und das niedere Land war alles so überströmt,
daß der Niger das Ansehn eines sehr breiten Sees hatte.
Abends kam ich nach Konika, wo der Duti, der auf einer
Elephantenhaut am Thore saß, mich freundlich aufnahm;
und mir Milch und Mehl zum Abendbrodt gab, was für
mich ein herrlicher Schmaus war.

Den 18ten August schlug ich einen unrechten Weg ein,
und merkte meinen Irrthum nicht eher, bis ich beinahe
vier Meilen gereist war, und auf einen Berg kam, wo
ich den Niger beträchtlich weit von mir zur Linken ent=
deckte. Ich ging nun grade auf ihn zu mit großer Be=
schwerde, durch hohes Gras und Büsche, bis zwei Uhr
Nachmittags, da ich an einen kleinen, aber verhältniß=
mäßig sehr reißenden Fluß kam, den ich zuerst nur für
eine Bucht, oder für eine von den Ausströmungen des
Nigers hielt. Bei genauerer Untersuchung überzeugte ich
mich aber, daß es ein eigener Fluß sei, und da die Straße
offenbar hindurchging, denn ich konnte auf der entgegen=
gesetzten Seite den Steig sehn, so setzte ich mich ans Ufer
hin, und hofte, es würde irgend ein Reisender kommen,

der mir die nöthige Anweisung geben könnte, wie
die Furth ginge: denn die Ufer waren überall so mit
Schilf und Büschen bedeckt, daß es unmöglich gewesen
wäre, irgendwo anders als grade am Wege zu landen,
und dort hin zu kommen, schien mir wegen des reißenden
Stromes sehr schwer zu sein.   Da aber kein Reisender
kam, und es sich stark zum Regen anließ, untersuchte ich
das Gras und die Büsche eine Strecke am Ufer, und
entschloß mich beträchtlich oberhalb des Weges in den
Fluß zu gehen, damit ich die andere Seite erreichen
könnte, ehe der Strom mich zu weit hinunter getrieben
hätte. Ich befestigte also meine Kleider auf dem Sattel,
und stand schon bis an den Nacken im Wasser, als zufällig ein Mann herbeikam, der, da er mich im Wasser
sah, mir sehr stark zurief, herauszukommen; die Alliga-
tors, sagte er, würden mich und mein Pferd verschlingen, wenn wir versuchten, hinüber zu schwimmen. Als
ich herauskam, schien der Fremde, der noch nie einen
Europäer gesehen haben mochte, wunderbar überrascht
zu sein.   Zweimal nahm er seine Hand in den Mund,
und rief mit unterdrückter Stimme aus: „Gott bewahre
mich! wer ist das?“   Da er mich aber Bambarranisch
reden hörte, und fand, daß ich denselben Weg ging als
er, so versprach er mir über den Fluß zu helfen, der, wie
er sagte, Frina hieß. Er ging dann eine kleine Strecke
am Ufer hin, und rief jemand, der von der andern Seite
antwortete. Bald darauf kamen zwei Knaben in einem
Kahne, aus dem Schilf hervorgerudert. Diese Knaben
übernahmen es für funfzig Kauries, mich und mein Pferd
über den Fluß zu schaffen, was auch ohne Schwierigkeit
bewerkstelligt wurde. Abends kam ich nach Taffara, einem Ort mit einer Ringmauer, und merkte bald, daß
ich nun das Gebiet des verdorbenen bambarranischen Dia-
lekts verlassen hatte; denn hier hörte ich wieder die reine
Mandingo-Sprache sprechen.

Achtzehnter Abschnitt.

Unfreundliche Aufnahme zu Taffara. — Der Verfasser setzt seinen Weg längs den Ufern des Nigers fort bis Kulikorro. — Er verdient seinen Unterhalt durch Sofischreiben und kommt nach mancherlei Schwierigkeiten nach Bammaku. — Berathschlagungen über die weitere Reise. — Er wählt den Weg über Sibidulu, wird unterweges von Räubern geplündert, und kommt endlich an diesem Orte an.

Bei meiner Ankunft zu Taffara fragte ich nach dem Duti, hörte aber, daß er vor wenigen Tagen gestorben sei, und daß eben jetzt eine Versammlung gehalten werde, um einen neuen zu wählen, da es Streit über die Nachfolge gebe. Diesem unruhigen Zustande in der Stadt schrieb ich den Mangel an Gastfreundlichkeit zu, den ich erfuhr: denn soviel ich auch versicherte, daß ich mich nur eine Nacht aufhalten wollte, und daß Mansong selbst mir Kauries gegeben habe, um mein Quartier zu bezahlen, so lud mich doch niemand ein, und ich mußte unter dem ungestümsten Regen und Wind, der mit großer Heftigkeit bis Mitternacht anhielt, allein unter dem Bentang sitzen. Um diese Zeit besuchte mich der Fremde, der mir über den Fluß geholfen hatte, und bat mich, an seinem Abendbrodt Theil zu nehmen, welches er vor die Thür seiner Hütte gebracht hatte: denn mit hinein nehmen konnte er mich nicht ohne Bewilligung seines Wirthes, da er selbst ein Gast war. Hernach schlief ich auf etwas feuchtem Grase in einem Winkel eines Hofes. Meinem Pferde gings noch schlimmer als mir: denn das zuletzt gekaufte Korn war verzehrt, und ich konnte diesem Mangel nicht abhelfen.

Den 20sten August kam ich durch die Stadt Dschaba, und hielt einige Minuten in einem Dorf Somino an, wo

Park's Reise.   O

ich auf mein Bitten etwas von einer schlechten Speise erhielt, die aus den Hülsen des Korns bereitet wird und Buh heißt. Gegen zwei Uhr kam ich an das Dorf Suha, und wollte den Duti, der am Thore saß, bewegen, mir etwas Korn zu verkaufen; er wollte aber nicht. Dann bat ich ihn, mir aus Mitleid etwas zu essen zu schenken; er sagte aber, er könne nichts missen. Indem ich die Physiognomie dieses unfreundlichen alten Mannes betrachtete, um die Ursach des bittern Mißvergnügens, welches in seinem Auge lag, zu entdecken, rief er einen Sklaven, der in der Nähe im Kornfeld arbeitete, und befahl ihm, sein Grabscheid mitzubringen. Hierauf ließ er ihn ein Loch graben und wies ihm den Ort dazu an. Der Sklave fing sein Werk an, und der Duti, der von sehr mürrischer Gemüthsart zu sein schien, murmelte und sprach für sich selbst bis die Grube beinahe fertig war; dann wiederholte er öfters die Worte Dankatu „taugt zu gar nichts“, Jankra lemen „wahre Plage“; und da ich diese Ausdrücke auf niemand als auf mich selbst beziehen konnte, und die Grube gar sehr das Ansehn eines Grabes hatte, so hielt ich es für das klügste mein Pferd zu besteigen, und wollte mich eben aus dem Staube machen, als der Sklave, der ins Dorf gegangen war, mit dem ganz nakten Leichnam eines neun oder zehnjährigen Knaben zurückkam. Der Neger schleppte den Körper an einem Bein und einem Arm und warf ihn mit einer rohen Gleichgültigkeit, die ich nie so gesehn hatte, in die Grube. Indem er die Leiche mit Erde bedeckte, sagte der Duti mehrere Male Nafula attiniata, „verlornes Geld“; woraus ich denn schloß, daß der Knabe einer von seinen Sklaven gewesen war.

Ich wendete mich von diesem widrigen Auftritt hinweg und hielt mich am Fluß bis Sonnenuntergang, da ich nach Kuliforro kam; dies ist eine ansehnliche Stadt und ein großer Salzmarkt. Hier nahm ich mein Quar-

tier in dem Hause eines Bambarraners, der ehedem
Sklave eines Mauren gewesen war, und als solcher Reisen nach Aroen, Taudinni und andern Orten in der großen Wüste gemacht hatte; da er aber ein Muselmann
wurde und sein Herr zu Dschenneh starb, erhielt er seine
Freiheit, und ließ sich an diesem Ort nieder, wo er
einen beträchtlichen Handel mit Salz, baumwollnen
Zeugen u. s. w. treibt. Seine Weltkenntniß hatte das
in frühern Jahren eingesogene abergläubische Vertrauen
auf Zaubereien nicht ausgerottet: denn als er hörte, daß
ich ein Christ sei, war sein erster Gedanke, sich ein Safi
zu verschaffen. Er brachte deshalb sein Walha oder
Schreibebrett zum Vorschein, und sagte, er wollte mir
Reis zur Abendmahlzeit zurecht machen, wenn ich
ihm ein Safi gegen böse Menschen schreiben wollte. Der
Vorschlag war zu reizend um abgelehnt zu werden; ich
schrieb also das Brett von oben bis unten auf beiden Seiten voll, und mein Wirth, um gewiß die ganze Kraft des
Zaubers zu besitzen, wusch die Schrift mit etwas Wasser
von dem Brett in ein Kalabasch, sprach einige Gebete
darüber, und schluckte den kraftvollen Trank hinunter;
hernach leckte er noch das Brett, bis es ganz trocken
war, damit ihm auch nicht ein einziges Wörtchen entwischen könnte. Ein Safi-Schreiber war ein zu bedeutender Mann, um lange verborgen zu bleiben; die wichtige Nachricht kam vor den Duti, er schickte seinen Sohn
mit einem halben Bogen Schreibpapier, und verlangte,
ich solle ihm ein Nafula-Safi schreiben, einen Zauberspruch um reich zu werden. Zum Geschenk brachte er
mir etwas Mehl und Milch, und als das Safi fertig war,
und ich es ihm mit vernehmlicher Stimme vorlas,
schien er sehr zufrieden mit seinem Kauf zu sein, und
versprach mir, am andern Morgen noch Milch zum Frühstück zu bringen. Nachdem ich mein Abendbrod von
Reis und Salz verzehrt hatte, legte ich mich auf eine
Rindshaut, und schlief sehr ruhig bis an den Morgen.

Dies war seit langer Zeit die erste gute Mahlzeit und der
erste erquickende Schlaf.

Den 21sten August reiste ich mit Tagesanbruch ab,
und kam gegen Mittag durch die Dörfer Kaju und Tu-
lombo. Nachmittags kam ich nach Marrabu, einer
großen Stadt, die wie Kuliforro, wegen ihres Salzhandels berühmt ist. Man führte mich in das Haus eines
Kaartaners vom Stamm Dschauer. Dieser Mann hatte
durch den Sklavenhandel ein ansehnliches Vermögen erworben, und wurde, wegen seiner Gastfreiheit gegen
Fremde, schlechthin Joti „der Wirth" genannt. In
der That war sein Haus gleichsam ein öffentliches Gast-
haus für alle Reisende. Wer Geld hatte wurde immer
gut bewirthet, denn solche Leute gaben ihm eine Erkenntlichkeit für seine Güte; wer nichts hatte, mußte zufrieden sein mit dem was er bekam. Da ich mich unter die
erste Klasse nicht rechnen konnte, war ich froh mit noch
sieben armen Leuten, die in einem Kahn von Kankaba
gekommen waren, in einer Hütte einquartiert zu werden.
Lebensmittel schickte uns unser Wirth.

Den 22sten August begleitete mich einer von seinen
Leuten eine Strecke vor die Stadt hinaus, um mich auf
den Weg zu bringen. Ich weiß nicht, war es Unwissenheit oder Vorsatz, aber er führte mich falsch, und ich entdeckte den Irrthum nicht eher, als da es schon hoch am
Tage war. Ich kam nun an einen tiefen Arm des
Flusses, und da ich unmöglich Bammaku vor Nachts
hätte erreichen können, wenn ich wieder zurückgegangen
wäre, so beschloß ich hinüberzusetzen. Ich führte mein
Pferd dicht ans Ufer und stieß es von hinten grade
ins Wasser hinein; dann nahm ich den Zügel zwischen die
Zähne, und schwamm hinüber. Dies war seit meiner
Abreise von Sego das dritte Wasser, über welches ich
auf diese Art setzen mußte; aber meine Papiere waren in
der Krempe meines Hutes sicher, und übrigens hatte ich von

einem solchen Abentheuer nicht viel Unannehmlichkeit.
Da Regen und starker Thau meine Kleider immer feucht
hielten, und die Wege durchaus tief und kothig waren,
so war eine solche Wäsche bisweilen angenehm und oft
sehr nöthig. Ohne gebahnten Weg wanderte ich durch
hohes Gras weiter, bis ich um Mittag den Fluß erreichte.
Seine Ufer sind hier sehr felsig und das Wasser strömt und
tobt gewaltig. Dennoch fahren die Kähne des Königs
von Bambarra häufig über diese reißenden Stellen; sie
halten sich dicht am Ufer, an der Küste sind Leute ange=
stellt mit Tauen, die am Kahn festgemacht sind, und an=
dern=stoßen ihn mit langen Stangen vorwärts. Um diese
Zeit aber würde es, glaube ich, selbst für ein europäisches
Boot höchst schwierig gewesen sein, quer über den Strom
zu kommen. Um vier Uhr lenkte ich vom Strom ab
nach den Bergen zu, und fand einen schmalen Fußsteig,
der mich in ein Dorf, Namens Frukabu führte, wo
ich schlief.

Den 23sten August Nachmittags gegen fünf Uhr erreichte
ich Banımaku. Ich hatte von diesem Ort als von einem
großen Salzmarkt reden hören, und fand, sehr gegen meine
Erwartung, nur eine mittelmäßige Stadt, nicht ganz so groß
als Marrabu; aber der Reichthum der Einwohner macht
den kleinen Umfang der Stadt bald vergessen. Wenn die
Mauren ihr Salz durch Kaarta und Bambarra führen,
ruhen sie hier immer einige Tage, und die hiesigen Neger=
kaufleute, die mit den Salzpreisen in den verschiedenen
Königreichen genau bekannt sind, kaufen oft die Ladun=
gen im Ganzen, und vereinzeln sie hernach mit großem
Vortheil. Ich wohnte hier in dem Hause eines Sera=
wullih=Negers, und wurde von vielen Mauren besucht,
welche sehr gut Mandingoisch sprachen, und artiger gegen
mich waren, als ich ihre Landsleute bisher gefunden hatte.
Einer von ihnen, der in Rio grande gewesen war, sprach
mit vieler Achtung von den Christen; auch schickte er mir

Abends etwas gekochten Reis und Milch. Ich suchte
nun über meine weitere Reise westwärts Erkundigungen
einzuziehn, und wendete mich deshalb an einen Sklaven=
händler, der einige Jahre am Gambia gewohnt hatte.
Er nannte mir eine große Menge von Städten her, die
auf meinem Wege liegen sollten, gab mir auch von ihren
Entfernungen einige unvollkommene Nachrichten; dabei
aber sagte er mir, der Weg wäre in dieser Jahreszeit gar
nicht zu machen, ja er befürchte, ich werde jetzt gleich
eine große Schwierigkeit antreffen. Die Straße nehmlich
wende sich bei einer Stadt eine halbe Tagereise westwärts
von Bammaku auf die andere Seite des Nigers hinüber,
und da es an diesem Ort keine so großen Kähne gäbe,
daß sie mein Pferd einnehmen könnten, so würde ich es
vielleicht in einigen Monaten nicht übersetzen können.
Dies war freilich ein sehr wesentliches Hinderniß; in=
dessen da ich nicht Geld genug hatte, um auch nur einige
Tage zu verweilen, so beschloß ich weiter zu gehn, und
wenn ich mein Pferd nicht über den Strom schaffen könnte,
es im Stich zu lassen, und allein hinüber zu setzen. Mein
Wirth aber, den ich am Morgen zu Rathe zog, wie diese
Schwierigkeit zu überwinden wäre, sagte mir, es gäbe
noch eine Straße, sie sei freilich sehr felsig, und kaum zu
Pferde darauf durchzukommen; wenn ich aber einen guten
Führer über die Hügel bekommen könnte, bis zu einer
Stadt Namens Sibidulu, so zweifele er nicht, daß ich
mit Geduld und Vorsicht meine Reise weiter durch Man=
ding würde fortsetzen können. Ich wendete mich sogleich
an den Duti, und bekam die Nachricht, daß ein Dschil=
liküh (ein Spielmann) eben im Begrif wäre, nach Si=
bidulu abzugehen. Nachdem ich mit diesem Manne,
der mich führen wollte, etwa zwei Meilen in einer Felsen=
schlucht gereist war, kamen wir an ein kleines Dorf, und
hier entdeckte mein musikalischer Reisegefährte, daß er
mich den unrechten Weg geführt habe; die große Straße,
sagte er, ginge an der andern Seite der Höhen, und so

warf er seine Trommel auf den Rücken und stieg Felsen
hinauf, wo ihm freilich kein Pferd zu folgen im Stande
war. Ich konnte daher nur seine Geschicklichkeit bewun=
dern, und mir meinen Weg selbst suchen. Weiter vor=
wärts zu gehn war unmöglich; ich ritt also in den ebenen
Grund zurück, hielt mich östlich, und kam gegen Mittag
in eine andere Schluft, wo ich einen Weg entdeckte, auf
dem einige Pferdetritte zu sehen waren. Diesen ging ich
nach, und kam bald zu einigen Schäferhütten, wo ich
hörte, daß ich zwar auf dem rechten Wege sei, aber Si=
bidulu unmöglich vor Nachts erreichen könne. Nicht
lange nachher erreichte ich den Gipfel eines Hügels, von
welchem ich eine sehr weite Aussicht über das Land hatte.
Gegen Südosten zeigten sich sehr entfernte Gebirge, die
ich schon vorher auf einer Höhe bei Marrabu gesehen
hatte, wo die Leute mir sagten, sie lägen in dem großen
und mächtigen Königreiche Kong, dessen Beherrscher ein
weit größeres Heer aufbringen könne, als der König von
Bambarra. Die Erdschicht auf dieser Höhe ist nur dünn;
die Felsen sind Eisenstein und Schistus, mit eingesprengtem
weißen Quarz.

Kurz vor Sonnenuntergang stieg ich an der nordwest=
lichen Seite dieser Hügelreihe hinab; und eben als ich
mich nach einem bequemen Baum umsah, um die Nacht
darunter zuzubringen, kam ich in ein sehr anmuthiges
Thal, und bald darauf an ein romantisches Dorf Kuma.
Dies Dorf ist von einer hohen Mauer umgeben, und ganz
und gar das Eigenthum eines Mandingo = Kaufmannes,
der während eines Krieges sich mit seiner Familie hieher
geflüchtet hatte. Die umliegenden Felder tragen ihm Korn
im Ueberfluß, sein Vieh weidet weit im Thale umher, und
die Felsenhügel sichern ihn vor den Verwüstungen des
Krieges. In dieser unbekannten Einsamkeit wird er selten
von Fremden besucht; ereignet es sich aber einmal, so ist
ihm der müde Reisende immer willkommen. Ich war

bald von den gutmüthigen Dorfleuten umgeben; sie hatten mich tausenderlei zu fragen nach meinem Vaterlande,
und für meine Erzählungen brachten sie mir Korn und
Milch für mich, und Gras für mein Pferd; sie machten
ein Feuer in der Hütte wo ich schlafen sollte, und waren
sehr beflissen mir zu dienen.

Den 26sten August reiste ich in der Gesellschaft zweier
Hirten, die auch nach Sibidulu zu gehn wollten, von
Kuma ab. Der Weg war sehr felsigt und abschüssig, und
da mein Pferd sich auf dem Wege von Bammaku die
Füße sehr zerstoßen hatte, ging es nur langsam und mit
Mühe; denn an vielen Stellen waren die Höhen so steil
und der Abhang so jäh, daß es bei einem einzigen falschen
Tritt ohne Rettung zu Tode gestürzt wäre. Die Hirten,
die gern vorwärts wollten, kümmerten sich wenig um mich
oder mein Pferd, und gingen immer voran. Ohngefähr
um eilf Uhr hielt ich bei einem kleinen Bach an um zu trinken; meine Gefährten waren beinahe eine Viertelmeile
vor mir; ich hörte Leute einander zurufen, und gleich
darauf ein lautes Geschrei, wie von einem Menschen, der
sich in großer Noth befindet. Ich vermuthete, ein Löwe
möchte einen von den Hirten gefaßt haben; und setzte
mich zu Pferde um besser sehen zu können was geschehen
wäre. Der Lärm hörte aber auf, und ich ritt langsam
auf die Gegend zu, von wo er gekommen zu sein schien;
dabei rief ich von Zeit zu Zeit, aber ohne Antwort zu
bekommen. Ich entdeckte indessen bald, daß einer von
den Hirten im hohen Grase nahe an der Straße hingestreckt lag, und ohnerachtet ich kein Blut an ihm bemerkte, hielt ich ihn doch für todt. Als ich aber herankam flüsterte er mir zu, ich möchte still halten, und erzählte mir, ein
Trupp bewafneter Männer sei über seine Gefährten herge-
fallen, und da er selbst sich auf die Flucht gemacht, seien
zwei Pfeile auf ihn abgeschossen worden. Ich hielt an, um
zu überlegen, welchen Weg ich einschlagen sollte, und indem

ich mich umsah, sah ich nicht weit davon einen Mann auf
dem Stumpf eines Baumes sitzen, und entdeckte auch die
Köpfe von sechs oder sieben andern, welche mit ihren Flinten in der Hand im Grase saßen. Es war nun keine
Möglichkeit zu entkommen, und ich beschloß grade auf sie
zuzureiten. Als ich näher kam hielt ich sie für Elephantenjäger; ich fing ein Gespräch an und fragte ob sie etwas
geschossen hätten; aber ohne darauf zu antworten, befahl
mir einer abzusteigen; dann schien er sich wieder zu bedenken, und winkte mir mit der Hand, weiter zu reiten.
Ich ritt also vorüber, und war so eben nicht ohne Schwierigkeit durch einen tiefen Bach glücklich hindurchgekommen,
als ich jemand hinter mir her schreien hörte. Ich sah
mich um, und die vermeinten Elephantenjäger kamen mir
nachgejagt, und riefen mir zu, umzukehren. Ich hielt
still bis sie alle herangekommen waren, und nun sagten
sie mir, der König der Fulah's habe sie ausgeschickt, um
mich mit meinem Pferde und meiner ganzen Habe nach
Fuladu zu bringen; ich müßte also umkehren und mit ihnen
gehn. Ohne mich einen Augenblick zu bedenken, wendete ich mein Pferd und folgte ihnen, und wir reisten
beinahe eine Viertelmeile mit einander, ohne ein Wort zu
wechseln. Als wir aber an eine sehr dunkle Stelle im
Walde kamen, sagte einer von ihnen auf mandingoisch:
„das ist ein guter Platz," und sogleich riß er mir den
Hut vom Kopf. Freilich ward mir nun bange genug;
aber doch nahm ich mir vor, so wenig Furcht als möglich
merken zu lassen, und sagte ihnen deshalb, daß ich nicht
weiter gehen würde, wenn sie mir meinen Hut nicht
wiedergäben. Allein, ehe ich noch eine Antwort bekommen konnte, zog ein anderer sein Messer heraus, schnitt
mir einen von den metallenen Knöpfen ab, die noch an
meiner Weste waren, und steckte ihn ein. Ihre Absichten
waren nun klar, und ich dachte, je gutwilliger ich mich
plündern ließe, desto weniger würde ich für mich selbst zu
fürchten haben. Ohne mich zu widersetzen, ließ ich sie

also meine Taschen durchwühlen; sie untersuchten jedes Kleidungsstück mit der äußersten Genauigkeit, und da sie gewahr wurden, daß ich unter der Weste noch eine andere trug, bestanden sie darauf, daß ich beide abwerfen sollte; ja zuletzt zogen sie mich, um recht reine Arbeit zu machen, ganz nackend aus. Sogar meine Halbstiefeln — ohnerachtet die Sohle des einen mit einem zerrissenen Zügel unter meinem Fuß festgebunden war — wurden auf allen Seiten besehen. Indem sie den ganzen Raub so in Augenschein nahmen, bat ich sie sehr ernstlich, mir meinen Taschen = Compaß wiederzugeben; als ich aber nur darauf hinzeigte, schlug einer von den Banditen, welcher glaubte, ich wollte ihn von der Erde aufheben, seine Flinte an, und schwur, er würde mich auf der Stelle todtschießen, wenn ich nur meine Hand daran legte. Hierauf gingen einige von ihnen mit meinem Pferde fort, die übrigen blieben noch und überlegten, ob sie mich ganz nackend lassen, oder mir etwas vergönnen sollten, um mich gegen die Sonne zu schützen. Die Menschlichkeit behielt endlich die Oberhand; sie gaben mir das schlechteste von den beiden Hemden und ein Paar Ueberhosen zurück, und als sie abzogen warf mir noch einer meinen Hut zu, in dessen Krempe meine Papiere lagen; dies war wahrscheinlich die Ursach, warum sie ihn nicht behalten mochten. Ich saß noch eine Zeitlang, nachdem sie fort waren, und sah mich mit Schrecken um. Wohin ich mich auch wenden wollte, erblickte ich nichts als Schwierigkeiten und Gefahren. Nackend und allein, von wilden Thieren und noch wilderen Menschen umgeben, war ich in der schlimmsten Periode der Regenzeit mitten in einer ungeheuren Wildniß, fünfhundert Meilen von der nächsten europäischen Niederlassung entfernt. Alle diese Umstände kamen mir auf einmal ins Gemüth, und ich bekenne, daß der Muth anfing mir auszugehn. Mein Schicksal schien mir ganz ausgemacht, und ich sah keinen Ausweg, als mich hinzulegen und zu sterben. Die Reli=

gion richtete mich wieder auf. Ich bedachte, daß keine menschliche Klugheit oder Vorsicht hingereicht hätte, mein gegenwärtiges Schicksal zu vermeiden. Ich war zwar ein Fremdling in einem fremden Lande, aber doch immer unter dem schützenden Auge der Vorsehung, die sich selbst den Freund der Fremdlinge genannt hat. Ein kleines Moos von außerordentlicher Schönheit zog in diesem Augenblick, meiner ängstlichen Gedanken ohngeachtet, meine Augen unwiderstehlich auf sich. Ich erwähne dies, um zu zeigen, aus was für geringfügigen Dingen das Gemüth bisweilen einen Trost herleitet: die ganze Pflanze war nicht größer als meine Fingerspitze; aber ich konnte die zarte Bildung ihrer Wurzeln, Blätter und Samendecke nicht ohne Bewunderung ansehn. Kann wol, dachte ich, das Wesen, welches in diesem abgelegenen Theile der Welt ein so unbedeutendes Gewächs zu solcher Vollkommenheit bildete, auf die Umstände und die Leiden eines Geschöpfs, welches nach seinem Bilde gemacht ist, mit Gleichgültigkeit sehen? — Gewiß nicht. Ich machte mich auf; Hunger und Müdigkeit verschmähend, ging ich weiter, in der festen Zuversicht, daß Hülfe nahe sein müsse; auch ward ich nicht getäuscht. Ich kam bald an ein kleines Dorf, bei dem ich die beiden Hirten einholte, die mit mir von Kuma gekommen waren. Sie waren sehr verwundert mich zu sehn, denn sie hatten gar nicht daran gezweifelt, daß die Fulaher mich ermordet haben würden, nachdem sie mich ausgeplündet hatten. Von diesem Dorfe aus ging unser Weg noch über einige felsichte Hügel, und mit Sonnenuntergang erreichten wir Sibidulu, die Grenzstadt des Mandingo-Staates.

Neunzehnter Abschnitt.

Der Verfasser erhält durch die Bemühungen des Mansa von
Sibidulu sein Pferd und seine Effekten wieder; er ver-
schenkt das erstere, und reist weiter nach Kamalia. — Er
wird von einem Slatih, Korsa Tohra freundlich aufgenommen, wird krank und beschließt dort zu bleiben, um mit
Karsa nach dem Gambia zu reisen.

Die Stadt Sibidulu liegt in einem fruchtbaren Thale
das von hohen felsichten Hügeln umgeben ist. Es ist für
Pferde kaum zugänglich; daher ist auch die Stadt in den
häufigen Kriegen zwischen den Bambarranern, Fulah's
und Mandingos nicht ein einziges mal von Feinden geplündert worden. Als ich in die Stadt kam, versammelten sich die Leute um mich, und begleiteten mich bis
zum Baluhn, wo ich dem Duti vorgestellt ward, der hier
Mansa genannt wird, welches sonst so viel als König
bedeutet. Demohnerachtet scheint es mir, daß die Regierungsform von Mandingo eine Art von Republik oder
Oligarchie ist; jede Stadt hat ihren eigenen Mansa, und
die höchste Gewalt im Staat ruht auf der Versammlung
dieser aller. Ich erzählte dem Mansa, wie man mir
mein Pferd und alle meine Habseligkeiten geraubt hatte,
und die Hirten bezeugten, daß sich alles so verhalte.
Er rauchte, indem ich sprach, seine Pfeife immer fort;
kaum aber hatte ich geendigt, so nahm er die Pfeife aus
dem Munde, riß mit allem Ausdruck des Unwillens die
Schleife an seinem Mantel auf, und sagte: „Setze dich;
du sollst alles wieder haben, ich habe es geschworen.“
Dann wendete er sich zu einem seiner Untergebenen und
sprach: Gieb dem Weißen einen Trunk Wasser, und sobald
der Morgen anbricht, geh über die Berge und sage dem
Duti von Bammaku, daß ein Weißer, ein Gastfreund des
Königs von Bambarra, von Leuten des Königs von Fuladu geplündert worden sei.

Ich hatte nicht erwartet, in meinem verlassenen Zustande jemand zu finden, der sich so für meine Leiden interessiren würde. Ich dankte dem Mansa herzlich für seine Güte, und nahm seine Einladung an, bei ihm zu bleiben bis der Bote zurückkäme. Man führte mich in eine Hütte und brachte mir zu essen; aber die Menge von Menschen, welche sich versammelten um mich zu sehn, und welche sämmtlich mein Unglück bedauerten, und Verwünschungen gegen die Fulah's ausstießen, ließ mich vor Mitternacht nicht zum Schlaf kommen. Zwei Tage blieb ich da, ohne irgend etwas von meinem Pferde oder meinen Kleidern zu hören; und da um diese Zeit die Lebensmittel in der ganzen Gegend so knapp waren, daß der Mangel einer Hungersnoth nahe kam, machte ich mir ein Bedenken der Güte des Mansa länger zur Last zu fallen, und bat um Erlaubniß, mich auf das nächste Dorf zu begeben. Da er sah, daß mir sehr daran gelegen war, sagte er, ich möchte bis nach Wonda gehen, und er hoffe ich würde dort einige Tage warten, bis Nachricht käme.

Dem zu folge reiste ich den 28sten früh ab, und hielt unterweges an mehreren kleinen Dörfern an, um mir etwas geben zu lassen. An einem Ort bekam ich ein Gericht, das mir ganz neu war: es bestand aus den Staubbeuteln des Mais, die in Milch und Wasser gekocht waren. Man ißt es nur wenn der Mangel sehr groß ist. Am 30sten um Mittag kam ich nach Wonda, einer kleinen Stadt mit einer Moschee und einer hohen Mauer. Der Mansa, ein Mahomedaner, versah zwei Aemter, er war die erste obrigkeitliche Person in der Stadt, und zugleich Schulmeister. Die Schule hielt er in einem offnen Schoppen, wo mir auch mein Quartier angewiesen wurde, bis aus Sibidulu Nachricht von meinem Pferde und meinen Kleidern kommen würde. Das Pferd konnte mir zwar nicht mehr viel helfen; aber die wenigen Kleider

waren mir sehr wichtig; denn was ich jetzt noch von Be=
deckungen hatte, konnte mich weder bei Tage vor der
Sonne noch bei Nacht vor den Moskito's schützen. Mein
Hemde war in der That nicht nur so dünn abgetragen
wie ein Stück Mußlin, sondern es war auch so schmutzig,
daß ich herzlich froh war, es waschen zu können. Dies
that ich, hing es an einem Busch auf, und setzte mich
nackend in den Schatten bis es trocken war.

Schon seit dem Anfang der Regenzeit ging es mit
meiner Gesundheit sehr schlecht. Ich hatte oft kleine Fie=
beranfälle, und seit der Abreise von Bammaku hatten die
Zufälle gar sehr zugenommen. Als ich auf die oben be=
schriebene Art da saß, kam mein Fieber mit solcher Hef=
tigkeit wieder, daß es mich sehr in Sorgen setzte, um so
mehr, da ich gar nichts von Arznei hatte, um seinen
Fortschritten Einhalt zu thun, und eben so wenig Hoff=
nung, die Pflege und Wartung haben zu können, welche
mein Zustand erforderte.

Ich blieb neun Tage in Wonda, und mein Fieber
stellte sich jeden Tag regelmäßig ein. Vor meinem Wirth
suchte ich mein Leiden möglichst zu verbergen, und lag
oft den ganzen Tag in einem Kornfelde, damit er mich
nicht bemerken möchte; denn ich wußte wohl, wie lästig
ich ihm und seiner Familie in dieser Zeit der allgemeinen
Noth werden mußte. Dennoch fand ich, daß er meinen
Zustand wohl wußte; denn eines Morgens, da ich mich
stellte, als ob ich am Feuer schlief, sagte er zu seiner
Frau: ich würde wahrscheinlich ein beschwerlicher und
lästiger Gast werden, denn in meinem gegenwärtigen
kränklichen Zustande, müßten sie mich doch um ihrer Ehre
willen bei sich behalten, bis ich entweder besser würde
oder stürbe.

Die armen Leute fühlten um diese Zeit gewiß den
Mangel der Lebensmittel auf eine höchst drückende Art,

was ich besonders aus folgendem Umstand zu meinem
großen Bedauern abnehmen konnte. Ich sah jeden Abend
fünf oder sechs Frauen an des Mansa-Haus kommen, und
jede bekam eine gewisse Portion Korn. Da ich wußte,
wie hoch man dieses unter den gegenwärtigen Umständen
hielt, so fragte ich den Mansa, ob er diese armen Frauen
aus lauter Güte unterstütze, oder ob er erwarte, daß sie
es ihm nach der Erndte wieder erstatten würden. Er zeigte
auf ein schönes Kind von fünf Jahren und sagte: „Sieh,
diesen Knaben hat mir seine Mutter verkauft, für Lebensmittel auf vierzig Tage, für sich und ihre übrige Familie.
Einen andern habe ich auf dieselbe Art erstanden". Guter Gott, dachte ich, was muß eine Mutter leiden, ehe
sie sich entschließt ihr Kind zu verkaufen. Ich konnte diesen traurigen Gegenstand aus meinem Gemüth nicht los-
werden, und als den nächsten Abend die Weiber wieder
kamen, sich ihre Portion zu holen, mußte der Knabe mir
seine Mutter zeigen. Sie sah sehr ausgehungert aus,
hatte aber nichts grausames oder wildes in ihren Gesichtszügen, und als sie ihr Korn empfangen hatte, sprach sie
mit ihrem Sohne so heiter, als gehörte er ihr noch eben
so an wie zuvor.

Am 6ten September kamen zwei Männer aus Sibidulu, welche mein Pferd und meine Kleidungsücke brachten; mein Taschen-Compaß aber war zerbrochen. Dies
war ein großer Verlust, den ich nicht ersetzen konnte.

Den 7ten September, als mein Pferd am Rande
eines Brunnens grasete, gab der Boden unter ihm nach,
und es fiel hinein. Der Brunnen war zehn Fuß im Durchmesser, und als ich mein Pferd sah, wie es im Wasser
schnaufte, hielt ich es für unmöglich, es zu retten. Die
Einwohner versammelten sich sogleich, sie banden eine
Anzahl Reben (von einer Pflanze Namens Rabba, welche sich wie ein Weinstock an den Bäumen hinaufschlingt)
zusammen, und ließen einen Mann in den Brunnen hin-

unter, der diese Reben rund um den Leib des Pferdes befestigte; die Leute zogen den Mann wieder in die Höhe, und dann faßten sie die Reben und brachten zu meiner großen Verwunderung, vermittelst derselben das Pferd ohne sonderliche Mühe wieder herauf. Das arme Thier war jetzt ein bloßes Skelett; die Wege waren theils sehr felsig, theils von tiefem Wasser und Schlamm bedeckt; ich fand es also unmöglich, weiter mit ihm zu reisen, und war nur froh, es in den Händen eines Mannes lassen zu können, von dem ich hoffte, er würde Sorge dafür tragen. Ich verehrte es also meinem Wirth, und bat ihn Sattel und Zaum als ein Geschenk dem Mansa von Sibidulu zuzuschicken, dem ich mich für die Mühe, die er sich gegeben, mir Pferd und Kleider wieder zu verschaffen, auf keine andere Art erkenntlich bezeigen konnte.

So krank ich auch war, hielt ich es doch für nothwendig, von meinem freundlichen Wirth Abschied zu nehmen. Am 8ten früh, als ich eben im Begrif war, abzureisen, beschenkte er mich mit seinem Speer zum Andenken, und mit einem ledernen Sack, um meine Kleider hineinzupacken. Meine Halbstiefeln hatte ich in Sandalen verwandelt, was mir den Weg sehr erleichterte. Diese Nacht schlief ich in einem Dorfe Namens Ballanti, und am 9ten erreichte ich Nemaku; aber der Mansa des Ortes wies mich auf das Camelions-Gericht an. Zu seiner Entschuldigung versicherte er mich am andern Morgen, der Mangel an Korn sei so groß, daß er mir unmöglich etwas hätte geben können; auch konnte ich ihn keiner Lieblosigkeit beschuldigen, denn ich sah, daß alle Menschen beinahe vergingen.

Den 10ten regnete es den ganzen Tag stark, und jedermann hielt sich in seiner Hütte. Nachmittags besuchte mich ein Neger, Modi Lemina Tohra, ein großer Handelsmann; er vermuthete, daß ich Mangel litt, und brachte mir etwas Speise; auch versprach er mir, mich

am

am folgenden Tage in sein eigenes Haus zu Kinjetu zu führen.

Den 11ten September verließ ich Nemakü, und kam Abends nach Kinjetu. Ich hatte mir unterweges den Knöchel zerstoßen, und dieser schwoll und entzündete sich so sehr, daß ich am folgenden Morgen ohne große Schmerzen weder auftreten noch gehn konnte. Mein Wirth, der dies bemerkte, lud mich sehr gütig ein, einige Tage da zu bleiben, und ich blieb in seinem Hause bis zum 14ten. Nun befand ich mich merklich besser, und konnte mit Hülfe eines Stabes gehen. Ich brach daher auf, sehr dankbar gegen meinen Wirth für seine große Sorgfalt und Aufmerksamkeit; ein junger Mann, der denselben Weg reiste, machte Gesellschaft mit mir, und so kam ich nach Dschiridschang, einer schönen und wolangebauten Gegend. Der Mansa dieses Ortes gilt für den mächtigsten Befehlshaber in Mandingo.

Am 15ten erreichte ich Desita, eine große Stadt, wo ich des Regens halber einen Tag blieb; ich war noch immer kränklich und jede Nacht fantasirte ich ein wenig. Am 17ten machte ich mich auf den Weg nach Mansia, einer ansehnlichen Stadt, wo auch etwas Gold gesammelt wird. Der Weg ging über einen hohen Felsenhügel und meine Kräfte waren so erschöpft, daß ich mich dreimal niedersetzen mußte, ehe ich den Gipfel erreichen konnte, so schwach und kränklich war ich. Der Mansa von Mansia, wohin ich Nachmittags kam, stand im Ruf eben nicht gastfreundlich zu sein; indessen schickte er mir doch ein wenig Korn zum Abendessen, aber nicht ohne etwas dafür zu verlangen; und als ich ihn versicherte, daß ich gar nichts von Werth mehr besäße, sagte er gleichsam im Scherz, mein weißes Fell solle mich nicht schützen, wenn ich ihn belöge. Dann zeigte er mir die Hütte, worin ich schlafen sollte, und nahm mir meinen Speer weg, mit der Versicherung, er solle mir am Morgen zurückgegeben

werden. Dieſer geringfügige Umſtand machte, daß ich
Argwohn gegen ihn ſchöpfte, da ich ohnehin nichtviel
Gutes von ihm gehört hatte; und ich bat insgeheim einen
von den Einwohnern, der Bogen und Pfeile beſaß, bei
mir in meiner Hütte zu ſchlafen. Um Mitternacht hörte ich
jemand an die Thür kommen, und da ich bemerkte, daß auf
einmal der Mond in die Hütte hereinſchien, richtete ich mich
auf, und ſah einen Mann ſehr vorſichtig über die Schwelle
ſchreiten. Sogleich ergriff ich des Negers Armbruſt: das
Geräuſch machte, daß der Mann ſich entfernte, und mein
Geſellſchafter, der hinaus ſah, verſicherte mich, es ſei der
Manſa ſelbſt, und rieth mir bis gegen Morgen wach zu
bleiben. Ich verſchloß die Thüre, ſtellte ein groß Stück
Holz dahinter, und wunderte mich noch über den unerwarteten Beſuch, als jemand aufs neue ſo hart gegen die
Thür drängte, daß der Neger ſie kaum zuhalten konnte.
Da ich ihm aber zurief, er ſolle aufmachen, entfernte ſich
der zudringliche Gaſt wieder wie das erſte Mal.

Den 16ten September ſchickte ich ſobald es helle war
den Neger nach des Manſa Haus, und er brachte mir meinen
Speer zurück. Er ſagte mir, der Manſa ſchliefe, und damit
dieſer unfreundliche Mann nicht Mittel fände, mich zurück zu
halten, möchte ich lieber aufbrechen, ehe er erwachte. Dies
that ich ſogleich und kam um zwei Uhr nach Kamalia, einer
kleinen Stadt am Fuß einiger Felſenhügel, (deren Proſpekt
ich hier beifüge) wo die Einwohner Gold in anſehnlicher
Menge ſammeln. Die Buſchrihns wohnen hier abgeſon-
dert von den Kafiren, und haben ihre Hütten in einiger Entfernung von der Stadt aufgebaut, ohne ihrem Wohnſitz eine
regelmäßige Geſtalt zu geben. Sie haben auch einen eignen
Platz, um ihre Andacht darin zu halten, und nennen ihn
Mizura oder Moſchee: eigentlich aber iſt es nichts als ein
viereckiges wohlgeebnetes Stück Land mit Baumſtämmen
eingefaßt, und einem kleinen Vorſprung gen Oſten, wo
der Marrabu oder Prieſter ſteht, wenn er das Volk zum

Gebet ruft. Dergleichen Moscheen sind unter den bekehr=
ten Negern sehr gewöhnlich, da sie aber weder Mauern
noch ein Dach haben, so kann man sich ihrer nur bei schö=
nem Wetter bedienen. Wenn es regnet, verrichten die
Buschrihns ihre Andacht in ihren Hütten.

Als ich nach Kamalia kam, ward ich in das Haus ei=
nes Buschrihns, Namens Karfa Tahra geführt, eines
Bruders von dem, dessen Gastfreundschaft mir in Kinjitu
so wohl gethan hatte. Er kaufte eben einen Zug Sklaven
zusammen, die er, sobald die Regenzeit vorüber sein würde,
zum Verkauf an die Europäer nach Gambia führen wollte.
Ich fand ihn in seinem Baluhn sitzen mit mehreren Slatihs,
welche mit von dem Zuge sein wollten. Er las ihnen etwas
aus einem arabischen Buch und fragte lächelnd, ob ich es
verstünde. Da ich es verneinte, bat er einen von den Sla=
tihs, doch das wunderliche kleine Buch herzuholen, welches
aus Westen her gebracht worden. Ich öfnete es und war
gleich sehr verwundert und erfreut, unser gewöhnliches Li=
turgienbuch hier anzutreffen; auch Karfa freute sich sehr
darüber, daß ich darin lesen konnte; denn einige von den
Slatihs, welche an der Küste Europäer gesehen haben
mochten, und damit meine von der Krankheit sehr gelb
gewordene Haut, meinen langen Bart, meine zerrissenen
Kleider und meine äußerste Armuth verglichen, wollten
nicht zugeben, daß ich ein Weißer wäre, sondern hatten
dem Karfa gesagt, sie hielten mich für einen verkleideten
Araber. Als er aber sah, daß ich dies Buch lesen konnte,
blieb ihm kein Zweifel mehr über mich, und er versprach
mir sehr gütig jeden Beistand, den er mir würde leisten
können. Zugleich sagte er mir, es würde noch mehrere
Monate lang unmöglich sein durch die Jallonka=Wildniß
zu reisen, da nicht weniger als acht reißende Ströme im
Wege wären; er selbst wolle nach dem Gambia, sobald man
die Flüsse passiren könne und das Gras abgebrannt sei, und
es wäre das beste, daß ich hier bliebe und nachher mit ihm

P 2

ginge. Er gab mir zu bedenken, daß wenn eine Karavane
von Eingebornen sich nicht getraue, die Reise zu unterneh=
men, es für einen einzelnen Weißen ganz vergeblich sei,
es zu wagen. Ich gab ihm gern zu, daß das Unternehmen
sehr gewagt sei, versicherte ihn aber, es bliebe mir nichts
anders übrig: denn da ich kein Geld hätte, müßte ich ent=
weder meinen Unterhalt erbetteln und also natürlicherweise
von einem Ort zum andern reisen, oder vor Mangel um=
kommen.   Karfa sah mich nun sehr ernstlich an, und fragte
mich — denn er hatte nie vorher einen Weißen gesehen —
ob ich die hier zu Lande gewöhnliche Kost vertragen könne.
Er fügte hinzu, wenn ich bei ihm bleiben wollte, bis die
Regenzeit vorüber wäre, wollte er mir unterdeß Lebens=
mittel genug, und auch eine Hütte zum Nachtquartier
geben, und wann er mich dann sicher an den Gambia
gebracht hätte, möchte ich ihm dafür geben, was ich für
gut hielte. Ich fragte ihn, ob der Werth eines Sklaven
von der ersten Güte ihm genug wäre; er antwortete ja,
und befahl sogleich eine von den Hütten für mich zurecht
zu machen. So wurde ich durch die freundschaftliche
Fürsorge dieses wolgesinnten Negers aus einer in der
That sehr kläglichen Lage befreit. Noth und Hunger be=
drängten mich hart; ich hatte die grausenvolle Wildniß von
Jallonkadu vor mir, wo der Reisende fünf Tage hinter ein=
ander keine menschliche Wohnung sieht. Ich hatte von
fern den reißenden Lauf des Kokoro=Stromes gesehen,
und konnte mir schon in Gedanken den Ort bezeichnen,
wo ich würde umkommen müssen, wenn dieser gute Neger
nicht seine wohlthätige Hand zu meiner Rettung ausge=
streckt hätte.

In der Hütte, die für mich eingerichtet wurde, fand
ich eine Matte, um darauf zu schlafen, einen irdenen
Wasserkrug und einen kleinen Kalabasch, um daraus zu
trinken. Karfa schickte mir aus seiner eignen Wohnung
täglich zweimal zu essen, und befahl seinen Sklaven mich

mit Brennholz und Waffer zu verforgen. Aber weder Karfa's Güte, noch die Bequemlichkeit, die ich genoß, kounten dem Fieber Einhalt thun, welches mich schwächte, und mich von Tage zu Tage mehr beunruhigte. Ich suchte meine Krankheit so gut als möglich zu verbergen; aber den dritten Tag nach meiner Ankunft, da ich mit Karfa einige feiner Freunde besuchen wollte, fühlte ich mich auf einmal so schwach, daß ich kaum gehen kounte, und ehe wir hinkamen, wankte ich, und fiel in eine Grube, aus der man Lehm zum Bau einer Hütte geholt hatte. Karfa gab sich alle Mühe mich mit der Hofnung einer baldigen Genefung zu tröften, und versicherte mich, wenn ich nur nicht ins Feuchte hinaus ginge, würde ich bald gefund werden. Ich beschloß seinem Rath zu folgen und mich in meiner Hütte zu halten; aber noch fünf Wochen lang wurde ich vom Fieber gequält und befand mich in einem sehr mißlichen Zuftande. Bisweilen konnte ich aus der Hütte heraus kriechen, und einige Stunden an der freien Luft fitzen; zu andern Zeiten war ich nicht im Stande aufzuftehen, und brachte die ewig langen Tage allein und traurig hin. Selten befuchte mich jemand, ausgenommen mein gütiger Wirth, der täglich kam um sich nach meinem Befinden zu erkundigen. Als es nicht mehr so häufig regnete, und das Land anfing trocken zu werden, verließ mich das Fieber; aber ich war so schwach, daß ich kaum aufrecht stehn, und nur mit großer Mühe meine Matte ein kurzes Stück Weges von der Hütte ab in den Schatten eines Tamarindenbaumes tragen kounte, um den erquickenden Duft der Kornfelder zu genießen, und meine Augen an dem Anblick der Gegend zu weiden. Endlich hatte ich doch die Freude zu sehen, daß ich wirklich genas, wozu die einfache Lebensart der Neger und das fleißige Lesen in Karfa's kleinem Buche nicht wenig beitrug.

Unterdeffen fahen viele von den Slatihs, die sich zu Kamalia aufhielten, und nachdem ihr Geld verzehrt war, gar sehr von Karfa's Gastfreundschaft abhingen, mich mit neidischen Augen an, und ersannen eine Menge lächerlicher und nichts bedeutender Geschichtchen, um mich bei ihm um allen Credit zu bringen. Am Anfang des Decembers kam ein Serawulli = Slatih mit fünf Sklaven aus Sego; auch dieser Mann streute eine Menge boshafter Erzählungen von mir aus; aber Karfa achtete nicht darauf, und bewies mir immer die nehmliche Güte. Da ich mich eines Tages mit den Sklaven, welche dieser Slatih führte, unterhielt, bat mich einer von ihnen um etwas zu essen. Ich sagte ihm, ich wäre ein Fremder, und hätte nichts zu geben. „Ich gab dir aber doch, erwiederte er, als du hungrig warst. — Erinnerst du dich nicht des Mannes, der dir in Karrankalla Milch brachte? Aber freilich, fügte er mit einem Seufzer hinzu, diese Ketten trug ich damals nicht." Ich erinnerte mich seiner sogleich, und bat mir von Karfa einige Erdnüsse für ihn aus, als eine Vergeltung für seine damalige Güte. Er erzählte mir, er sei den Tag nach der Schlacht bei Dschoka von den Bambarranern gefangen genommen und nach Sego gebracht worden; hier habe ihn sein jetziger Herr gekauft, und führe ihn nun nach Kadschaaga. Noch drei andere dieser Sklaven waren aus Kaarta und einer aus Wassala; alles Kriegesgefangene. Sie blieben vier Tage in Kamalia, und wurden dann nach Balla gebracht, wo sie bleiben sollten, bis das Gras abgebrannt wäre, und man den Kokoro wieder passiren könnte.

Anfang Decembers machte Karfa Anstalt, seinen Sklaveneinkauf völlig zu Stande zu bringen, und zog deshalb alle Schulden ein, die er in dieser Gegend ausstehen hatte, und am 19ten reiste er mit drei andern Slatih's nach Kankaba, einer großen Stadt am Ufer des Niger, wo ein ansehnlicher Sklavenmarkt ist. Der größte Theil der Sklaven, die in Kankaba verkauft werden, kommt aus Bambarra; denn, um die Kosten zu ersparen, die es ihm machen würde, alle seine Gefangenen in Sego zu behalten, und um die Gefahren zu vermeiden, die damit verbunden sind, schickt Mansong sie gewöhnlich in kleinen Partien nach den verschiedenen Handelsplätzen, um dort verkauft zu werden; und da Kankaba von vielen Kaufleuten besucht wird, so ist der Markt immer sehr wohl mit Sklaven versehen, die in Kähnen den Niger herausgeführt werden. Karfa sagte bei seiner Abreise, daß er in einem Monat wieder zurückkommen würde, und empfahl mich unterdessen der Obhut eines guten alten Buschrihns, der das Amt eines Schulmeisters in Kamalia versah.

Ich war nun allein und hatte Zeit, meine Gedanken zu sammeln und durchzuarbeiten. Dies war ein Zeitpunkt, den ich nicht versäumen durfte, um meine bereits gemachten Beobachtungen über das Klima und die Produkte des Landes zu ergänzen und zu erweitern, und mir von den Einwohnern eine genauere Kenntniß zu erwerben, als mir während einer gefährlichen Reise, da ich mich nirgends aufhalten konnte, möglich gewesen war. Ich suchte ferner über die wichtigsten Zweige des afrikanischen Handels, nehmlich den Handel mit Gold, Elfenbein und Sklaven so viel Nachrichten zu sammeln, als ich nur immer konnte, und ich will jetzt dem Leser das Resultat meiner Nachfragen und Untersuchungen vorlegen, wobei ich soviel als möglich die Wiederholung desjenigen vermeiden werde, was schon gelegentlich in der Erzählung von meiner Reise vorgekommen ist.

Zwanzigster Abschnitt.

Klima und Jahreszeiten. Winde. Vegetabilische Produkte. Bevölkerung. Allgemeine Bemerkungen über den Charakter und die Anlagen der Mandingo's. Kurze Nachricht von ihren Sitten und ihrer Lebensart.

Da mein ganzer Weg, sowol hin als zurück, zwischen dem zwölften und funfzehnten Grade der Breite lag, so ist leicht zu erachten, daß ich das Klima in den meisten Gegenden ausnehmend heiß fand; nirgends aber empfand ich einen so hohen Grad von Hitze, und die zugleich so drückend war, als in dem Lager von Benaum. Da, wo das Land sich in Hügeln erhebt, ist die Luft zu allen Zeiten verhältnißmäßig kühl; eine Gegend aber die man eigentlich gebirgig nennen könnte, habe ich auf meinem Wege nicht angetroffen. Um die Mitte des Juni ohngefähr wird die heiße und schwüle Atmosphäre von heftigen Windstößen bewegt, die von Gewitter und Regen begleitet werden. Man nennt sie Tornado's. Diese bringen nun die sogenannte Regenzeit mit, welche bis in den November anhält. Während dieser Zeit regnet es täglich sehr heftig, und der Südwestwind ist der herrschende. Das Ende der Regenzeit wird wiederum durch heftige Tornado's angekündigt; wenn diese vorüber sind, setzt sich der Wind nach Nordosten um, und weht den übrigen Theil des Jahres aus dieser Gegend.

Sobald der Nordostwind sich einstellt, verwandelt sich die ganze Gestalt des Landes auf eine wunderbare Art. Das Gras wird sogleich trocken und welk; die Ströme fallen äußerst schnell und viele Bäume verlieren ihr Laub. Um diese Zeit läßt sich auch der Harmattan spüren; ein trockner, brennender Wind, auch von Nordosten her, von einem dicken räuchrigen Dunst begleitet, durch den die Sonne ganz dunkelroth erscheint. Dieser

Wind bekommt, indem er über die große Wüste Sahara hinstreicht, einen hohen Grad von Anziehungskraft gegen die Feuchtigkeit, und trocknet alles aus, was ihm ausgesetzt wird. Dennoch hält man ihn für sehr heilsam, vorzüglich für die Europäer, die gewöhnlich in seiner Periode ihre Gesundheit wieder erlangen. Sowol bei Herrn Laidley als in Kamalia empfand ich unmittelbare Erleichterung während des Harmattans. Zur Regenzeit ist die Luft dermaßen mit Feuchtigkeit überladen, daß Kleider, Schuhe und alles was nicht dicht am Feuer steht, schimmlig und dumpfig wird, und man kann sagen, daß die Einwohner in einer Art von Dampfbad leben; dieser trockne Wind aber spannt die erschlafften Fibern wieder an, setzt die Lebensgeister in eine rasche Bewegung, und ist selbst der Lunge angenehm. Er hat keine nachtheilige Wirkungen, als daß die Lippen aufspringen, und daß schlimme Augen unter den Eingebohrnen sehr häufig sind.

Sobald das Gras trocken genug ist, zünden die Neger es an; in Ludamar aber und andern maurischen Ländern wird dies nicht geduldet. Denn eben auf den welken Stoppeln lassen die Mauren ihr Vieh weiden, bis der Regen sich wieder einstellt. Das Verbrennen des Grases in Mandingo giebt einen schrecklich schönen Anblick. Mitten in der Nacht sah ich Ebenen und Höhen, so weit mein Auge reichen konnte, mit feurigen Streifen gezeichnet, und der Widerschein des Lichts aus den Wolken machte, daß auch der Himmel in Flammen zu stehen schien. Bei Tage sah man Rauchsäulen auf allen Seiten, und die Raubvögel schwebten um den Brand herum, und stießen herab auf die Schlangen, Eidechsen und anderes Gewürme, welches sich aus den Flammen zu retten suchte. Auf diesen jährlichen Brand folgt bald ein frisches und angenehmes Grün, und die Gegend wird dadurch gesünder und lieblicher.

Die merkwürdigſten und wichtigſten vegetabiliſchen Produkte habe ich ſchon erwähnt, und ſie ſind in allen Ländern, durch welche ich gekommen bin, faſt dieſelbigen. Doch muß ich bemerken, daß, obgleich mehrere Arten eßbarer Wurzeln, welche in den weſtindiſchen Inſeln ge= funden werden, auch in Afrika wachſen, ich doch niemals auf meiner Reiſe irgendwo Zuckerrohr, Kaffee oder Kakao gefunden habe; auch habe ich nie gehört, daß dieſe Ge= wächſe den Eingebohrnen bekannt wären. Die Ananas und ſo viel andere herrliche Früchte, welche durch die Induſtrie civiliſirter Völker, die überall die Schönheiten der Natur erhöhen, in den tropiſchen Erdſtrichen von Amerika zu ſo hoher Vollkommenheit gebracht werden, ſind hier gleichfalls unbekannt. Einige Orangen= und Bananas=Bäume habe ich wol an der Mündung des Gambia angetroffen, ich habe aber nicht mit Gewißheit erfahren können, ob ſie hier einheimiſch ſind, oder ehedem von europäiſchen Kauf= leuten hieher gebracht wurden. Ich vermuthe, daß ſie ſich von den Portugieſen herſchreiben.

Was das Eigenthum des Bodens betrift, ſo muß ich glauben, daß der noch mit Waldung bewachſene Boden als das Eigenthum des Königs, oder, wo die Verfaſſung nicht monarchiſch iſt, des Staats angeſehen wird. Denn wenn ein freier Mann im Stande zu ſein glaubt, mehr Land zu bearbeiten, als er wirklich beſitzt, ſo muß er ſich an den Beamten des Orts wenden, und dieſer weiſet ihm dann ein Grundſtück an, unter der Bedingung, daß es wieder verfallen iſt, wenn es nicht binnen einer beſtimmten Zeit urbar gemacht wird. Iſt die Bedingung erfüllt, ſo geht das Eigenthum des Bodens auf den Inhaber über, und pflanzt ſich, ſo viel ich abnehmen konnte, auch auf ſeine Erben fort.

Dennoch iſt die Bevölkerung nach Verhältniß der Größe und Fruchtbarkeit des angebauten Landes, und, ohnerachtet es ſo leicht iſt, Grundſtücke zu erhalten, in allen Gegenden, die ich besucht, eben nicht sehr stark. Ich fand sehr große und schöne Strecken Landes ganz ohne Einwohner, und im allgemeinen sind die Grenzgegenden der verschiedenen Staaten sehr schwach bevölkert oder ganz öde. Viele Gegenden sind auch deswegen nicht sonderlich bevölkert, weil sie ungesund sind. Von dieser Art sind die sumpfigen Ufer des Gambia, des Senegal und anderer Flüsse nach der Küste zu. Dies ist vielleicht die vornehmste Ursach, warum die inneren Gegenden reicher an Bewohnern sind, als die Küstenländer: denn alle Negervölker die mir vorgekommen sind, so groß auch die Anzahl kleiner unabhängiger Staaten ist, haben dieselben Erwerbszweige, dieselbe Lebensart, und sind sich durchaus untereinander gar sehr ähnlich. Die Mandingo's sind ein vorzüglich gutes Volk, heiteren Gemüths, wißbegierig, leichtgläubig, einfach und eitel. Der hervorstechendste Fehler in ihrem Charakter ist vielleicht jene unüberwindliche Neigung, welche der Leser in meiner Geschichte an allen Volksklassen bemerkt haben wird, mich meiner geringen Habseligkeiten zu berauben. Dieser Theil ihres Betragens läßt sich nicht vollkommen rechtfertigen, weil sie den Diebstahl selbst für ein Verbrechen halten, und gegen einander machen sie sich dessen auch eben nicht schuldig. Aber eben dies ist ein sehr wichtiger mildernder Umstand, und ehe wir sie für ein verderbteres Volk als andere erklären, müssen wir wohl bedenken, ob die niedrige Volksklasse in irgend einem Theil von Europa unter ähnlichen Umständen rechtlicher gegen einen Fremden würde gehandelt haben, als die Neger gegen mich; man muß ferner nicht vergessen, daß die Gesetze mich nicht schützten — denn jeder hatte volle Freiheit, mich ungestraft zu berauben — und daß ein Theil meiner Effekten für die Neger von eben so großem Werth war, als Perlen und Diamanten für einen Europäer. In der That würde ich es für ein Wunder halten, wenn ein schwarzer Kaufmann aus Indostan, der mit einem Juwelenkästchen im

Innern von England erschiene, und sich des Schutzes der Gesetze nicht zu erfreuen hätte, nicht gleich aufs erste Mal rein ausgeplündert würde. So habe ich die Sache angesehen, und so viel ich auch von dieser Neigung der Mandingo=Neger gelitten habe, so halte ich dennoch ihren natürlichen Sinn für Recht und Unrecht nicht für verderbt oder erloschen; nur hier war die Versuchung allzugroß, und um sie zu überwinden wäre eine mehr als gemeine Tugend nöthig gewesen.

Auf der andern Seite kann ich unmöglich die uneigennützige Mildthätigkeit und die zärtliche Sorgfalt vergessen, womit so viele von diesen armen Heiden an meinen Leiden Theil nahmen, mein Unglück erleichterten, und sich für meine Sicherheit thätig verwendeten, vom Könige von Bambarra an, bis zu den armen Frauen herab, die mich verschiedentlich in ihren Hütten aufnahmen, wenn ich vor Hunger umkommen wollte. Jedoch bin ich hierin vielleicht dem weiblichen Geschlecht bei weitem die meiste Erkenntlichkeit schuldig. Der Leser wird gesehen haben, daß ich von den Männern im allgemeinen zwar auch gütig behandelt wurde; daß aber doch bisweilen das Gegentheil statt fand, je nachdem diejenigen gestimmt waren, an welche ich mich wendete. Bei einigen hatte der rohe Geiz, bei andern die blinde Bigotterie dem Mitleid jeden Zugang verschlossen: aber ich besinne mich auf kein einziges Beispiel, daß eine Frau sich hartherzig gegen mich bezeigt hätte. Sie fand ich überall auf meinen Wanderungen und in meinem Elend gütig und mitleidig, und ich muß das gute Zeugniß, welches mein Vorgänger Herr Ledyard ihnen hierüber ertheilt, vollkommen bestätigen.

Es ist eine sehr natürliche Voraussetzung, daß diese theilnehmende und hülfreiche Gesinnung, die sich gegen mich in meinem Unglück so deutlich offenbarte, sich in einem noch höheren Grade, wenn es die Gelegenheit giebt, gegen ihre Landsleute und Nachbarn äußern wird, und gegen die, welche ihnen durch die Bande des Blutes theuer sind. So ist auch in der That die mütterliche Liebe, die bei ihnen weder durch den Zwang unsers gesitteten Lebens unterdrückt, noch durch die mancherlei Sorgen desselben geschwächt wird, überall in einem hohen Grade sichtbar, und flößt auch den Kindern eine ihr entsprechende Zärtlichkeit ein. Als ein Beispiel davon habe ich oben meinen Begleiter angeführt, welcher sagte: Schlage mich, nur schimpfe meine Mutter nicht. Dieselbe Gesinnung fand ich überall herrschend, und in ganz Afrika ist es die gröbste Beleidigung, die man einem Neger anthun kann, wenn man nachtheilig von seiner Mutter spricht.

Man darf sich nicht darüber wundern, daß dieses kindliche Gefühl gegen den Vater nicht eben so stark ist. Die Vielweiberei schwächt die väterliche Liebe, indem sie sie unter die Kinder verschiedener Frauen vertheilt, und concentrirt dagegen die ganze eifersüchtige Zärtlichkeit der Mutter auf den einen Punkt, ihre eignen Kinder zu beschützen. Zu meiner großen Zufriedenheit habe ich bemerkt, daß die Sorgfalt der Mütter für die Kinder sich nicht nur auf das Wachsthum und das Wohlbefinden des Körpers, sondern in einem gewissen Grade auch auf die Bildung des Gemüths erstreckt: denn das erste, was die mandingoischen Frauen ihren Kindern einschärfen, ist, daß sie sie der Wahrheit überall treu zu sein lehren. Der Leser erinnere sich der unglücklichen Mutter in Funingkedi, und ihres einzigen Trostes in dem tiefsten Kummer über den Tod ihres Sohnes; daß er nie in seinem Leben gelogen habe. Ein solches Zeugniß von einer zärtlichen Mutter bei einer solchen Gelegenheit muß mächtig auf die dabei versammelte Jugend gewirkt haben.

Die Negerinnen säugen ihre Kinder so lange bis sie allein gehen können. Drei Jahre lang die Brust zu geben, ist nicht ungewöhnlich, und diese ganze Zeit über, wendet der Mann seine Gunst den andern Frauen zu.

Daher kommt es, daß eine Frau selten eine zahlreiche Familie hat; wenige haben mehr als fünf oder sechs Kinder. Sobald ein Kind gehen kann, darf es herumlaufen fast wo es will, und die Mutter ist nicht sehr darauf bedacht, es vor dem Fallen oder andern kleinen Uebeln zu bewahren. Ein wenig Uebung lehrt die Kinder bald, sich selbst in Acht nehmen, und ihre Erfahrung dient ihnen statt der Kinderfrau. Wachsen sie heran, so werden die Mädchen im Baumwollespinnen, Korndreschen und andern häuslichen Beschäftigungen unterrichtet, und die Knaben zu den Feldarbeiten gebraucht. Bei den Buschrihns sowohl als den Kafirs, werden die jungen Leute von beiden Geschlechtern beschnitten, wenn sie mannbar sind. Bei den Kafirs wird diese schmerzhafte Operation nicht sowohl als eine religiöse Ceremonie betrachtet, sondern als etwas sehr nützliches; sie haben nehmlich die Vorstellung, daß die Ehen dadurch sehr fruchtbar werden. Die Operation wird immer an mehreren jungen Leuten zugleich verrichtet, welche dann zwei Monat lang von jeder Arbeit frei sind, und während dieser Zeit eine besondere Gesellschaft ausmachen, welche Solimane heißt. Sie ziehn zusammen in den Städten und Dörfern auf der Nachbarschaft umher, tanzen und singen, und werden von den Einwohnern sehr gut bewirthet. Ich habe auf meiner Reise öfters solche Partien angetroffen; aber es waren immer lauter Jünglinge; doch einmal in Kamalia sah ich eine weibliche Solimane.

Oft werden die jungen Frauenzimmer schon während dieses Festes verheirathet. Wenn ein Mann Neigung für ein Mädchen empfindet, ist es gar nicht nöthig, daß er ihr selbst ein Geständniß macht. Das erste ist, daß er mit den Eltern über die Entschädigung einig wird, die er ihnen für den Verlust der Gesellschaft und der Dienste ihrer Tochter geben muß. Der Werth von zwei Sklaven ist ein gewöhnlicher Preis; wird aber das Mädchen für sehr schön gehalten, so fordern die Eltern ungleich mehr. Wenn der Liebhaber reich genug ist, und Lust hat, die verlangte Summe zu geben, so macht er denn auch das Mädchen mit seinen Wünschen bekannt; aber ihre Einwilligung ist gar nichts wesentliches: denn wenn die Eltern nur die ihrige gegeben haben, und einige Kolla = Nüsse essen, die ihnen der Freier als ein Aufgeld auf den Handel darreicht, so muß das Mädchen entweder den Mann nehmen, den sie gewählt haben, oder sie muß unverheirathet bleiben, indem sie hernach keinem andern gegeben werden darf. Sollten die Eltern dies letztere wagen, so ist der Liebhaber durch die Gesetze berechtiget, sich des Mädchens als seiner Sklavin zu bemächtigen. Wenn der Hochzeittag bestimmt ist, so werden viel Leute dazu eingeladen, ein Rind oder eine Ziege wird geschlachtet, und eine große Menge Speisen zubereitet. Sobald es dunkel ist, wird die Braut in eine Hütte geführt, wo eine Gesellschaft von Matronen ihr helfen ihren Hochzeitsschmuck anlegen, der allezeit aus weißem Baumwollenzeug verfertiget ist und die Braut von Kopf bis zu Füßen verhüllt. Hierauf wird sie mitten auf der Diele auf eine Matte gesetzt, und die alten Frauen setzen sich in einen Kreis um sie her, geben ihr eine Menge guter Lehren, und sagen ihr, wie sie ihr Betragen einzurichten haben wird. Dieser lehrreiche Auftritt wird jedoch häufig von Mädchen unterbrochen, welche die Gesellschaft mit Gesängen und Tänzen belustigen, die mehr munter als zierlich sind. Unterdeß die Braut mit den Frauen in der Hütte ist, bezeigt der Bräutigam den Gästen welche sich vor der Thüre versammeln, seine Aufmerksamkeit: er theilt ihnen kleine Geschenke von Kolla = Nüßen mit, er sieht darnach, daß jeder eine gute Mahlzeit mache, und trägt auf diese Art viel zur allgemeinen Fröhlichkeit bei. Wenn das Abendessen zu Ende ist, bringt die Gesellschaft den übrigen Theil der Nacht mit Singen und Tanzen hin, und geht selten vor Tagesanbruch auseinander. Um Mitternacht wird die Braut von

von den Frauen in die Hütte geführt, welche zu ihrer
künftigen Wohnung bestimmt ist, und der Bräutigam
entfernt sich auf ein gegebenes Zeichen von der Gesell=
schaft. Allemal wird das junge Ehepaar gegen Morgen
von den Frauen gestört, welche sich versammeln, um ihr
hochzeitliches Lager in Augenschein zu nehmen, und um
daffelbe her zu tanzen. Diese Ceremonie, die eine Aehn=
ligkeit mit der Sitte der alten Hebräer hat, wie sie in der
Schrift beschrieben wird, ist unumgänglich nothwendig,
und die Ehe wird ohne sie nicht für gültig gehalten.

Die Vielweiberei ist, wie ich schon öfters angemerkt
habe, bei den Negern eingeführt, bei den mahomedani=
schen sowohl als bei den heidnischen — nur daß den erste=
ren ihre Religion nur vier Frauen gestattet. Da der Mann
gewöhnlich für jede Frau eine ansehnliche Summe be=
zahlt: so fordert er auch von ihnen allen den strengsten
Gehorsam und die tiefste Ehrerbietung, und behandelt
sie als gemiethete Mägde und nicht als seine Gesellschaf=
terinnen. Sie haben jedoch die häuslichen Angelegen=
heiten unter ihrer Aufsicht, und stehen abwechselnd der
Wirthschaft vor, besorgen die Küche, und halten die Skla=
vinnen in Ordnung. So groß aber auch die Autorität
ist, welche die schwarzen Ehemänner über ihre Gattin=
nen behaupten, so habe ich doch nicht bemerkt, daß sie
sie im ganzen grausam behandelten: auch fand ich bei ih=
nen nicht die heftige Eifersucht, die unter den Mauren
so herrschend ist. Sie lassen vielmehr ihre Frauen an
allen öffentlichen Lustbarkeiten Theil nehmen, und diese
Freiheit wird selten gemißbraucht: denn die Negerinnen
sind zwar sehr frei und frölich in ihrem Betragen, aber
zur Intrigue haben sie gar keine Neigung, und ich
glaube, daß Beispiele von Untreue in der Ehe sehr selten
sind. Wenn die Weiber untereinander Streit haben,
was sich natürlich bei ihrer Lage sehr oft ereignen muß,
so entscheidet der Mann, und er findet es bisweilen nö=
thig

thig zu einer kleinen körperlichen Züchtigung zu schrei-
ten, um nur die Ruhe wieder herzustellen. Beklagt
sich aber eine Frau bei dem Obersten der Stadt, daß ihr
Mann sie ungerechter Weise bestraft, oder für eine andere
Frau eine unerlaubte Parteilichkeit gezeigt habe, so wird
die Sache gerichtlich untersucht. In diesen Palavers
oder Gerichtsversammlungen, worin doch vorzüglich nur
verheirathete Männer sitzen, wird es aber, wie ich gehört
habe, mit der Klage einer Frau nicht immer sehr ernstlich
genommen; die Klägerin wird bisweilen selbst der Zank-
sucht überführt und abgewiesen. Murrt sie über die Entscheidung des Gerichtshofes, so macht der magische Stab
des Mumbo Jumbo der Sache bald ein Ende.

Die Kinder der Mandingo's werden nicht immer
nach ihren Verwandten benannt, sondern öfters nach
irgend einem merkwürdigen Umstand. So hieß mein
Wirth in Kamalia „Karfa," welches ersetzen bedeutet,
weil er kurz nach dem Tode eines seiner Brüder geboren
war. Andere Namen deuten auf gute oder böse Eigenschaften, als Modi, „guter Mann", Fadibba, „Vater
der Stadt", ja auch die Namen ihrer Städte haben oft etwas
bedeutendes: so heißt Sibidulu „die Stadt der Ciboa-
Bäume", Kennijitu „hier ist zu leben", Doseita
„greife zum Löffel". Andere scheinen einen Vorwurf zu
enthalten, als Bammaku „wasche einen Krokodill",
Karankalla „kein Becher ist da" ꝛc. Ein Kind erhält
seinen Namen, wenn es acht Tage alt ist. Die Ceremonie fängt damit an, daß ihm der Kopf geschoren wird,
und den Gästen wird ein Gericht vorgesetzt, welches
Dega heißt, und aus gestoßenem Korn und saurer Milch
bereitet wird; sind die Eltern reich, so kommt noch ein
Schaaf oder eine Ziege hinzu. Dies Fest heißt Ding
kuhn lih „des Kindes Kopfschur". Ich wohnte bei
meinem Aufenthalt in Kamalia vier verschiedenen Festen
dieser Art bei, und die Ceremonie war überall dieselbe,
das Kind mochte einem Buschritn oder einem Kafir ge-

hören. Der Schulmeister, der bei dieser Gelegenheit den Priester vorstellt, und immer ein Buschrihn ist, sprach zuerst ein langes Gebet über das Dega, während dessen alle Gegenwärtige mit der rechten Hand den Rand ihres Kalabasch anfaßten; dann nahm er das Kind in seine Arme, und sprach ein zweites Gebet, worin er wiederholt den göttlichen Segen für das Kind und die ganze Gesellschaft erflehte. Als dies zu Ende war, flüsterte er dem Kinde einige Sprüche ins Ohr, und spuckte ihm dreimal ins Gesicht, dann sprach er den Namen laut aus, und gab das Kind der Mutter wieder. Ist dieser Theil der Ceremonie vorbei, so macht der Vater des Kindes aus dem Dega eine Anzahl Kugeln, und giebt jedem Gast eine. Auch fragt er, ob jemand im Ort gefährlich krank ist: denn in diesem Fall schickt man eine große Portion hin, weil dem Dega außerordentliche Heilkräfte zugeschrieben werden.

Jeder Neger hat außer seinem eigenen Namen noch einen Kontong oder Zunamen, um die Familie oder vielmehr den Stamm zu bezeichnen, zu welchem er gehört. Viele von diesen Familien sind sehr zahlreich und mächtig; es ist aber unmöglich alle die Kontongs aufzuzählen, die ich in den verschiedenen Gegenden angetroffen habe, obgleich es dem Reisenden nützlich sein kann, viele davon zu kennen: denn da sich jeder Neger auf das Alter und den Ruhm seiner Familie nicht wenig einbildet, so finden sie sich auch sehr geschmeichelt, wenn man sie mit ihrem Kontong anredet.

Die Neger begrüßen sich allemal, wenn sie einander begegnen; aber die gewöhnlichsten Grüße der Kafiren: Abbi Hakretto — Iming sini — Emanari bedeuten alle „befindest du dich wohl“, oder etwas ähnliches. Es giebt auch Grüße für die verschiedenen Tageszeiten: Iming sumo, guten Morgen ꝛc. Die Antwort besteht darin, daß man den Kontong des Grüßenden wiederholt, oder auch den Gruß selbst, wobei man zuvor Marhaba „mein Freund“ sagt.

Ein und zwanzigster Abschnitt.

Vorstellungen der Mandingo's von den Weltkörpern und der Gestalt der Erde. — Ihre religiösen Meinungen. — Ihre Krankheiten und Kurmethoden. — Ihre Vergnü= gungen, Geschäfte, Künste und Manufakturen.

Die Mandingo's, und ich glaube die Neger über= haupt, haben keine künstliche Art die Zeit zu messen. Die Jahre berechnen sie nach der Anzahl der Regenzeiten. Das Jahr theilen sie in Monden, und zählen darin die Tage oder Sonnen. Den Tag theilen sie in Mor= gen, Mittag und Abend; weitere Unterabtheilungen wissen sie nicht, als daß sie, wenn es nöthig ist, den Stand der Sonne am Himmel beschreiben. Ich fragte sie oft, was denn des Nachts aus der Sonne würde, und ob wir jeden Morgen dieselbe wieder sähen, oder immer eine andere; aber diese Frage kam ihnen sehr kin= disch vor. Die ganze Sache schien ihnen außerhalb der Grenzen der menschlichen Wißbegierde zu liegen, und es war ihnen nie eingefallen, Muthmaßungen darüber zu wagen. Der Mond hatte wegen der Veränderungen seiner Gestalt, ihre Aufmerksamkeit mehr auf sich gezogen. Beim ersten Anblick des Neumondes — sie glauben, daß er jedesmal aufs neue geschaffen werde — sprechen die Mahomedaner sowohl als die Kafiren ein kurzes Gebet, und dies scheint die einzige Verehrung zu sein, welche die letztern dem höchsten Wesen bezeigen. Dies Gebet wird leise gesprochen, und der Betende hält sich dabei die Hände vors Gesicht. Der Inhalt geht dahin, daß sie Gott für seine Güte, während der Existenz des vorigen Mondes danken, und sich dieselbe Gunst von ihm erbitten, so lange der neue dauern wird. Nach dem Gebet spucken sie sich in die Hände, und reiben sich damit das Gesicht. Auf den Wechsel des Mondes geben sie genau Acht, und man hütet sich sehr, eine Reise oder irgend ein wichtiges

Geschäft im letzten Viertel anzufangen. Von den Son= nen= und Mondfinsternissen glauben sie, daß sie durch Zauberei hervorgebracht werden. Auf die Sterne wird wenig Rücksicht genommen; sie halten das Studium der Astronomie für ganz unnütz, und glauben, daß sich nur diejenigen darauf legen, die sich mit der Magie abge= ben wollen.

Ihre geographischen Begriffe sind eben so kindisch. Sie stellen sich die Erde als eine große Ebene vor, deren Ende noch kein Auge gesehen hat, weil Wolken und Fin= sterniß es immer umhüllen. Das Meer beschreiben sie als einen großen Strom von salzigem Wasser, an dessen ent= fernter Küste Tabahbo du, das Land der Weißen liegt. Weit von Tabahbo du setzen sie noch ein anderes Land, Dschong fang du, „das Land wo die Sklaven verkauft werden", dessen Einwohner sie Kumi nennen, und als Kannibalen von riesenhafter Größe beschreiben. Unter allen Ländern der Welt, halten sie das ihrige für das beste, und sich für das glücklichste Volk, und sie bemit= leiden das Schicksal anderer Nationen, welche die Vor= sehung in weniger fruchtbare und beglückte Gegenden ge= setzt hat.

Ueber die religiösen Meinungen der Neger habe ich mit Personen aus allen Ständen unter ihnen häufig ge= sprochen, und ich kann mit völliger Gewißheit behaupten, daß der Glaube an einen Gott und an einen künftigen Zustand der Vergeltung ganz allgemein unter ihnen ist. Sonderbar ist es, daß demohnerachtet die heidnischen Ein= wohner, wie ich schon erwähnt habe, zu keiner andern Zeit nöthig finden zu beten, als bei der Erscheinung eines neuen Mondes. Sie stellen sich die Gottheit zwar als den Schöpfer und Erhalter aller Dinge vor, zugleich aber auch als ein so entferntes und erhabnes Wesen, daß die schwachen Gebete armer Sterblichen, unmöglich etwas in den Beschlüssen der unfehlbaren Weisheit ändern könn=

ten. Fragt man sie, warum sie denn also am Neu=
mond beteten, so antworten sie: das sei einmal so die
Gewohnheit; sie thun es, weil es ihre Väter gethan
haben. So blind ist die menschliche Natur ohne einen
höhern Beistand. Sie glauben, daß der Allmächtige
die Angelegenheiten dieser Welt, der Aufsicht und Leitung
untergeordneter Geister übertragen habe, über welche
gewisse magische Ceremonien viel vermögen. Ein weißes
Huhn, das an den Ast eines gewissen Baumes aufge=
hängt wird, ein Schlangenkopf, eine Handvoll Früchte,
sind Opfer, welche der Aberglaube und die Unwissenheit
sehr oft darbringen, um den Zorn dieser mächtigen Wesen
abzuwenden, oder ihre Gunst zu gewinnen. Die Neger
sprechen sehr selten über ihre religiösen Meinungen; be=
sonders so oft ich sie über ihre Vorstellungen vom künf=
tigen Leben befragte, drückten sie sich zwar sehr ehrer=
bietig aus, suchten aber immer das Gespräch durch die
Bemerkung abzukürzen, daß Mo omo inta allo,
„kein Mensch etwas davon wisse“. Sie begnügen sich,
sagen sie, bei allen Ereignissen dieses Lebens, den Lehren
und dem Beispiel ihrer Voreltern zu folgen, und scheinen,
wenn diese Welt ihnen nicht mehr behagt, sehnlich nach
einer andern zu verlangen, die ihrer Natur angemeßner
sei; aber unnütze und trügliche Muthmaßungen über
dieselbe erlauben sie sich nicht.

Die Mandingo's erreichen selten ein sehr hohes Al=
ter. Mit vierzig Jahren bekommen sie schon graue Haare
und Runzeln, und wenige überleben fünf und funfzig
oder sechzig. Die Jahre ihres Lebens berechnen sie nach
den Regenzeiten, deren es jährlich nur eine giebt, und
sie bezeichnen jedes Jahr mit einem besondern Namen, der
sich auf eine merkwürdige Begebenheit während desselben
bezieht. So hörte ich: „das Jahr des bambarranischen
Krieges, das Jahr des kaartanischen Krieges, das Jahr
der Plünderung von Gadu 2c.“ und ich zweifle nicht,

daß das Jahr 1796. an vielen Orten „das Jahr der
Reise des Weißen" Tababbo tambi song heißen
wird, weil diese Begebenheit ohnstreitig in ihrer Tradi=
tions = Geschichte Epoche machen wird.

Obgleich sie nicht alt werden, scheinen doch wenig
Krankheiten unter ihnen zu herrschen. Ihre einfache Diät,
und ihre thätige Lebensart, bewahrt sie vor vielen Uebeln,
welche unser schwelgerisches und unmäßiges Leben verbit=
tern. Fieber und Flüsse sind die gemeinsten und gefähr=
lichsten Uebel. Gegen dieselben werden Safis an verschie=
denen Theilen des Körpers angebracht, und viele andere
abergläubische Ceremonien werden verrichtet, von denen
die meisten in der That sehr gut dazu geeignet sind, dem
Kranken gute Hoffnung einzuflößen, und ihn zu hindern,
daß er nicht über dem Gedanken an seinen gefährlichen
Zustand brüte. Bisweilen habe ich aber doch eine syste=
matischere Behandlungsart gesehn. Beim ersten Anfall
eines Fiebers, wenn der Patient über Frost klagt, wird
er nehmlich in eine Art von Dampfbad gesetzt. Zweige
von der nauclea orientalis werden über heiße Asche gelegt,
und der Patient, in ein weites baumwollenes Gewand
gehüllt, auf diese Zweige. Dann wird Wasser auf die
Aeste gesprengt, welches in die heiße Asche tröpfelt und
den Patienten sehr bald mit einer Wolke von Dampf be=
deckt; darin bleibt er bis die Asche beinahe verloschen ist.
Diese Behandlung bringt gewöhnlich einen starken
Schweiß hervor, und thut dem Kranken außerordent=
lich gut.

Gegen die Ruhr bedienen sie sich der gepulverten Rin=
be mehrerer Bäume, die mit der Speise des Patienten ver=
mischt wird; dies bleibt aber größtentheils ganz ohne Erfolg.
Die anderen Krankheiten, die unter den Negern herrschen,
sind die Yaw's, (einzelne Geschwüre, die über den ganzen
Körper ausbrechen) die Elephantiasis und ein sehr bösarti=
ger Außsatz. Dies letztere Uebel äußert sich anfänglich
durch schorfige Flecke an verschiedenen Theilen des Körpers,

welche sich hernach nach den Händen oder Füßen ziehn, wo die Haut spröde wird und an vielen Stellen aufspringt. Zuletzt schwellen und schwären die Fingerspitzen, der Eiter ist scharf und stinkend, die Nägel fallen ab, die Knochen werden kariös und trennen sich von den Gelenken los. Auf diese Art verbreitet sich das Uebel immer weiter, oft bis der Patient alle Finger und Zehen verliert. Sogar Hände und Füße werden bisweilen zerstört, wenn die Krankheit recht einwurzelt. Die Neger nennen sie Balla Dschu, die unheilbare.

Der Guinea-Wurm vena medinensis, ist auch an gewissen Orten sehr häufig, besonders zu Anfang der Regenzeit. Als Ursach dieser Krankheit, welche von vielen Schriftstellern beschrieben worden ist, geben die Neger das schlechte Wasser an, und berufen sich darauf, daß diejenigen, welche aus Brunnen trinken, ihr mehr unterworfen wären als die, welche fließendes Wasser genießen. Derselben Ursach schreiben sie das Anschwellen der Glandeln am Halse (Kröpfe) zu, welche in einigen Gegenden von Bambarra sehr häufig sind. In einigen Gegenden des Innern fand ich auch einzelne Beispiele von einem einfachen Tripper; aber nie die eigentliche Lustseuche. Im ganzen scheinen die Neger bessere Wundärzte als Aerzte zu sein. In Behandlung der Brüche und Verrenkungen sind sie sehr glücklich; ihre Schienen und Verbände sind einfach und leicht abzunehmen. Sie legen die Patienten auf eine weiche Matte, und baden das gebrochene Glied mehrere Male in kaltem Wasser. Alle Geschwüre öfnen sie mit dem heißen Eisen, und ihre Umschläge bestehen entweder aus weichen Blättern und Baumbutter, oder aus Kuhmist, wie es ihrer Meinung nach der Fall zu erfordern scheint. Näher an der Küste, wo sie europäische Lanzetten haben können, öfnen sie bisweilen die Ader. Bei örtlichen Entzündungen bedienen sie sich einer ganz eignen Art zu schröpfen. Es werden Einschnitte in den leidenden Theil gemacht, und auf diese wird ein Rindshorn, mit einer kleinen Oefnung am Ende, angesetzt. Der Operateur nimmt ein Stück Wachs in den Mund, setzt seine Lippen an die Oefnung, zieht die Luft aus dem Horn heraus, und verstopft dann durch eine geschickte Bewegung mit der Zunge, die Oefnung mit dem Wachs. Durch dieses Verfahren wird der beabsichtigte Zweck erreicht, und es erfolgt gewöhnlich ein reichlicher Ausfluß.

Wenn eine Person von Wichtigkeit stirbt, so versammeln sich die Verwandten und Nachbarn, und verkündigen ihren Kummer durch ein lautes und unangenehmes Geheul. Ein Rind oder eine Ziege wird für diejenigen geschlachtet, welche dem Begräbniß beiwohnen wollen, welches gewöhnlich noch am Abend des Sterbetages vollzogen wird. Die Neger haben keine eigene Begräbnißplätze; sie machen oft das Grab im Fußboden der Hütte des Verstorbenen, oder im Schatten eines ihm vorzüglich lieben Baumes. Der Leichnam wird in weißes Baumwollenzeug gekleidet, und in eine Matte gewickelt. Die Verwandten tragen ihn in der Abenddämmerung zu Grabe. Ist das Grab ausserhalb der Ringmauern, so wird etwas dorniges Gesträuch darauf gelegt, damit die Wölfe die Leiche nicht ausscharren; niemals aber habe ich gesehen, daß man einen Stein als Denkmal auf ein Grab gelegt hätte.

Bis jetzt habe ich die Neger vornehmlich in moralischer Hinsicht betrachtet, und die hervorstechendsten Züge ihres Charakters verzeichnet; jetzt komme ich auf ihre häuslichen Vergnügungen, ihre Beschäftigungen, ihre Lebensart, ihre Künste und Manufakturen, und einige minder wichtige Gegenstände.

Von ihrer Musik und ihren Tänzen habe ich schon gelegentlich an verschiedenen Stellen meines Tagebuchs Nachricht gegeben. Ich habe, was die erstere betrift, zuförderst ein Verzeichniß ihrer musikalischen Instrumente hinzuzufügen; die vornehmsten darunter sind der Kunting, eine Art von Cither mit drei Saiten, die Korro, eine große Harfe von achtzehn Saiten; die Simbing, eine kleine Harfe von sieben Saiten; der Balafu, ein Instrument, das aus zwanzig Stücken harten Holzes von verschiedener Länge besteht, woran unterwärts Schalen von Kürbissen hangen, um den Schall zu verstärken; der Tenglang, eine Art von Trommel, die unten offen ist, und endlich die Tabala, eine große Trommel, die gewöhnlich gebraucht wird, um durch das ganze Land Allarm zu schlagen. Ueberdies haben sie noch kleine Flöten, Bogensaiten, Elephantenzähne und Glocken, und bei allen Tänzen und Konzerten scheint das Klatschen in die Hände einen wesentlichen Theil des Chors auszumachen.

Mit der Liebe zur Musik ist natürlich Geschmack für die Dichtkunst verbunden, und die glücklichen Dichter Afrika's haben nicht zu befürchten, daß man sie vernachlässigt und in Dürftigkeit gerathen läßt, wie es in gesitteten Ländern den Dienern der Musen so oft geht. Man kann sie in zwei Klassen theilen; die zahlreichste machen die Sänger oder Dschilli Kih's aus, deren ich schon sonst in meiner Erzählung erwähnt habe, und deren es einen oder mehrere in jeder Stadt giebt. Sie singen Gesänge aus dem Stegreife zum Lobe ihrer Vornehmen, oder jedes andern, der Lust hat sie gut zu bezahlen. Ein edlerer Theil ihres Geschäfts besteht darin, daß sie die Begebenheiten ihres Landes erzählen: daher begleiten sie in Kriegszeiten die Soldaten ins Feld, um durch Erinnerung an die großen Thaten ihrer Vorfahren den Geist einer rühmlichen Nacheiferung in ihnen zu erwecken. Die andere Klasse besteht aus mahomedanischen Frömmlingen, welche im Lande umher ziehn, geistliche Lieder singen, und religiöse Ceremonien verrichten, um den Allmächtigen zu bewegen, daß er entweder Unglück abwende, oder zu

irgend einem Unternehmen seinen Beistand verleihe. Beide
Arten von wandernden Barden werden vom Volk sehr
gebraucht und sehr geachtet, und es werden sehr reichliche
Sammlungen für sie veranstaltet.

Die gewöhnliche Kost der Neger ist nicht in allen
Gegenden dieselbe. Freie Leute frühstücken mit Tagesanbruch gewöhnlich Brei aus Mehl und Wasser, der
mit etwas Tamarinden angemacht wird, um ihm
einen sauren Geschmack zu geben. Um zwei Uhr Nachmittags wird meistentheils ein Mehlbrei mit Milch und
etwas Baumbutter bereitet, gespeist; die Hauptmahlzeit
ist aber das Abendbrod, und dieses ist selten vor Mitternacht fertig. Es besteht fast allgemein aus Kuskus, dem
etwas weniges Fleisch oder Baumbutter beigemischt wird.
Beim Essen bedienen sich die Kafirs sowol als die Mahomedaner nur der rechten Hand.

Das Getränk der heidnischen Neger ist Bier und
Meth; von beiden trinken sie oft zum Uebermaaß. Die
Mahomedaner trinken nichts als Wasser. Schnupf- und
Rauchtaback ist unter allen Volksklassen beliebt; ihre
Pfeifen sind von Holz gemacht, und haben einen irde-
nen Kopf von gar sonderbarer Arbeit. In den innern
Gegenden ist das Salz die größte aller Leckereien. Einem
Europäer kommt es ganz sonderbar vor, wenn er ein
Kind an einem Stück Steinsalz lecken sieht, als ob es
Zucker wäre. Dies habe ich oft gesehen, obgleich die
ärmere Klasse der Einwohner im Innern so sparsam mit
diesem köstlichen Artikel versehen ist, daß, wenn man von
einem Manne sagt „er ißt Salz zur Mahlzeit"
man dadurch andeutet, daß er ein reicher Mann ist. Ich
selbst habe die Seltenheit dieses Naturprodukts sehr hart
empfunden. Der beständige Genuß vegetabilischer Nahrung erregt eine so schmerzliche Sehnsucht nach Salz, daß
sie sich gar nicht genug beschreiben läßt.

Die Neger überhaupt, und die Mandingo's ganz
besonders, werden von den Weißen an der Küste für eine
träge und unthätige Nation gehalten; ich glaube mit Un=
recht. Das Klima ist freilich großen Anstrengungen sehr
ungünstig; aber man kann doch von einem Volk nicht
sagen, daß Trägheit sein Charakter sei, dessen Bedürf=
nisse ihm nicht von der Natur von selbst geliefert, sondern
nur durch seine eigene Arbeit hervorgebracht werden.
Wenig Menschen arbeiten härter, wenn es sein muß,
als die Mandingo's; aber da sie eben nicht Gelegenheit
haben, die überflüssigen Produkte ihrer Arbeit auf eine
vortheilhafte Art umzusetzen, so begnügen sie sich, nur so
viel Land anzubauen, daß sie selbst sich davon erhalten
können. Die Feldarbeit giebt ihnen vollauf zu thun, so
lange die Regenzeit währt, und in der trockenen Jahres=
zeit beschäftigen sich die, welche an großen Strömen
wohnen, hauptsächlich mit der Fischerei. Die Fische
werden in weidenen Körben oder mit kleinen baumwolle=
nen Netzen gefangen; um sie aufzubewahren werden sie
an der Sonne getrocknet und mit Baumbutter eingerieben,
damit sie nicht aufs neue Feuchtigkeiten an sich ziehn. Die
andern legen sich auf die Jagd. Ihr Gewehr ist eine
Armbrust, aber die Pfeile sind in der Regel nicht vergif=
tet *). Sie sind sehr geschickte Schützen, und treffen
eine Eidexe auf einem Baum, oder irgend einen andern
kleinen Gegenstand in einer erstaunlichen Entfernung.
Sie schießen auch Perlhüner, Rebhüner und Tauben, aber
nie im Fluge.

*) Vergifteter Pfeile bedienen sie sich im Kriege. Das Gift, wel=
ches sehr tödtlich sein soll, wird aus einem in allen Wäldern
sehr gemeinen Strauch bereitet; einer Art von Echites, die sie
Kuhna nennen. Die Blätter dieses Strauches werden mit ein
wenig Wasser gekocht, und geben eine dicke schwarze Brühe, in
welche die Neger einen baumwollenen Faden eintauchen. Dieser
Faden wird um die eiserne Spitze des Pfeils so befestigt, daß,
wenn dieser nur bis über den Widerhaken eingedrungen ist, man
ihn unmöglich herausziehen kann, ohne die eiserne Spitze und
den vergifteten Faden in der Wunde zu lassen.

Indeſſen die Männer dieſen Beſchäftigungen nachgehn, bearbeiten die Frauen zu Hauſe die Baumwolle zu ihren Zeugen. Die erſte Vorbereitung beſteht darin, daß ſie ſie in kleinen Quantitäten auf einen glatten Stein oder ein Stück Holz legen, und vermittelſt einer ſtarken eiſernen Walze den Samen herausrollen; geſponnen wird ſie auf dem Rocken. Ihr Faden iſt nicht fein, aber ſehr gut gedreht, und giebt ein dauerhaftes Zeug. Eine Frau ſpinnt, ohne ungewöhnlich fleißig zu ſein, in einem Jahre zu ſechs bis neun Gewändern von dieſem Zeuge, deren jedes ſich, je nachdem es fein iſt, für anderthalb bis zwei Minkallis *) verkauft. Das Weben verrichten die Männer. Ihr Weberſtuhl iſt auf dieſelbe Art wie der europäiſche gebaut, aber ſo ſchmal, daß das Gewebe ſelten mehr als vier Zoll breit iſt. Das Weberſchiff gleicht auch dem unſrigen; aber da der Faden grob iſt, ſo iſt der Bauch deſſelben etwas weiter als in Europa.

Die Weiber färben dieſes Zeug mit einer hohen und ächten blauen Farbe auf folgende ſehr einfache Art. Die Blätter des Indigo werden ganz friſch in einem hölzernen Mörſer geſtoßen, und dann in einem großen irdenen Krug mit einer ſtarken Lauge von Holzaſche vermiſcht, bisweilen wird auch Urin hinzugefügt. In dieſe Miſchung wird das Zeug eingetaucht, und bleibt ſo lange darin liegen, bis es die gehörige Dunkelheit hat. In Kaarta und Ludamar, wo der Indigo nicht ſo häufig iſt, ſammelt man die Blätter und trocknet ſie in der Sonne; ſollen ſie dann gebraucht werden, ſo wird eine hinlängliche Quantität davon pulveriſirt, und dann eben ſo mit der Lauge vermiſcht. Auf beide Arten geräth die Farbe ſehr gut, und bekommt einen ſchönen Purpurſchimmer; meiner Meinung nach kommt ſie dem ſchönſten indiſchen oder europäiſchen Blau gleich. Das Zeug wird dann in ver=

---

*) Ein Minkalli iſt eine Quantität Gold, etwa zehn Schilling Sterling am Werth.

schiedene Stücke zerschnitten, und mit Nadeln, die ebenfalls im Lande gemacht werden, die Gewänder daraus zusammengenäht.

Da das Weben, Färben und Nähen sehr leicht erlernt wird, so macht es in Afrika kein besonderes Gewerbe aus; fast jeder Sklave kann weben und fast jeder Knabe kann nähen. Die einzigen Künstler, welche von den Negern dafür anerkannt werden, und ihr Geschäft als ein eignes und abgesondertes Gewerbe betreiben, sind diejenigen, welche in Leder und Eisen arbeiten. Die erstern heißen Karrankih, oder wie das Wort auch oft ausgesprochen wird, Gahngäh. Man findet sie fast in jeder Stadt, auch ziehn sie häufig im Lande herum, um in ihrem Handwerk zu arbeiten. Sie gerben und bereiten das Leder sehr schnell, indem sie die Haut zuerst in eine Auflösung von Holzasche in Wasser einweichen, bis das Haar abgeht, und sich dann der gestoßenen Blätter eines Baumes, der Guh heißt, als des adstringirenden Mittels bedienen. Sie geben sich viel Mühe, die Haut so weich und schmeidig als möglich zu machen, indem sie sie oft zwischen den Händen reiben und auf einen Stein schlagen. Rindshäute werden gewöhnlich zu Sandalen verarbeitet, und erfordern also nicht so viel Sorgfalt als die Schaaf- und Ziegenfelle, welche zu Köcherdecken und Safi's gebraucht werden, auch macht man Scheiden zu Degen und Messern, Gürtel, Taschen und allerlei Schmuck daraus. Diese Felle werden gewöhnlich roth oder gelb gefärbt; roth mit den Halmen der Hirse, welche zu Pulver gestoßen werden; gelb mit der Wurzel einer Pflanze, deren Name mir entfallen ist.

Die Eisenarbeiter sind nicht so zahlreich als die Karrankihs; aber sie haben ihr Geschäft eben so vollkommen inne. Die Neger an der Küste, welche Eisenwaaren zu sehr wohlfeilen Preisen von europäischen Kaufleuten bekommen, legen sich gar nicht darauf, diesen Artikel selbst zu bearbeiten; tiefer im Innern aber wird dies nützliche Metall in solcher Menge gewonnen, daß die Einwohner nicht nur sich selbst mit allen Waffen und nöthigen Werkzeugen versehen, sondern auch noch in einige benachbarte Staaten damit handeln. Während meines Aufenthaltes in Kamalia war ein Schmelzofen nicht weit von der Hütte, wo ich wohnte, und weder der Eigenthümer noch seine Arbeitsleute machten ein Geheimniß aus ihrer Verfahrungsart, sondern erlaubten mir sehr gern den Ofen in Augenschein zu nehmen, und ihnen beim Brechen des Eisensteines zu helfen. Der Ofen war ein zehn Fuß hoher Cylinder, drei Fuß im Durchmesser; an zwei Stellen waren Bänder darum gelegt, damit er nicht durch die Gewalt des Feuers springen und in Stücke fallen könne. An dem untern Theil auf gleicher Ebene mit der Erde — aber nicht mit dem Boden des Ofens, der etwas tiefer ist — waren rund herum sieben Oefnungen, in welche Röhren von Thon eingelegt und die Oefnungen dann wieder so verklebt wurden, daß keine Luft in den Ofen dringen konnte, als nur durch die Röhren, vermittelst deren sie denn das Feuer regieren, indem sie sie bald öffnen, bald verschließen. Diese Röhren machen sie, indem sie eine Mischung von Lehm und Stroh um eine glatte hölzerne Walze kleben; diese wird dann, sobald der Lehm anfängt fest zu werden, herausgezogen, und die Röhren in der Sonne vollends getrocknet. Der Eisenstein, den ich sah, war sehr schwer, dunkelroth mit grauen Flecken; sie brachen ihn in Stücken, ungefähr von der Größe eines Hühnereies. Ein Bündel trocknes Holz wurde zuerst in den Ofen gelegt und mit einer ansehnlichen Menge Kohlen bedeckt, die ganz frisch gebrannt aus dem Walde kamen. Hierüber wurde eine Lage Eisenstein gelegt, dann wieder Kohlen, und sofort, bis der Ofen ganz voll war. Das Feuer wurde durch eine von den Röhren hineingebracht und eine Zeitlang mit Blasebälgen von Ziegenfellen angefacht. Die Sache ging anfänglich sehr langsam von stat-

ten, und es währte einige Stunden, ehe die Flamme oben
zum Ofen heraus schlug, hernach aber brannte es sehr heftig
die ganze erste Nacht hindurch, und die Leute thaten von
Zeit zu Zeit frische Kohlen hinzu. Am zweiten Tage war
das Feuer nicht so stark, und einige von den Röhren wurden heraus gezogen, um der Luft freien Zugang zu ver-
statten; die Hitze war aber noch immer sehr groß, und
eine bläuliche Flamme stieg einige Fuß hoch über den
Rand des Ofens empor. Am dritten Tage wurden alle
Röhren heraus genommen, und ich fand die Enden von
einigen verglast; das Metall wurde aber erst einige Tage
hernach, als alles völlig kalt war, heraus geholt. Ein
Theil des Ofens ward eingerissen und es erschien als eine
große unregelmäßige Masse, der noch Stücke Kohlen an-
hingen; es hatte Klang und war im Bruch körnig wie
Stahl. Der Eigenthümer sagte mir, ein großer Theil
dieser Masse wäre unbrauchbar, aber doch wäre gutes Eisen genug darunter, um ihm seine Arbeit zu belohnen.
Aus diesem Eisen, welches ich lieber Stahl nennen möchte,
werden dann verschiedene Instrumente gemacht. Es
muß in ihren Schmieden erst mehrere Male wieder zum
Glühen gebracht werden; in diesen unterhalten sie mit ein
paar doppelten Blasebälgen, deren Röhren sich vereinigen, ehe sie in die Esse hineingehn, und die auf eine
sehr einfache Art aus zwei Ziegenfellen gemacht sind, ein
sehr anhaltendes und regelmäßiges Feuer. Hammer,
Zangen und Ambos ist alles sehr einfach und die Arbeit
besonders an den Messern und Scheeren nicht ohne Verdienst. Das Eisen ist indessen hart und brüchig, und
erfordert viel Arbeit, ehe es brauchbar gemacht werden
kann.

Die meisten afrikanischen Grobschmiede verstehen
zugleich auch das Goldschmelzen, wobei sie sich eines al-
kalischen Salzes bedienen, welches aus einer Lauge
von Stroh = Asche, die bis zur Trockne verdunsten

muß, erhalten wird. Sie ziehen das Gold auch zu
Drat und verfertigen daraus verschiedene Arten von
Schmuck, wovon einiger in der That geschmackvoll und
sauber gearbeitet ist.

Dies ist das wichtigste, was ich in Rücksicht auf den
gegenwärtigen Zustand der Künste und Manufakturen in
dem Theil von Afrika, den ich durchgereist bin, habe erfahren können. Ich könnte noch hinzufügen, daß in
Bambarra und Kaarta sehr schöne Körbe, Hüte und andere Dinge, theils zum Schmuck, theils zum Gebrauch
aus Schilf verfertiget werden, das auf verschiedene Art
gefärbt wird; auch machen sie Deckel für ihre Kalabaschen
aus geflochtenem und gleichfalls gefärbtem Rohr.

Bei allen hier beschriebenen Geschäften arbeitet der
Herr mit seinen Sklaven gemeinschaftlich ohne einigen
Unterschied. Von gemietheten Dienern, ich meine freie
Leute die ums Lohn arbeiten, weiß man in Afrika nichts.
Dies führt mich natürlich auf die Sklaven, und die verschiedene Art, wie Menschen in diesen unglücklichen Zustand gerathen. Man findet, glaube ich, diese bedauerns-
würdige Menschenklasse in allen Gegenden dieses großen
Landes und sie macht einen beträchtlichen Handelszweig
der Einwohner aus, sowol mit den Staaten am mittelländischen Meere, als auch mit den europäischen Nationen.

Zwei und zwanzigster Abschnitt.

Bemerkungen über die Beschaffenheit und die Ursachen der Sklaverei in Afrika.

Gewisse Unterschiede des Standes und eine darauf sich beziehende Subordination, ist auf jeder Stufe und in jeder Art der bürgerlichen Gesellschaft unvermeidlich; wenn aber diese Subordination so weit geht, daß die Person und die Dienste des einen Theils der Gemeinheit ganz und gar dem andern zu Gebot stehn, so kann man sagen, daß jener sich im Zustande der Sklaverei befinde; und in diesem Zustande hat sich ein großer Theil der schwarzen Einwohner von Afrika von jeher befunden, so weit man ihre Geschichte zurückverfolgen kann, und zwar so, daß auch ihre Kinder gleich für diesen Stand gebohren werden.

Ich nehme an, daß die Sklaven in Afrika zu den Freien in dem Verhältniß von Drei gegen Eins stehen. Sie haben für ihre Dienste nichts zu fordern, als Nahrung und Kleidung, und können gütig oder hart behandelt werden, je nachdem ihr Herr gesinnt ist. Doch hat die Gewohnheit gewisse Regeln über die Behandlung der Sklaven eingeführt, die nun niemand verletzen kann, ohne seinem guten Ruf zu schaden. So werden allgemein die Haussklaven, das heißt diejenigen, welche in dem eigenen Hause eines Mannes gebohren sind, gelinder behandelt, als die, welche man gekauft hat. Das Recht eines Herrn über seine Hausklaven erstreckt sich, wie ich schon anderswo angemerkt habe, nur auf eine mäßige Züchtigung; denn ein Herr kann seine Hausleute nicht verkaufen, ohne sie in der Versammlung der Angesehenen des Orts öffentlich vor Gericht gestellt zu haben *). So

*) Zur Zeit einer Hungersnoth, darf ein Herr einen oder mehrere von seinen Hausleuten verkaufen, um Lebensmittel für seine Fa-

beschränkt ist aber die Gewalt eines Herrn nicht über
diejenigen Sklaven, welche im Kriege gefangen, oder für
Geld erkauft worden sind. Diese unglückseligen Ge=
schöpfe werden ganz als Fremdlinge angesehn, die auf
den Schutz der Gesetze gar keine Ansprüche haben, und
der Eigenthümer kann sie ganz nach seinem Belieben mit
der größten Härte behandeln, und an einen Fremden ver=
kaufen. Es giebt regelmäßige Märkte, wo Sklaven von
dieser Art gekauft und verkauft werden. Der Werth
eines solchen Sklaven steigt in den Augen des afrikani=
schen Käufers um so höher, je weiter er von seinem Va=
terlande entfernt ist; denn wenn Sklaven nur wenige
Tagereisen nach ihrem Geburtsort haben, so gelingt es
ihnen oft zu entwischen; liegt aber ein oder mehrere Staa=
ten dazwischen, so ist das Entkommen sehr schwierig, und
sie beruhigen sich daher eher in ihrem Zustande. Aus
dieser Ursach geht ein unglücklicher Sklave oft so lange
aus einer Hand in die andere, bis er alle Hofnung ver=
loren hat, in sein Vaterland zurückzukehren. Die Skla=
ven, welche die Europäer an der Küste kaufen, sind
größtentheils von dieser Art: nur wenige werden in den
kleinen Kriegen an der Küste, von denen ich hernach reden
werde, eingefangen; bei weitem die meisten kommen in
großen Karawanen aus Ländern im Innern, von denen
viele den Europäern nicht einmal dem Namen nach be=
kannt sind. Man kann die Sklaven, welche auf diese
Art nach der Küste gebracht werden, in zwei verschiedene
Klassen theilen: es sind nehmlich theils solche die als
Sklaven gebohren sind, weil ihre Mütter Sklavinnen
waren, theils Freigebohrne, die erst auf irgend eine Art
Sklaven geworden sind. Die erste Klasse ist die zahl=
reichste; denn fast alle welche im Kriege gefangen genom=

milie anzuschaffen. Ist ein freier Mann insolvent, so legen die
Gläubiger bisweilen Arrest auf seine Hausklaven, und wenn er
sie nicht auslösen kann, werden sie verkauft, um seine Schulden
zu bezahlen. Anderer Fälle erinnere ich mich nicht, daß Haus=
leute, wenn nicht Vergehungen oder ein schlechtes Betragen von
ihrer Seite vorangegangen sind, verkauft werden dürften.

men werden — wenigstens in ofnen und erklärten Kriegen, wo ein Staat dem andern Feindschaft angesagt
hat — sind von dieser Art. Ich habe schon angemerkt, wie
gering überhaupt in Afrika die Anzahl der Freien gegen
die der Sklaven ist, und freie Leute haben außerdem noch
manche Vortheile vor den Sklaven im Kriege voraus.
Sie sind überall besser bewafnet und wohl beritten, so
daß sie mit gutem Erfolg fechten, und auch leichter entkommen können; die Sklaven hingegen, die nur ihren
Speer und Bogen haben, und von denen noch die meisten
mit Gepäck beladen sind, werden eine leichte Beute des
Feindes. So machte Mansong, König von Bambarra,
in dem Kriege gegen Kaarta einst an Einem Tage neun-
hundert Gefangene, und unter dieser großen Zahl waren
nur siebenzig freie Männer. Dies erzählte mir Deman
Dschomma, der dreißig Sklaven in Kemmu hatte, die
Mansong alle zu Gefangenen machte. Ferner, wenn ja
ein freier Mann gefangen genommen wird, so lösen ihn
seine Freunde öfters aus, indem sie zwei Sklaven für ihn
geben; ein Sklave, der gefangen wird, hat aber zu
einer solchen Befreiung gar keine Aussicht. Hiezu kommt
noch, daß die Slatihs, welche die Sklaven im Innern
aufkaufen, um sie zum Verkauf nach der Küste zu führen,
allemahl diejenigen vorziehn, welche schon von Kindheit
an in diesem Zustande gewesen sind; weil sie wissen, daß
diese an Hunger und Ungemach gewöhnt, und besser im
Stande sind, die Mühseligkeiten einer langen und beschwerlichen Reise zu ertragen, als freigebohrne Männer;
daß, wenn sich nicht gleich Gelegenheit findet, sie zu verkaufen, jene leichter ihren Unterhalt durch ihre Arbeit
verdienen als diese; und daß sie auch nicht so gern versuchen zu entkommen, als die, welche bis jetzt immer das
Glück der Freiheit genossen haben.

Sklaven von der zweiten Klasse gerathen im allgemeinen aus einer von folgenden vier Ursachen in diesen

R 2

Zustand: Gefangenschaft, Hungersnoth, Schulden, Verbrechen. Ein freier Mann wird nach afrikanischer Sitte
ein Sklave, wenn er im Kriege gefangen wird. Der
Krieg ist die ergiebigste Quelle der Sklaverei, und war
auch wahrscheinlich ihr erster Ursprung: denn wenn der
eine Theil eine größere Anzahl Gefangene von dem andern
gemacht hat, als dieser zurückgeben kann, so ist es sehr
natürlich, daß die Eroberer, denen die Erhaltung ihrer
Gefangenen zur Last fällt, sie zur Arbeit anhalten, anfänglich nur damit sie ihren Unterhalt verdienen, hernach auch damit sie ihren Herren Nutzen bringen. Doch
dem sei wie ihm wolle, in Afrika, dies ist eine bekannte
Thatsache, sind die Kriegsgefangenen Sklaven der Eroberer; und wenn der schwächere oder unglücklichere Krieger, unter dem aufgehobenen Speere seines Gegners,
um Gnade bittet, so giebt er zugleich alle Ansprüche auf
Freiheit auf, und erkauft auf Kosten derselben sein Leben.

In einem Lande, welches in tausend kleine Staaten
getheilt ist, die von einander unabhängig, und auf einander eifersüchtig sind, wo jeder freie Mann in den Waffen geübt ist und das kriegerische Leben liebt, wo der
Jüngling, der Bogen und Speer von Kindheit an ge-
handhabt hat, nichts so sehnlich wünscht, als eine Gelegenheit seine Tapferkeit zu zeigen; da ist es natürlich,
daß Kriege sehr oft aus unbedeutenden Veranlassungen
entstehn. Sobald eine Nation sich einer andern überlegen
fühlt, fehlt es ihr selten an einem Vorwande, Feindseligkeiten anzufangen. So hatte der Krieg zwischen Kadschaaga und Kasson keinen andern Grund, als die Zu-
rückbehaltung eines entlaufenen Sklaven; und der zwischen Bambarra und Kaarta den Verlust einiger Stücke
Rindvieh. Solche Vorfälle sind immer leicht bei der
Hand, und mehr braucht es nicht, damit die Thorheit
oder der tolle Ehrgeiz der Fürsten und der Eifer religiöser
Schwärmer ihrer Zerstörungssucht freien Spielraum lasse.

Die afrikanischen Kriege sind von zweierlei Art, die
auch durch eigne Namen unterschieden werden. Diejeni=
ge Art, welche mit unsern europäischen Kriegen die mei=
ste Aehnlichkeit hat, heißt Killi, welches herausfodern
bedeutet, weil diese Kriege ohne Fehden sind, und vor=
her erklärt werden. Solche Kriege werden aber doch in
Afrika gewöhnlich durch einen einzigen Feldzug beendigt.
Ein Gefecht wird geliefert, die Ueberwundenen denken
selten daran, sich wieder zu vereinigen; alle Einwohner
überfällt ein panisches Schrecken, und die Eroberer haben
nichts zu thun als ihre Sklaven zu binden, und ihre
Opfer mit der andern Beute abzuführen. Solche Ge=
fangene, die zu alt oder schwach sind, um Ungemach
auszuhalten, oder die sonst nicht verkäuflich sind, werden
als eine unnütze Last angesehn, und, wie ich nicht zweifle,
oft getödtet. Dasselbe Schicksal erwartet gewöhnlich jedes
Oberhaupt, oder jeden Andern, der an dem Kriege einen
ausgezeichneten Antheil gehabt hat. Wunderbar ist es,
wie schnell, ohnerachtet dieses zerstörenden Systems, eine
afrikanische Stadt wieder aufgebaut und bevölkert wird.
Dies kommt wahrscheinlich daher, weil der regelmäßigen
Gefechte immer nur wenige sind; der Schwächere fühlt
sich, und sucht sein Heil in der Flucht. Ist das Land
verwüstet, und der Feind hat die zerstörten Städte und
Dörfer verlassen, so kehren alle Einwohner, soviele
deren dem Schwert und der Kette entronnen sind, nach
und nach, wiewol sehr vorsichtig, an ihren Geburtsort
zurück. Der arme Neger nährt ebenfalls den allgemei=
nen Wunsch, den Abend seines Lebens da zuzubringen,
wo seine Kindheit verflossen ist; kein Wasser ist ihm so
süß, als das aus seinem eignen Brunnen, und kein Baum
hat für ihn einen so kühlen und lieblichen Schatten, als
der Tabbabaum *) seines Geburtsdorfes. Nöthigt ihn
der Krieg diesen Ort zu verlassen, und in einem andern

*) Dies ist eine Art von Sterculia, ein Baum der sich sehr weit
ausbreitet, und unter dem gewöhnlich der Bentang errichtet
wird.

Staate Sicherheit zu suchen, so redet er dort immer von
dem Lande seiner Väter, und der Friede ist kaum her=
gestellt, so kehrt er dem fremden Lande den Rücken, baut
eiligst seine verfallenen Mauern wieder auf, und freut sich,
den Rauch aus seiner Heimath wieder aufsteigen zu sehen.

Die andere Art des afrikanischen Krieges heißt Ta=
gria, Plündern oder Stehlen. Er entsteht aus einer
Art von erblicher Fehde, welche die Einwohner eines Di=
strikts mit denen eines andern führen. Es wird keine
eigentliche Ursach der Feindseligkeiten angegeben, auch
verlautet vorher nichts von einem bevorstehenden Angrif;
sondern die Einwohner jeder Gegend nehmen nur jede
Gelegenheit wahr, wo sie Beute machen können, und
beunruhigen ihre Feinde durch räuberische Streifzüge.
Diese sind sehr gewöhnlich, besonders am Anfang der
trocknen Jahreszeit, wenn die Erntearbeit vorüber ist,
und es überall Lebensmittel im Ueberfluß giebt: dann
macht man Entwürfe sich zu rächen. Der Anführer be=
rechnet die Anzahl und die Geschicklichkeit seiner Va=
sallen, wenn sie bei Volksfesten ihre Speere schwingen,
und stolz auf seine Kräfte richtet er seine Gedanken darauf,
einen Schaden oder eine Beleidigung zu rächen, die ihm
oder einem seiner Vorfahren von einem benachbarten
Staate zugefügt worden ist.

Mit Kriegen dieser Art, geht es gewöhnlich sehr
geheimnißvoll her. Einige entschlossene Leute, von einem
unternehmenden und muthigen Manne angeführt, mar=
schiren in aller Stille durch die Wälder, überfallen in
der Nacht irgend ein wehrloses Dorf, und führen die
Einwohner mit ihrer Habe fort, ehe die Nachbaren ihnen
zu Hülfe kommen können. Bei meinem Aufenthalt in
Kamalia, wurden wir alle eines Morgens durch eine
solche Partei in großen Schrecken versetzt. Der Sohn
des Königs von Fuladu, ging mit fünfhundert Reitern
etwas südlich von Kamalia durch die Wälder, und plün=

derte am folgenden Morgen drei Städte, die dem Ma=
digai, einem angesehenen und mächtigen Oberhaupt der
Jallonka's gehörten.   Der glückliche Erfolg dieser Expe=
dition ermunterte den Statthalter von Bangassi, einer
Stadt in Juladu, einen zweiten Einfall in eine andere
Gegend desselben Landes zu wagen.   Er versammelte
etwa zweihundert von seinen Leuten, ging in der Nacht
mit ihnen über den Fluß Kokoro, und machte eine große
Menge Gefangene.   Viele Einwohner, welche bei diesen
Angriffen glücklich entflohen waren,   wurden hernach,
als sie in den Wäldern herumirrten, oder sich in den Ge=
birgthälern und engen Pässen versteckt hatten, von den
Mandingo's gefangen.

Solche räuberische Einfälle werden allemal sehr bald
auf dieselbe Art vergolten, und wenn man nicht zahlreiche
Parteien dazu zusammenbringen kann,   so vereinigen
sich einige Freunde miteinander, und fallen ins feindliche
Land um zu plündern,   und Einwohner wegzuschleppen.
Ja man hat Beispiele, daß ein einziger Mensch seinen
Bogen und Köcher nimmt und in dieser Absicht aus=
geht.   Dies ist ohne Zweifel ein tolles Wagestück; aber
wenn man bedenkt, daß ein solcher wahrscheinlich in ei=
nem ähnlichen Kriege einen Sohn oder einen nahen Ver=
wandten verloren hat,   so verdient er eher Mitleid
als Tadel.   Von dem Gefühl seines Verlustes zur
Rache angetrieben,   geht der Gekränkte aus und
verbirgt sich im Gebüsch, bis ein Kind oder eine unbe=
bewaffnete Person vorbeigeht.   Wie ein Tiger fällt er
dann über seinen Raub her, schleppt ihn ins Dickicht,
und führt ihn in der Nacht als Sklaven fort.

Ist ein Neger auf diese Art in die Hände seiner
Feinde gefallen, so behält ihn sein Ueberwinder entweder
als Sklaven für sich, oder er verhandelt ihn lieber in ein
entferntes Königreich; denn ein Afrikaner, der einmal
seinen Feind in seine Gewalt bekommen hat, wird ihm

nicht leicht Gelegenheit geben, in Zukunft einmal seine Hand wieder gegen ihn aufzuheben. Das Schicksal, welches ein Eroberer seinen Gefangenen bestimmt, hängt gewöhnlich von dem Range ab, den sie in ihrem Vaterlande behaupteten. Solche ehemalige Hausssklaven, welche eine gute Gemüthsart zu haben scheinen, behält er in seiner eignen Familie, besonders aber alle junge Frauenzimmer. Andere, welche Unzufriedenheit äußern, werden weiter nach entfernten Gegenden fortgeschaft, und diejenigen, es seien nun freie Leute oder Sklaven, welche thätigen Antheil am Kriege genommen haben, werden entweder den Slatihs verkauft oder getödtet.

Der Krieg ist also gewiß schon an sich die allgemeinste und ergiebigste Quelle der Sklaverei, und die zweite, nehmlich die Hungersnoth entsteht oft — jedoch nicht immer — wiederum aus den Verwüstungen des Krieges. In diesem Falle wird ein freier Mann ein Sklave, um ein größeres Uebel zu vermeiden. Ein philosophisches und nachdenkendes Gemüth wird vielleicht den Tod kaum für ein größeres Uebel halten, als die Sklaverei; der arme Neger aber, wenn er vor Hunger verschmachtet, denkt wie vor Alters Esau; siehe, ich muß doch sterben, was soll mir denn die Erstgeburt? Es giebt sehr viele Beispiele, daß Leute freiwillig ihrer Freiheit entsagen, um ihr Leben zu retten. Während einer großen Theurung in den Ländern am Gambia, welche drei Jahre währte, geriethen eine Menge Menschen auf diese Art in die Sklaverei. Dr. Laidley versicherte mich, es wären damals viele freie Leute gekommen, und hätten ihn sehr ernstlich gebeten, sie an seine Sklavenkette zu legen, um sie vom Hungertode zu retten. Zahlreiche Familien sind oft einem gänzlichen Mangel ausgesetzt, und da die Eltern eine fast unumschränkte Gewalt über ihre Kinder haben; so geschieht es in allen Gegenden von Afrika häufig, daß einige davon verkauft werden, um der übrigen Familie dadurch Lebensmittel zu verschaffen. In Dscharra zeigte mir Deman Dschomma drei junge Sklaven, die er auf diese Art erstanden hatte. Einen andern Fall, der mir in Wonda aufstieß, habe ich schon erzählt, und man sagte mir, daß dies Verfahren damals in ganz Fuladu sehr gewöhnlich gewesen sei.

Die dritte Ursach der Sklaverei, ist die Unfähigkeit seine Schulden zu bezahlen. Unter allen Vergehungen — wenn man dies anders so nennen kann — auf welche die afrikanischen Gesetze die Sklaverei als Strafe erkennen, ist diese die gewöhnlichste. Ein Negerkaufmann macht gewöhnlich zum Behuf einer Handelsspekulation Schulden, entweder bei seinen Nachbarn um Waaren zu kaufen, die er auf einem entfernten Markt mit Vortheil zu verkaufen denkt, oder bei europäischen Kaufleuten an der Küste; immer aber so, daß ein Termin zur Zahlung festgesetzt wird. Die Lage des Spekulanten ist in beiden Fällen dieselbe. Hat er Glück, so macht er sich vielleicht ein Vermögen; hat er Unglück, so geräth er selbst und alles was er hat in die Gewalt seines Gläubigers: denn in Afrika werden nicht nur die Effekten eines insolventen Schuldners, sondern auch er selbst wird verkauft, um den rechtmäßigen Forderungen seiner Gläubiger gerecht zu werden*).

*) Wenn ein Neger von einem Europäer an der Küste Waare auf Kredit nimmt, und seinen Zahlungstermin nicht einhält: so berechtigen die Gesetze den Europäer, auf den Schuldner selbst, wenn er ihn habhaft werden kann, wo nicht, auf einen seiner Verwandten, oder endlich auf irgend einen Unterthan desselben Staates Arrest zu legen. Derjenige, der auf diese Art ergriffen ist, bleibt verhaftet, unterdeß seine Freunde gehen um den Schuldner aufzusuchen. Wird dieser gefunden, so beruft man eine Versammlung der Vornehmsten des Ortes, und der Schuldner wird aufgefordert, durch Erfüllung seiner Verbindlichkeiten seinen Freund auszulösen. Ist er dies nicht im Stande, so versichert man sich augenblicklich seiner Person und schickt ihn nach der Küste, worauf der Andere frei gelassen wird. Ist der Schuldner nicht zu finden, so muß der Verhaftete den doppelten Belauf der Schuld bezahlen, oder er wird selbst verkauft. Doch sagte man mir, daß man selten auf die Vollstreckung des letzten Punktes dränge.

Die vierte unter den angegebenen Ursachen, ist die Begehung solcher Verbrechen, auf welche nach den Landesgesetzen die Sklaverei als Strafe steht. Deren sind nur drei: Mord, Ehebruch und Zauberei, und ich muß zu meiner Freude den Afrikanern das Zeugniß geben, daß sie mir nicht häufig zu sein scheinen. Ist ein Mord begangen, so hat der nächste Verwandte des Getödteten es in seiner Gewalt, den Mörder, wenn er überwiesen ist, entweder mit eigner Hand zu tödten, oder in die Sklaverei zu verkaufen. Beim Ehebruch wird es gewöhnlich dem beleidigten Theile freigestellt, den Inkulpaten entweder zu verkaufen, oder ein solches Lösegeld von ihm anzunehmen, welches ihm für das erlittene Unrecht ein Ersatz zu sein scheint. Unter Zauberei versteht man diejenige vorgebliche Magie, welche gegen das Leben oder die Gesundheit eines Menschen gerichtet ist; mit andern Worten die Giftmischerei. Mir ist, so lange ich in Afrika war, von einem Gericht, welches über dieses Verbrechen gehalten worden wäre, nichts bekannt geworden, und ich vermuthe also, daß das Vergehen sowohl als die Bestrafung desselben sehr selten vorkommt.

Wenn ein freier Mann durch eine von diesen Ursachen ein Sklave geworden ist, so bleibt er es gewöhnlich, und seine Kinder, wenn sie mit einer Sklavin erzeugt sind, werden in demselben Zustande erzogen. Jedoch fehlt es nicht an Beispielen, daß Sklaven ihre Freiheit wieder erhalten, bisweilen mit Einwilligung ihres Herrn, wenn sie ihm einen besonders wichtigen Dienst leisten, oder wenn sie aus einem Gefecht zwei Sklaven als Lösegeld mitbringen; öfter aber durch die Flucht: denn, wenn ein Sklave erst seinen Kopf darauf setzt zu entlaufen, so gelingt es gemeiniglich. Sie sind im Stande mehrere Jahre zu warten, bis sich ihnen eine gute Gelegenheit darbietet, und während dieser Zeit gar nicht die geringste Unzufriedenheit zu äußern. Im allgemeinen ist zu bemerken, daß Sklaven aus einer bergigen Gegend, die sich mit der Jagd beschäftiget haben, und des Wanderns gewohnt sind, ihre Flucht leichter bewerkstelligen, als die aus dem flachen Lande, welche nur Feldarbeit getrieben haben.

Dies sind die allgemeinen Umrisse des Systems der Sklaverei, welches in Afrika herrscht, und man sieht es seiner Natur und seinem Umfang an, daß es sich nicht erst aus neueren Zeiten herschreibt. Wahrscheinlich ist es in jenem frühern Alterthume entstanden, ehe noch die Mauren einen Weg durch die Wüste entdeckt hatten. In wie fern es durch den Sklavenhandel aufrecht erhalten werde, welcher seit zweihundert Jahren zwischen den Europäern und den Küstenbewohnern getrieben wird; das bin ich nicht im Stande zu entscheiden, auch gehört es nicht für mich. Sollte man meine Meinung darüber wissen wollen, welchen Einfluß wol der gänzliche Stillstand dieses Handels auf die Sitten der Neger haben würde; so würde ich ohne Bedenken sagen, daß in ihrem gegenwärtigen, unaufgeklärten Zustande, diese Veränderung weder so große noch so wohlthätige Folgen haben dürfte, als manche weise und würdige Männer aus Menschenliebe erwarten.

Drei und zwanzigster Abschnitt.

Vom Goldstaube, dem Verfahren damit, und seinem Werth
in Afrika — Vom Elfenbein — Verwunderung der Neger über die Begierde der Europäer nach dieser Waare —
Elephantenjagd — Bemerkungen über den unvollkomme-
nen Zustand des Landes.

Gold und Elfenbein hat man wahrscheinlich in Afrika
schon in den allerältesten Zeiten gefunden; sobald die
Geschichte nur dieses Welttheiles erwähnt, werden auch
jene kostbaren Waaren schon als die wichtigsten Produkte
desselben genannt.

Man hat bemerken wollen, daß das Gold selten oder
nie anders als in bergigen und dürren Gegenden gefunden würde, als ob ihnen die Natur auf diese Art ersetzen
wollte, was sie ihnen versagt hat; dies ist aber nicht
durchaus richtig. Man findet Gold in ansehnlicher Menge, in allen Theilen von Manding, und dieses Land ist
zwar gar nicht eben, aber man kann es doch eigentlich
nicht gebirgig, noch viel weniger aber dürre nennen.
Eben so findet man sehr viel Gold im Dschallonkadu,
vorzüglich um Buri, und dies ist ebenfalls ein hügliges,
aber keinesweges ein unfruchtbares Land. Es ist merkwürdig, daß der Salzmarkt in der letztgenannten Stadt,
welche ohngefähr vier Tagereisen südwestwärts von Kamalia
liegt, oft zu gleicher Zeit mit Steinsalz von der großen Wüste,
und mit Seesalz von Rio grande besetzt ist, da der Preis
beider Arten, in dieser Entfernung von ihrem Vaterlande
ohngefähr gleich ist, und die Verkäufer von beiden, die
Mauren aus Norden und die Neger aus Westen, beide
ihr Salz dorthin bringen, um es gegen Gold umzusetzen.

Das mandingische Gold wird, soviel ich erfahren
habe, nie in einer Gangart oder Ader gefunden, sondern
immer in fast ganz reinem Zustande in kleinen Körnern,

von der Größe eines Nadelknopfes bis zu der einer Erbse, in großen Massen von Sand oder Lehm einzeln zerstreut. Die Mandingo's nennen es in diesem Zustande Sanu munko, Goldpulver. Doch ergiebt sich aus der Lage des Bodens mit großer Wahrscheinlichkeit, daß es ehedem durch häufige Wasserströme von den benachbarten Hügeln herunter gespült worden ist. Gesammelt wird es auf folgende Art. Im Anfang des Decembers, wenn die Ernte vorbei und das Wasser in den Strömen gefallen ist, setzt der Mansa des Ortes einen Tag fest, an welchem das Sanu ku, das Goldwaschen, seinen Anfang nehmen soll, so daß die Frauen sich gegen diese Zeit fertig halten können. Ein Grabscheid um den Sand aufzugraben, zwei bis drei Kalabaschen, um ihn darin zu waschen, und einige Federkiele, um den Goldstaub darin aufzubewahren, sind alle Geräthschaften, welche dazu erfordert werden. Am Morgen, wenn sie ausziehen, wird zur Feier des ersten Tages ein Ochse geschlachtet und viele Gebete und Zaubersprüche werden hergesagt, um sich Glück zu verschaffen, denn es wird für ein sehr schlechtes Zeichen gehalten, wenn der erste Tag unglücklich ist. Dem Mansa von Kamalia und vierzehn von seinen Leuten mißlang das Waschen am ersten Tage, so daß Wenige das Herz hatten, die Arbeit fortzusetzen, und diese Wenigen hatten einen schlechten Erfolg — was allerdings sehr natürlich zuging, denn anstatt eine frische Stelle aufzugraben, gruben und wuschen sie immer an demselben Fleck, wo sie vor Jahren gegraben und gewaschen hatten, und wo also nur noch wenig große Körner übrig sein konnten.

Die leichteste Art den Goldstaub zu erlangen ist allerdings die, daß man den Sand in den Strömen auswäscht; aber an den meisten Stellen ist er schon vorher so genau durchsucht, daß man das Gold nur sehr sparsam findet, wenn nicht etwa der Strom einen neuen Lauf nimmt. Während einige den Sand durchsuchen, beschäfti-

gen sich andere mehr oberwärts, wo die reißende Strömung allen Lehm und Sand hinweg geführt und nur kleine
Kiesel übrig gelassen hat. Diese zu durchsuchen ist ein
sehr mühsames Geschäft; ich habe Frauen gesehen, welche
sich dabei die Haut von den Fingerspitzen ganz weg
gearbeitet hatten. Bisweilen werden sie aber sehr gut
dafür belohnt durch Goldmassen, welche sie Sanu birro,
Goldsteine nennen; eine Frau aus Kamalia fand mit ihrer Tochter an einem Tage zwei Stücke dieser Art, von
denen eins drei, das andere fünf Drachmen wog. Die
sicherste und ergiebigste Art des Goldwaschens ist aber die,
daß man mitten in der trocknen Jahreszeit in der Nähe
eines Hügels, dessen Goldgehalt erst kürzlich entdeckt ist,
mit kleinen Spaten oder Kornschaufeln ein tiefes Loch
gräbt, wie zu einem Ziehbrunnen, und die Erde daraus
mit großen Kalabaschen heraufzieht. So wie man in eine
neue Lage von Lehm und Sand kommt, werden gleich ein
oder zwei Kalabaschen zur Probe ausgewaschen, und die
Arbeiter fahren so lange fort, bis sie an eine Lage kommen die goldhaltig ist, oder bis sie auf Felsen stoßen, oder
Wasser eindringt. Gewöhnlich finden sie das Gold in einem feinen röthlichen Sande mit schwarzen Flecken;
wenn sie eine solche Lage antreffen, schicken sie den Frauen
gleich große Kalabaschen voll von diesem Sande zum aus-
waschen. Denn wenn gleich die Männer graben, so
bleibt doch das Waschen immer für die Frauen, die an
eine ähnliche Arbeit bei dem Korn von Kindheit an gewöhnt sind.

Da ich nie in eine von diesen Gruben gefahren bin,
so kann ich nicht sagen auf welche Art sie in der Tiefe
arbeiten. Meine Lage machte es nothwendig, jede Veranlassung zu dem Argwohn, als ob ich mich zu genau
um die Reichthümer des Landes bekümmerte, von mir
zu entfernen; die Art aber, wie das Gold von dem Sande
geschieden wird, ist sehr einfach, und die Frauen ver-

richten dieß Geschäft oft mitten in der Stadt. Denn wenn die Arbeiter des Abends aus den Thälern nach Hause kommen, bringt gewöhnlich jeder ein oder zwei Kalabaschen voll Sand mit, damit die Frauen, welche etwa zu Hause bleiben müssen, auch etwas zu thun haben. Sie verfahren dabei so. Eine Portion Sand oder Lehm — denn das Gold findet sich bisweilen auch in einem braunen Lehm — wird in einen großen Kalabasch gethan, und mit einer hinreichenden Menge Wasser übergossen. Der Kalabasch wird dann so geschüttelt, daß Sand und Wasser sich mit einander vermischen, und die ganze Masse in eine kreisförmige Bewegung geräth, erst langsam und dann immer schneller, bis bei jeder Umdrehung ein klein wenig Sand und Wasser über den Rand des Kalabasches abfließt. Nur die gröbsten Theile des Sandes, mit ein wenig schlammigem Wasser vermischt, sondern sich auf diese Art ab. Hat man damit eine Zeitlang fortgefahren, so läßt man den Sand sich setzen und gießt das Wasser ab; etwas grober Sand, der sich nun oben auf im Kalabasch findet, wird mit der Hand abgenommen, frisches Wasser hinzugethan, und das Verfahren so lange fortgesetzt, bis dieses fast ganz klar abläuft. Nun nimmt die Frau einen andern Kalabasch, schüttet die Masse langsam aus einem in den andern, und behält den Sand, der ganz unten liegt, zurück. Diese kleine Quantität, in der es am wahrscheinlichsten ist, Gold zu finden, wird mit etwas reinem Wasser vermischt, im Kalabasch herumbewegt und sorgfältig untersucht. Werden einige Goldtheilchen herausgelesen, so untersucht man den Inhalt des andern Kalabasch auf dieselbe Art; im Ganzen aber ist man wohl zufrieden, wenn aus beiden zusammen nur drei oder vier Körner gewonnen werden. Einige Frauen haben durch lange Uebung die Beschaffenheit des Sandes und die Art, wie man damit umgehen muß, so vollkommen kennen gelernt, daß sie noch Gold finden, wo andre nicht das kleinste Stäubchen ausspüren konnten. Der

Goldstaub wird in Federkielen, die mit Baumwolle ver=
stopft werden, aufbewahrt, und die Wäscher stecken gern
einige solcher Kiele in ihr Haar. Man nimmt an, daß
ein Mensch bei gewöhnlichem Fleiß in einem guten Boden
während der trockenen Jahrszeit, für zwei Sklaven werth
Gold gewinnen kann.

Aus der einfachen Art, wie die Mandingo Ne=
ger beim Goldsuchen verfahren, kann man schließen, daß
dies Land eine ansehnliche Menge dieses köstlichen Metalls
enthalten muß: denn von den kleineren Theilchen müssen
natürlich dem unbewafneten Auge sehr viele entgehen, und
da sie den Sand der Ströme gewöhnlich in einer beträcht=
lichen Entfernung von den Hügeln durchsuchen, und also
weit von der Mine in denen das Gold ursprünglich er=
zeugt wird, so wird den Arbeitern ihre Mühe oft nur
kärglich belohnt. Der Strom kann nur kleine Theile die=
ses schweren Metalles so weit hinunterführen, die größe=
ren müssen nahe bei dem Ort, wo das Wasser sie zuerst
aufgenommen hat, wieder niederfallen. Könnte man die
goldhaltigen Ströme bis zu ihrer Quelle verfolgen, und
die Hügel, aus denen sie entspringen, ordentlich untersuchen,
so würde man in dem Sande, der das Lager des Goldes
ist, wahrscheinlich weit größere Stücke finden, und auch
auf die kleineren könnte, wenn man sich des Quecksil=
bers und anderer Hülfsmittel, die den Afrikanern ganz
unbekannt sind, bediente, noch mit großem Vortheil ge=
arbeitet werden.

Dieses Gold wird zum Theil zu Schmuck für die
Frauen verbraucht, an dem man aber mehr das Gewicht,
als die Arbeit bewundern muß. Er ist massiv und un=
geschickt, und die Ohrringe vornehmlich sind gewöhnlich
so schwer, daß sie das Ohrläppchen herunterziehn und
zerreißen würden, und um dies zu verhindern, von ei=
nem rothen ledernen Riemen gehalten werden, der oben
über den Kopf von einem Ohr zum andern geht. Die
Hals=

Halsketten sind etwas besser gearbeitet, und die geschickte Anordnung der goldnen Perlen und Platten daran, ist der größte Beweis des Geschmacks und der Zierlichkeit. Das Goldgeschmeide einer Dame von Stande in ihrem vollen Schmuck, mag zwischen funfzig und achtzig Pfund Sterling werth sein.

Einen kleinen Theil des Goldes nehmen die Slatths mit, um die Ausgaben auf ihren Reisen nach der Küste und zurück davon zu bestreiten; bei weitem das meiste aber bekommen alle Jahre die Mauren für Salz und andere Waaren. Das Gold, welches während meines Aufenthaltes in Kamalia die dortigen Kaufleute allein für Salz einnahmen, betrug nahe an hundert und acht und neunzig Pfund Sterling, und da Kamalia nur eine kleine Stadt ist, und von den maurischen Kaufleuten eben nicht stark besucht wird, so muß diese Summe nur ein geringes sein, gegen das was in Kankaba, Kankarih und andern großen Städten verhandelt wird. Der Preis des Salzes ist in diesem Theil von Afrika sehr hoch. Eine Scheibe von drittehalb Fuß lang, vierzehn Zoll breit und zwei Zoll dick, verkauft sich bisweilen für 2 Pfund 10 Schilling Sterling, (ohngefähr 25 Gulden) und 1 Pfd. 15 Schill. bis 2 Pfd. ist der gewöhnliche Preis. Vier solche Scheiben sind die Ladung eines Esels, ein Ochse trägt deren sechs. Europäische Waaren sind in Manding sehr ungleich im Preise, je nachdem die Zufuhr von der Küste oder die Besorgniß vor Kriegen im Lande groß ist; sie werden aber gewöhnlich in Sklaven bezahlt. Als ich in Kamalia war galt ein Sklave von der ersten Güte neun bis zwölf Minkallis, und die europäischen Waaren standen in folgendem Preise

18 Flintensteine
48 Rollen Toback
20 Ladungen Schießpulver } 1 Minkalli. (ohngefähr ein Dukaten)
1 Hirschfänger
1 Flinte . . . . 3—4 Minkalli's.

Park's Reise.   S

Die Landesprodukte und Lebensbedürfnisse standen gegen
Gold in folgendem Preise:

    Lebensmittel für einen Tag . . . 1 Tilikiffi schwer *)
    Ein junges Huhn . . . . . . 1 — —
    Ein Schaaf . . . . 3 — —
    Ein Ochse . . . . 1 Minkalli.
    Ein Pferd . . 10—17 Minkalli's.

Die Neger wiegen das Gold auf kleinen Waagen, die
sie immer bei sich führen. Zwischen Goldkörnern und ge-
arbeitetem Golde machen sie im Preise keinen Unterschied.
Beim Tauschhandel wiegt allemal derjenige, der das
Gold empfängt, es mit seinen eigenen Tilikiffi's. Diese
Bohnen werden bisweilen in Baumbutter eingeweicht, um
sie schwerer zu machen, ja ich sah einmal einen Kiesel-
stein, der ganz genau in die Form einer solchen Bohne
gearbeitet war; doch sind dergleichen Betrügereien nicht
sehr gemein.

Dies ist das wichtigste was ich über die Art, das
Gold in Afrika zu gewinnen, und über seinen Werth im
Handel zu sagen weiß, und ich komme jetzt zu dem andern
Artikel, von dem ich reden wollte, nehmlich dem El-
fenbein.

Nichts erregt bei den Negern an der Küste soviel
Verwunderung als die große Nachfrage der europäischen
Kaufleute nach Elephantenzähnen; und es ist sehr schwer
ihnen begreiflich zu machen, wozu sie gebraucht werden.
Zeigt man ihnen auch Messer mit elfenbeinernen Heften,
Kämme und andere Kleinigkeiten von diesem Material
und überzeugt sie, daß dies wirklich von Elephantenzähnen
gemacht ist, so sind sie damit doch nicht befriedigt. Sie
glauben, daß man diese Waare zu weit wichtigern Dingen so häufig in Europa braucht, und daß man ihnen
dies absichtlich verhehle, damit der Preis des Elfenbeins

*) Dies sind schwarze Bohnen, deren sechs soviel wiegen als ein
Minkalli.

nicht steigen möge. Sie meinen, sie könnten sich nicht überzeugen, daß man Schiffe baue und Reisen unternehme, bloß um einen Artikel zu holen, der zu nichts tauge als Messerstiele daraus zu machen, wozu doch ein Stück Holz völlig eben so gut wäre.

Die Elephanten sind im innern Afrika sehr häufig; aber es scheint eine besondre Art zu sein, die sich von der asiatischen unterscheidet. Blumenbach hat von beiden einen Backenzahn abgebildet, und der Unterschied ist auffallend. Auch Herr Cuvier hat im Magazin Encyclopédique die Verschiedenheiten zwischen beiden angegeben, und da ich nie einen asiatischen Elephanten untersucht habe, so habe ich mich lieber auf diese Schriftsteller beziehen als selbst eine Meinung vortragen wollen. Man hat gesagt, der afrikanische Elephant sei weniger gelehrig als der asiatische, und könne nicht gezähmt werden. Das ist gewiß, daß die Neger ihn jetzt nicht zähmen; aber wenn man bedenkt, daß die Karthager immer zahme Elephanten bei ihren Heeren hatten, und daß sie in den punischen Kriegen mehrere nach Italien herüberbrachten, so ist es doch wahrscheinlicher, daß sie die Kunst verstanden haben, die einländischen Elephanten abzurichten, als daß sie diese großen Thiere mit ungeheuren Kosten sollten aus Asien geholt haben. Vielleicht hat erst die Gewohnheit der Afrikaner, die Elephanten um der Zähne willen zu jagen, sie wilder und unlenksamer gemacht, als sie ehedem waren.

Der größte Theil des Elfenbeins, welches am Gambia und Senegal verkauft wird, kommt aus dem Innern. Das Land an der Küste ist zu sumpfig, und von Flüssen und ihren Nebenarmen zu sehr durchschnitten, als daß ein so großes Thier es durchwandern könnte, ohne entdeckt zu werden, und haben die Neger nur erst seine Fußstapfen in dem Boden gesehen, so ist gleich das ganze Dorf in den Waffen. Der Gedanke von seinem Fleische

S 2

zu schmausen, aus seiner Haut Sandalen zu schneiden, und die Zähne den Europäern zu verkaufen, flößt einem jeden Muth ein, und das Thier entkommt seinen Verfolgern selten. Aber in den Ebenen von Bambarra und Kaarta und in den großen Wildnissen von Dschallonkadu sind die Elephanten in großer Menge, und werden, weil das Schießpulver hier sehr selten ist, von den Einwohnern weniger beunruhigt.

Die Zähne findet man häufig in den Wäldern, und die Reisenden sehen sich fleißig darnach um. In trocknen und hohen Gegenden, wo die fruchtbare Erdschicht nur dünn ist, pflegt der Elephant die Sträuche und Büsche mit den Zähnen zu untergraben und so umzureißen, um von den Wurzeln zu zehren, welche zarter und saftiger zu sein pflegen, als die harten Aeste oder das Laub. Sind aber die Zähne schon vom Alter angegriffen, oder die Wurzeln zu fest, so brechen jene bei der großen Anstrengung des Thieres gewöhnlich ab. In Kamalia sah ich zwei Zähne, von denen einer sehr groß war, die in den Wäldern gefunden und offenbar auf diese Art abgebrochen waren. Anders läßt sich's auch nicht erklären, wie täglich so viel Elfenbein in Stücken bei allen Faktoreien zum Verkauf gebracht werden könnte: denn wenn der Elephant auf der Jagd getödtet wird, und er sich nicht zufälligerweise in einen Abgrund stürzt, werden die Zähne allemal ganz herausgebracht.

Zu gewissen Zeiten im Jahr ziehen die Elephanten Heerdenweise durch das Land, um Nahrung oder Wasser zu suchen, und da es auf der Nordseite des Nigers keine Ströme giebt, so müssen sie sich, sobald die Pfützen in den Wäldern ausgetrocknet sind, den Ufern dieses Flusses nähern. Hier bleiben sie bis zum Anfang der Regenzeit im Juni oder Juli, und während dieser Zeit gehn alle Bambarraner, die Schießpulver übrig haben, fleißig auf die Jagd. Die Elephantenjäger gehn nicht leicht allein aus, sondern immer ihrer vier oder fünf zusammen. Jeder versorgt sich mit Pulver und Blei, und mit Mehl auf fünf oder sechs Tage, und so gehen sie in die unbesuch= testen Gegenden des Waldes, und geben auf alles genau Acht, was sie auf die Spur der Elephanten leiten kann. So groß auch das Thier ist, so gehört doch hiezu eine sehr scharfe und genaue Beobachtung. Die abge= brochnen Aeste, der Unrath, den das Thier hat fallen lassen, die Fußstapfen, alles das wird aufs sorgfältigste besehen, und manche Jäger haben es durch lange Erfahrung und aufmerksame Beobachtung so weit gebracht, daß sie, so bald sie den Fußtritt eines Elephanten sehen, mit großer Gewißheit sagen können, wann er da gegangen ist, und in welcher Entfernung man ihn antreffen wird.

Entdecken sie eine Heerde Elephanten, so folgen sie ihr von weitem bis sie sehen, daß einer sich von den andern entfernt, und eine solche Stellung nimmt, daß sie mit Vortheil auf ihn feuern können. Dann nähern sich die Jäger in dem langen Grase, fast kriechend, sehr behutsam, bis sie ihn schußrecht haben; nun schießen sie Alle ihre Gewehre auf einmal ab, und legen sich dann aufs Gesicht ins Gras hin. Der verwundete Elephant versucht gleich sich mit seinem Rüssel zu helfen; da er aber die Kugeln nicht herausziehn kann, und niemanden sieht, wird er ganz wüthend, und rennt zwischen den Bü= schen herum, bis er ermüdet und durch den Blutverlust erschöpft ist, und den Jägern Gelegenheit giebt noch ein= mal auf ihn zu feuern, worauf er denn gewöhnlich zu Boden sinkt.

Die Haut wird sogleich abgezogen und auf den Boden ausgebreitet um zu trocknen; diejenigen Stücke von seinem Fleische, welche man für die besten hält, wer= den in dünne Streifen geschnitten und in der Sonne gedörrt, um ihren Vorrath zu vermehren, und die Zähne werden mit einem leichten Beil ausgeschlagen. Dies

führen die Jäger immer bei sich, nicht nur zu diesem Behuf, sondern auch um Bäume in denen wilder Honig ist
umzuhauen: denn obgleich sie sich nur auf fünf oder sechs
Tage mit Lebensmitteln versehen, bleiben sie dennoch,
wenn es gut geht, bisweilen Monatelang in den Wäldern,
und leben von dem Fleische der erlegten Elephanten und
von wildem Honig.

Selten bringen die Jäger das gewonnene Elfenbein
selbst an die Küste. Sie überlassen es den reisenden Kaufleuten, die jährlich um diese schätzbare Waare einzuhandeln, mit Waffen und Ammunition von der Küste zu ihnen
kommen. Manche von diesen Kaufleuten bringen in
einer Jagdzeit vier bis fünf Eselsladungen Elfenbein
zusammen. Auch die Sklaven-Karawanen bringen immer viel Elfenbein aus dem Innern mit; es giebt jedoch
einige mahomedanische Slatihs, die aus religiösen Grün-
den nicht mit Elfenbein handeln, auch kein Elephan-
tenfleisch essen, das Thier müßte denn mit einem Speer
getödtet sein.

Aus diesen Gegenden von Afrika wird nicht so viel
Elfenbein ausgeführt, als aus den Gegenden näher an
der Linie; auch sind die Zähne nicht so groß. Sie wiegen hier selten mehr als achtzig oder hundert Pfund, und
im Durchschnitt ist eine Barre europäischer Waare der
Preis für ein Pfund Elfenbein.

Ich glaube, daß ich in diesem und den vorigen Ka-
piteln die Handelsverbindungen, die nun schon lange Zeit
zwischen den Negervölkern dieses Theils von Afrika und
den europäischen Nationen statt finden, ihrer Beschaffenheit und ihrem Umfange nach, genau genug beschrieben
habe. Sklaven, Gold, Elfenbein und die wenigen Artikel, deren ich im Anfange des Werkes erwähnt habe,
nehmlich: Wachs und Honig, Häute, Harze und Färbe-
hölzer, machen wol die ganze Ausfuhrliste aus. Ich
habe zwar gelegentlich auch anderer Artikel als afrikani-

scher Produkte erwähnt, Korn von verschiedener Art, Taback, Indigo, Baumwolle, und vielleicht noch eines und das andere; aber von allen diesen Dingen, die nur durch Kultur und Arbeit gewonnen werden können, erzielen sie nicht mehr als ihren eignen Bedarf; auch ist bei ihren gegenwärtigen Gesetzen, Sitten und Staatsverfassungen nichts bessers von ihnen zu erwarten. Indessen ist es keinem Zweifel unterworfen, daß alle kostbare Produkte beider Indien in den tropischen Gegenden dieses unermeßlichen Welttheils mit leichter Mühe einheimisch gemacht, und zur höchsten Vollkommenheit gebracht werden könnten. Es fehlt dazu nichts als Beispiel, um die Eingebohrnen aufzuklären, und Unterricht um ihre Industrie auf die rechten Gegenstände zu lenken. Wann ich die bewundernswürdige Fruchtbarkeit des Bodens und die großen Heerden Rindvieh, welches zur Arbeit und zum Einschlachten gleich vorzüglich ist, betrachtete; wann ich dabei an eine Menge anderer Umstände dachte, welche die Kolonisation und den Ackerbau begünstigen, und an den großen Vortheil einer ausgebreiteten einländischen Schiffahrt; so konnte ich nicht umhin zu bedauern, daß ein so reichlich begabtes und von der Natur begünstigtes Land, in seinem gegenwärtigen, wilden und vernachlässigten Zustande bleiben soll. Noch weit mehr aber bedauerte ich, daß ein Volk von so freundlichen Sitten und wohlwollender Gemüthsart, entweder in seinem groben und blinden heidnischen Aberglauben versunken bleiben, oder zu einer bigotten und fanatischen Religion bekehrt werden soll, welche sehr oft den Charakter erniedrigt, ohne den Verstand zu erleuchten. Hierüber wäre noch manches zu sagen; der Leser wird aber wahrscheinlich der Meinung sein, daß ich schon zu weit ausgeschweift sei, und ich kehre also zu meinem Aufenthalte in Kamalia zurück.

Vier und zwanzigster Abschnitt.

Arabische Handschriften der mohamedanischen Neger. — Be=
merkungen über die Erziehung der Negerkinder. — Des
Verfassers Wohlthäter, Karfa, kommt zurück. — Weitere
Nachricht vom Einkauf und der Behandlung der Skla=
ven. — Aufbruch der Karawane und Nachricht von ihrer
Reise bis zu ihrer Ankunft in Kingitakuro.

Der Schulmeister, der sich während Karfa's Abwe=
senheit meiner annahm, war ein freundlicher und lieb=
reicher Mann, zwar ein sehr strenger Anhänger der Lehre
Mahomeds, aber in seinen Grundsätzen gegen Anders=
denkende keinesweges unduldsam: er hieß Fankunta. Ein
großer Theil seiner Zeit war dem Lesen gewidmet und der
Unterricht schien eben so sehr sein Vergnügen als sein Geschäft
zu sein. Seine Schule bestand aus siebenzehn Knaben,
fast lauter Söhnen von Kafiren, und aus zwei Mädchen,
wovon Karfa's Tochter die eine war. Die Mädchen er=
hielten ihren Unterricht bei Tage; aber die Knaben hatten
ihre Lehrstunden beim Schein eines großen Feuers vor
Tagesanbruch, und dann wieder spät Abends; denn da
sie, so lange sie die Schule besuchen, als Hausklaven
des Lehrers angesehen werden, so mußten sie den Tag
über Korn pflanzen, Brennholz tragen und andere Skla=
vendienste verrichten.

Außer dem Koran und ein Paar Kommentaren
darüber, besaß der Schulmeister noch vielerlei Hand=
schriften, die er theils von maurischen Handelsleuten ge=
kauft, theils von einigen Buschrihns in der Nähe geborgt,
theils sehr sorgfältig abgeschrieben hatte. Schon an
mehreren Orten auf meiner Reise, waren mir Handschrif=
ten gezeigt worden; ich erinnerte mich jener und ver=
glich sie mit diesen; ich befragte den Schulmeister über diesen
Gegenstand, und so entdeckte ich, daß die Neger unter an=
dern auch eine arabische Uebersetzung der fünf Bücher Mosis

besitzen, welche sie Tarita la Musa nennen, und
so hoch achten, daß sie oft eben so theuer als ein Sklave
von der ersten Güte bezahlt wird.   Eben so haben sie
eine Uebersetzung der Psalmen Davids, Zabora Da=
widi: und das Buch Jesaia, welches Lingihli la Isa
heißt und ebenfalls in großer Achtung steht.   Ich ver=
muthe wohl, daß in alle diese Abschriften verschiedene
von den eigenthümlichen Lehren Mahomets eingeschoben
sind, denn ich konnte den Namen des Propheten an meh=
reren Stellen erkennen; doch kann es sein, daß ich dies
würde anders erklärt haben, wenn meine Bekanntschaft
mit dem Arabischen etwas größer gewesen wäre.   Durch
diese Bücher sind viele von den bekehrten Negern mit
den vornehmsten Geschichten des alten Testaments be=
kannt.   Die Geschichte unserer ersten Eltern; der Tod
Abels; die Sündfluth; das Leben Abrahams, Isaaks
und Jakobs; die Geschichte von Joseph und seinen
Brüdern; die Geschichte von Moses, David, Salomon
u. s. w.; dies alles ist mir von mehreren Personen so
ziemlich richtig in der Mandingo=Sprache erzählt wor=
den; und meine Verwunderung, da ich diese Geschichten
aus dem Munde der Neger hörte, war nicht größer als
die ihrige, da sie fanden, daß ich das alles schon wisse:
denn so hohe Vorstellungen auch sonst die Neger von dem
Reichthum und der Macht der Europäer haben, so muß ich
doch befürchten, daß die mahomedanischen Proselyten unter
ihnen von unsern höheren Einsichten in Sachen der Religion
eine sehr geringe Meinung haben.   Die meisten europäi=
schen Kaufleute in den Küstenländern nehmen sich nicht die
Mühe diesem leidigen Vorurtheil entgegen zu wir=
ken; ihre Andacht verrichten sie immer insgeheim, und
lassen sich selten bis zu einem freundlichen und lehrreichen
Gespräch mit den Negern herab. Ich konnte mich also nicht
sowohl darüber wundern, sondern nur es bedauern, daß die=
ses arme Volk von dem herrlichen Lichte des Christenthumes
ganz ausgeschlossen ist, indessen Mahomets Aberglauben

doch einige schwache Stralen von Erkenntniß unter demselben verbreitet hat. Ich konnte nur bedauern, daß den armen Negern die Lehren unserer heiligen Religion noch ganz fremd sind, nachdem die afrikanische Küste seit länger als zweihundert Jahren den Europäern bekannt und von ihnen besucht ist. Alle Meinungen und Urkunden des Alterthums, alle Schönheiten der arabischen und asiatischen Litteratur ziehen wir sehr sorgfältig aus der Dunkelheit hervor; aber indem wir unsere Bibliotheken mit der Gelehrsamkeit aller Länder bereichern, theilen wir selbst nur mit sehr sparsamer Hand den im Dunkeln wandelnden Völkern der Erde die Segnungen der Religion mit. Die Asiaten ziehen in dieser Hinsicht nur wenig Vortheil von ihrem Umgange mit uns, und ich fürchte, daß die armen Afrikaner, die wir als Barbaren ansehn, uns für nicht viel mehr als eine Rasse mächtiger aber unwissender Heiden halten. Als ich einigen Slatihs am Gambia Richardsons arabische Sprachlehre zeigte, waren sie ganz betroffen darüber, daß ein Europäer die heilige Sprache ihrer Religion sollte verstehen und schreiben können. Zuerst vermutheten sie, es möchte etwa von einem von der Küste weggeführten Sklaven herrühren, bei näherer Untersuchung aber überzeugten sie sich, daß kein Buschrihn so schön Arabisch schreiben könne; und einer von ihnen bot mir einen Esel und sechzehn Barren Güter, wenn ich ihm das Buch überlassen wollte. Eine kurze und leichte Unterweisung im Christenthum, wie man sie in einigen Lehrbüchern für Kinder findet, recht zierlich arabisch gedruckt und an verschiedenen Gegenden der Küste ausgetheilt, würde vielleicht eine wunderbare Wirkung thun. Die Kosten würden unbedeutend sein; die Neugierde würde viele antreiben das Buch zu lesen, und seine entschiedenen Vorzüge in Absicht der Zierlichkeit und des Preises vor allen Handschriften, die sie jetzt besitzen, würde ihm endlich einen Platz unter den afrikanischen Schulbüchern verschaffen.

Diese Bemerkungen über einen so wichtigen Gegenstand drängten sich mir von selbst auf, als ich sah, wieviel Aufmunterung das Bestreben bessere Einsichten — wie mangelhaft sie auch sind — zu verbreiten in vielen Gegenden von Afrika findet. Die Schulkinder in Kamalia gehörten größtentheils heidnischen Eltern, die also keine Vorliebe für die mahomedanische Lehre haben konnten. Sie hatten nur die Vervollkommnung ihrer Kinder im Auge, und wenn sich ihnen ein noch aufgeklärteres System dargestellt hätte, würden sie es wahrscheinlich vorgezogen haben. Auch fehlte es den Kindern nicht an Ehrliebe, welche der Lehrer sehr gut benutzte. Wenn eines von ihnen den Koran durchgelesen und eine gewisse Anzahl öffentlicher Gebete zu verrichten gelernt hat, so stellt der Schulmeister ein Fest an, und der Schüler muß sich einer Prüfung unterziehen, oder empfängt, um mich nach englischer Sitte auszudrücken, seinen Grad. Dreimal wohnte ich einer solchen Feierlichkeit bei, und freute mich über die deutlichen und verständlichen Antworten, welche die Schüler nicht selten den Buschrihns geben, die sich bei solchen Gelegenheiten zahlreich einfinden und die Examinatoren machen. Waren sie mit den Fähigkeiten und Kenntnissen des Schülers zufrieden, so gaben sie ihm das letzte Blatt des Korans in die Hand, welches er laut herlesen mußte; und nachdem dies geschehen war, wurde das Papier an seine Stirn gedruckt und das Wort Amen ausgesprochen; worauf alle Buschrihns aufstanden, ihm treuherzig die Hand schüttelten, und ihn für einen Buschrihn erklärten.

Hat ein Schüler diese Prüfung überstanden, so wird seinen Eltern bekannt gemacht, daß seine Erziehung vollendet sei, und daß sie nun ihren Sohn dadurch auslösen müssen, daß sie dem Schulmeister einen Sklaven oder den Werth eines Sklaven für ihn geben. Dies geschieht allemal, wenn die Eltern es irgend möglich machen können;

können sie es nicht, so bleibt der Knabe als Hausklave bei seinem Lehrer, bis er durch eignen Fleiß soviel erwirbt, daß er sich auslösen kann.

Ohngefähr acht Tage nach Karfa's Abreise kamen drei Mauren mit einer ansehnlichen Menge Salz nach Kamalia, auch mit andern Waaren, die sie von einem Kaufmann aus Fezzan, der eben in Kankaba angekommen war, auf Kredit genommen hatten. Sie hatten sich anheischig gemacht, zu bezahlen, sobald die Waaren verkauft wären, welches sie in einem Monat zu bewerkstelligen hoften. Da sie strenge Buschrihns waren, so räumte man ihnen zwei von Karfa's Hütten ein, und sie verkauften ihre Waaren mit großem Vortheil.

Am 24sten Januar kam Karfa in großer Gesellschaft und mit 13 Sklaven erster Güte, die er gekauft hatte, nach Kamalia zurück. Auch brachte er ein junges Mädchen mit, das er in Kankaba als seine vierte Frau geheirathet hatte. Den Eltern hatte er drei von den besten Sklaven für sie gezahlt. Karfa's andere Frauen empfingen sie an der Thüre des Baluhns sehr freundlich und führten sie in eine der besten Hütten, die zu ihrem Empfang geweißt *) und gekehrt worden war.

Meine Kleider waren jetzt so sehr zerlumpt, daß ich mich schämte, mich vor der Thüre sehen zu lassen; aber Karfa schenkte mir den Tag nach seiner Ankunft ein Kleid und ein Paar lange weite Hosen, wie man sie hier zu Lande trägt.

Die Sklaven, welche Karfa mitbrachte, waren alle Kriegsgefangene. Die Bambarranische Armee hatte sie in den Königreichen Wassela und Kaarta erbeutet und nach Sego geführt, wo einige von ihnen drei Jahre in Eisen gelegen hatten. Von Sego wurden sie mit mehreren Gefangenen in zwei großen Kähnen den Niger hin-

---

*) Die Neger weißen ihre Hütten mit einem Brei von Knochen-Asche und Wasser, dem gewöhnlich etwas Gummi beigemischt wird.

auf geschickt, und in Jamina, Bammaku und Kankaba zu Markt gebracht. Die meisten wurden an diesen Plätzen gegen Goldstaub vertauscht und die übrigen weiter nach Kankarin geschickt.

Eilfe darunter gestanden mir, daß sie von Kindheit an Sklaven gewesen wären; nur zwei wollten von ihrem vorigen Stande gar keine Rechenschaft geben. Alle waren sehr neugierig; zuerst sahen sie mich mit Blicken voll Abscheu an, und fragten mehrmals, ob meine Landsleute Menschenfresser wären. Sehr gern wollten sie wissen, was aus den Sklaven würde, wenn sie nun über das salzige Wasser gefahren wären. Ich sagte ihnen, sie müßten das Land bauen; das wollten sie aber nicht glauben, und einer von ihnen berührte mit seiner Hand den Boden und fragte mich in seiner Einfalt: „habt ihr denn wirklich solche Erde, worauf ihr eure Füße setzt?" Eine tief eingewurzelte Idee, daß die Weißen die Neger nur kaufen, um sie zu verzehren, oder um sie an andere, von denen sie verzehrt werden, zu verkaufen, macht natürlich, daß alle Sklaven nur mit Angst und Schrecken nach der Küste reisen; so daß die Slatihs genöthigt sind, sie immer in Eisen zu halten, und sie sehr genau zu bewachen, damit sie nicht entwischen. Man legt gewöhnlich das rechte Bein des Einen und das linke des Andern in dasselbe Eisen; sie können gehen, wenn sie ihre Fesseln mit einem Bande in die Höhe halten, aber doch nur langsam. Eben so werden immer vier und vier mit starken Striken von gedreheten Riemen am Nacken an einander befestiget. Des Nachts legt man ihnen noch ein Eisen an die Hände und bisweilen noch eine leichte eiserne Kette um den Hals.

Diejenigen, welche Zeichen des Mißvergnügens von sich geben, werden auf andere Art festgehalten. Es wird ein dickes Scheit Holz etwa drei Fuß lang geschnitten, auf der einen Seite desselben ein glatter Ausschnitt gemacht,

und an diesem der Knöchel des Sklaven vermittelst einer
starken eisernen Klammer, die über ihn weggeht, angerie=
gelt. Alle diese Fesseln und Klammern sind von inländi=
schem Eisen gemacht; der Schmidt legte sie den Sklaven
an, sobald sie aus Kankaba kamen, und nahm sie nicht
eher wieder ab, als an dem Morgen da die Karawane
nach dem Gambia aufbrach.

Uebrigens aber wurden die Sklaven, so lange sie in
Kamalia waren, nichts weniger als hart oder grausam
behandelt. Man führte sie alle Morgen in ihren Fesseln
in den Schatten eines Tamarindenbaumes, und ermun=
terte sie Hazardspiele zu spielen und lustige Lieder zu singen,
um sie vergnügt zu erhalten. Einige ertrugen ihr Schick=
sal mit erstaunlichem Muth, der größere Theil aber war
sehr niedergeschlagen, und saß den ganzen Tag, die Augen
zur Erde geheftet, in düsterer Schwermuth. Abends wur=
den ihre Eisen nachgesehn und ihnen die Hände gefesselt;
dann führte man sie in zwei große Hütten, wo sie von
Karfa's Haussklaven bewacht wurden. Demohnerachtet
wußte sich ohngefehr acht Tage nach ihrer Ankunft einer
von ihnen ein kleines Messer zu verschaffen, womit er ei=
nige seiner Fesseln losmachte, den Strick zerschnitt und
davonging. Wahrscheinlich wären mehrere so glücklich
gewesen, wenn sie einander beigestanden hätten; aber als
der Sklave in Freiheit war, weigerte er sich zu warten
um die Kette zerbrechen zu helfen, die um den Nacken sei=
ner Gefährten geschlungen war.

Da alle zur Karawane gehörigen Slatihs und Skla=
ven nun theils in Kamalia, theils in einigen benachbar=
ten Dörfern versammelt waren, so erwartete ich, daß wir
sogleich aufbrechen würden: allein so oft auch der Tag un=
serer Abreise schon angesetzt war, so fand sich doch immer
etwas weshalb sie aufgeschoben werden mußte. Einige
von den Leuten hatten ihren trocknen Vorrath noch nicht
beisammen; andere besuchten erst ihre Verwandten oder

zogen kleine Schulden ein; und zuletzt mußte man erst berathschlagen ob der Tag auch ein glücklicher Tag sein würde. Aus solchen oder ähnlichen Ursachen wurde unsere Abreise von einem Tage zum andern aufgeschoben, bis wir schon weit im Februar waren; dann kamen alle Slatihs überein in ihren jetzigen Quartieren zu bleiben, bis der Fastenmonat vorüber wäre. Zeitverlust ist in den Augen des Negers nichts großes. Hat er auch etwas wichtiges vor, so ist es ihm gleichgültig, ob er es heut oder morgen oder in ein oder zwei Monaten thut; so lange er den gegenwärtigen Augenblick noch in einem leiblichen Zustand hinbringen kann, kümmert er sich wenig um die Zukunft.

Alle Buschrihns beobachteten das Fasten im Rhamadan äußerst strenge; aber weit entfernt mich auch dazu zu nöthigen, wie die Mauren bei derselben Gelegenheit thaten, sagte mir Karfa ganz offen, es stehe mir völlig frei, es zu halten wie ich wollte. Um jedoch meine Achtung für ihre religiösen Meinungen zu bezeigen, fastete ich aus eignem Antriebe drei Tage, welches denn genug war, um mich vor dem gehässigen Beinamen eines Kafir zu sichern. So lange das Fasten dauerte, versammelten sich alle zur Karawane gehörigen Slatihs jeden Morgen in Karfa's Hause, wo der Schulmeister aus einem großen Foliobande von einem Araber, Namens S c h i f e h, verfaßt, einige religiöse Vorträge vorlas. Abends versammelten sich diejenigen Frauen, welche die mahomedanische Religion angenommen hatten und hielten öffentlich ihr Gebet in der Misura. Sie waren alle weiß gekleidet und verrichteten alle Ceremonien und Kniebeugungen, die ihre Religion vorschreibt, mit einem der Sache angemessenem Anstande. Ueberhaupt betragen sich die Neger während der ganzen Fastenzeit äußerst sanft und bescheiden, was gegen die wilde Intoleranz und die dumme Bigotterie, welche die Mauren um dieselbe Zeit äußerten, gar sehr abstach.

Als die Fastenzeit beinahe zu Ende war, versammel=
ten sich die Buschrihns in der Misura, um den Neumond
zu beobachten; da aber der Himmel des Abends sehr be=
wölkt war, warteten sie lange vergeblich, und viele wa=
ren schon mit dem Entschluß, noch einen Tag länger zu
fasten, nach Hause gegangen, als plötzlich der erwünschte
Himmmelskörper mit seinen scharfen Hörnern hinter einer
Wolke hervor trat, und mit Händeklatschen, Trommelschla=
gen, Musketenschüssen und andern Freudensbezeugungen
bewillkommt ward. Da dieser Mond für außerordentlich
glücklich gehalten wird; so gab Karsa Befehl, daß alle die zur
Karawane gehörten, sogleich ihren trocknen Vorrath auf=
packen und sich fertig halten sollten; und am 16ten April
hielten die Slatihs eine Versammlung und bestimmten
darin den 19ten zur Abreise der Karawane von Kamalia.
Dieser Entschluß befreite mich von vielen Besorgnissen;
denn unsere Abreise war schon so lange aufgeschoben wor=
den, daß ich fürchtete, es möchte sich damit wieder verzögern,
bis die Regenzeit einfiele, und meine Lage war in der That
sehr unangenehm, so gütig sich auch Karfa gegen mich be=
zeigte. Die Slatihs waren unfreundlich gegen mich und die
maurischen Handelsleute, die sich eben in Kamalia aufhiel=
ten, waren vom Tage ihrer Ankunft an ununterbrochen ge=
schäftig Kabalen gegen mich zu schmieden. Ich konnte mir
nicht verbergen, daß unter diesen Umständen mein Leben
größtentheils von der guten Meinung eines einzigen Men=
schen abhing, der täglich mit boshaften Erzählungen von
den Europäern unterhalten wurde, und von dem ich kaum
erwarten konnte, daß er beständig unparteiisch zwischen
mir und seinen Landsleuten richten würde. Mit ihrer
Lebensart hatte mich die Zeit gewissermaßen ausgesöhnt,
eine räuchrige Hütte und ein spärliches Abendbrod war
mir etwas gewohntes: aber diese beständige Angst und
Unruhe war ich endlich von Herzen überdrüssig, und ich
fühlte ein sehnliches Verlangen nach der Lebensweise ei=
ner gesitteten Gesellschaft.

Am

Am 17ten des Morgens ereignete sich ein Umstand der sehr zu meinem Vortheil wirkte. Die drei maurischen Kaufleute nehmlich, die seit ihrer Ankunft zu Kamalia, unter Karfa's Schutz gelebt, und sich durch einen Schein von großer Heiligkeit die Achtung aller Buschrihns erworben hatten, packten plötzlich auf und gingen ohne einmal Karfa für alle seine Güte zu danken, über die Berge nach Bala. Jedermann war erstaunt über diese unerwartete Abreise; aber die Sache klärte sich noch denselben Abend auf, indem der Fezzanische Kaufmann von Kankaba (dessen Seite 284. erwähnt worden) herüber- kam, welcher den Karfa versicherte, daß diese Mauren ihr Salz und alle ihre andern Güter von ihm geborgt, und ihn nun hatten bitten lassen nach Kamalia zu kommen, und seine Bezahlung in Empfang zu nehmen. Da er hörte daß sie sich aus dem Staube gemacht hätten und nach Westen gegangen wären, wischte er sich mit dem Ermel seines Mantels eine Thräne aus den Augen und sagte: „Mahomedaner sind diese Schirrukas (Räuber) wohl, aber Menschen nicht; sie haben mich um zweihundert Min- kallis betrogen." — Von diesem Kaufmann erfuhr ich, daß die Franzosen im Oktober 1795 unser Convoi auf dem mittelländischen Meer genommen hätten.

Der 19te April, der lange herbeigewünschte Tag unserer Abreise, war endlich gekommen; die Slatihs nah- men ihren Sklaven die Fesseln ab, und versammelten sich mit ihnen vor Karfa's Wohnung, wo man alle Bündel aufpackte, und jedem seine Last angewiesen wurde. Der Zug bestand bei dem Aufbruch von Kamalia aus sieben und zwanzig Sklaven zum Verkauf, welche Karfa und vier andern Slatihs gehörten; es stießen aber in Marabu noch fünf und in Bala noch drei Sklaven zu uns, zusammen also fünf und dreißig solcher Sklaven. An freien Männern waren unserer vierzehn, und die meisten von ihnen hatten eine oder zwei Frauen und einige Haussklaven mit sich, und der Schulmeister, der jetzt nach seinem Geburtsort Worabu zurückging, nahm acht von seinen Schülern mit, so daß die Anzahl der freien Leute und Hausffrauen in allem acht und dreißig betrug, und die ganze Karawane aus drei und siebenzig Personen bestand. Unter den freien Leuten waren sechs Dschillikihs, deren musikalische Talente oft in Requisition gesetzt wurden, theils um uns selbst aufzuheitern, theils um uns einen guten Empfang bei Fremden zu verschaffen. Die meisten Einwohner der Stadt begleiteten uns bei unserer Abreise beinahe eine halbe Meile weit; Einige weinten, Andere nahmen Abschied von ihren Verwandten, die sie nun verließen, und als wir eine Höhe erreichten, von der wir die Aussicht nach Kamalia hatten, hieß man alles zur Karawane gehörige Volk auf einen Fleck neben einander niedersitzen, das Gesicht gegen Westen gekehrt, und die Leute aus der Stadt setzten sich an einem andern Ort mit dem Gesicht gegen Kamalia. Hierauf nahm der Schulmeister mit zwei der vornehmsten Slatihs seinen Platz in der Mitte zwischen beiden Parteien, und sprach ein langes und feierliches Gebet; dann gingen sie dreimal um die Karawane herum, beschrieben mit den Spitzen ihrer Speere einen Kreis in den Sand, und murmelten etwas wie einen Zauberspruch her. Als diese Ceremonie geendiget war, sprangen alle Leute die zur Karawane gehörten auf, und gingen weiter, ohne einen förmlichen Abschied von ihren Freunden zu nehmen. Da viele von den Sklaven jahrelang in Fesseln gewesen waren, so verursachte ihnen die ungewohnte Anstrengung, mit schweren Lasten auf dem Kopf schnell zu gehen, krampfhafte Zuckungen an den Beinen, und wir waren noch nicht über eine Meile gegangen, als man zwei von ihnen vom Stricke nehmen und sie langsamer gehen lassen mußte, bis wir Marabu erreichten, ein Dorf mit einer Ringmauer, wo einige Personen auf uns warteten, um zu uns zu stoßen. Hier hielten wir uns beinahe zwei Stunden auf, um den Fremden Zeit zu lassen,

ihre Vorräthe aufzupacken; dann setzten wir unsern Weg
nach Bala fort, welche Stadt wir etwa Nachmittags
um vier Uhr erreichten. Die Einwohner von Bala leben
in dieser Jahreszeit hauptsächlich von Fischen, die sie in
den naheliegenden Strömen in großer Menge fangen.
Wir blieben bis den 20sten Nachmittags hier, und gingen
dann bis Worumbang, dem Grenzdorfe von Manding
nach Dschallonkadu hin. Da wir nun die Wildniß von
Dschallonka vor uns hatten, so brachten uns die Einwohner dieses Dorfs noch große Vorräthe von Lebensmitteln,
und den 21sten des Morgens kamen wir westlich von
Worumbang in den Wald. Nachdem wir eine kurze
Strecke gereist waren, wurde eine Berathschlagung gehalten, ob wir unsern Weg durch die Wildniß fortsetzen,
oder lieber nach Kinitakuro, einer Stadt in Dschallonkadu
gehen sollten, um einen Tag Proviant zu sparen. Nach
einigen Debatten wurde das letztere beschlossen; aber da
wir noch eine große Tagereise bis zu dieser Stadt hatten,
mußten einige Erfrischungen genommen werden. Jedermann öfnete also seinen Proviantbeutel, und brachte eine
oder zwei Handvoll Mehl an den Ort wo Karfa und die
Slatihs saßen. Nachdem jeder seinen Beitrag gebracht
hatte, und alles in kleinen Kürbisschalen angerichtet war,
hielt der Schulmeister ein kurzes Gebet, des Inhalts:
daß Gott und der heilige Prophet uns vor Räubern und
schlechten Menschen bewahren, daß unsere Vorräthe nie
ausgehn, und unsere Glieder nie möchten müde werden.
Nach der Ceremonie nahm jeder von dem Mehl und trank
etwas Wasser dazu; dann brachen wir auf und setzten
unsern Weg, mehr laufend als gehend, fort, bis wir an
den Kokoro, einen Arm des Senegal kamen, wo wir
etwa zehn Minuten Halt machten. Die Ufer dieses
Stromes sind sehr hoch, und an dem Gräse und Reiß-
holz, welches er zurückgelassen hatte, konnte man sehen,
daß hier das Wasser in der Regenzeit zwanzig Fuß hoch
senkrecht gestiegen war. Jetzt war es nur ein kleiner

Fluß, eben groß genug eine Mühle zu treiben, und es wimmelte darin von Fischen. Seinen Namen Kokoro (gefährlich) hat er wegen der Menge von Krokodillen und wegen der Gefahr, zur Regenzeit durch die Gewalt des Stroms über die Furth hinaus getrieben zu werden. Von hier gingen wir wieder mit der größten Eilfertigkeit weiter, und setzten Nachmittags noch über zwei kleine Arme des Kokoro. Gegen Sonnenuntergang bekamen wir Kinitakuro zu Gesicht, eine beträchtliche Stadt, beinahe ein Viereck, mitten in einer großen und sehr gut angebauten Ebene. Ehe wir in die Stadt einzogen, machten wir so lange Halt, bis die Zurückgebliebenen nachgekommen waren. Zwei Sklaven, eine Frau und ein Mädchen, die einem Slatih aus Bala zugehörten, kamen während dieser Tagereise so sehr von Kräften, daß sie nicht mit der Karawane Schritt halten konnten. Sie wurden scharf gegeißelt, und ohngefähr bis drei Uhr Nachmittags mitgeschleppt; dann bekamen sie beide Erbrechen, woraus sich ergab, daß sie Lehm gegessen hatten. Dies ist unter den Negern nicht ungewöhnlich; ich kann aber nicht sagen ob es ein krankhafter Appetit ist, oder ob sie es in der Absicht thun, sich umzubringen. Man erlaubte ihnen sich im Walde niederzulegen, und drei Leute mußten bei ihnen bleiben, bis sie sich ausgeruht haben würden; aber sie kamen erst nach Mitternacht in die Stadt, und waren so erschöpft, daß der Slatih den Gedanken, sie in diesem Zustand durch die Wälder zu führen, aufgab, und beschloß, mit ihnen nach Bala zurückzugehn, und eine andere Gelegenheit abzuwarten.

Da dies die erste Stadt außerhalb des Mandingo-Gebietes war, so wurden mehr Formalitäten beobachtet als gewöhnlich. Jedem wurde sein bestimmter Platz angewiesen, und wir marschirten in einer Art von Prozession ohngefähr in folgender Ordnung auf die Stadt zu. Voran fünf oder sechs Sänger, (Dschillikih's) die alle zur Kara-

wane gehörten; auf biefe folgten die übrigen freien Männer;
bann die Sklaven, wie gewöhnlich mit einem Strick um den
Nacken je vier und vier zufammengebunden, und immer
zwiſchen vier und vier ein Mann mit einem Speer; nach ih=
nen kamen die Hausfklaven und zulet die Frauen der Sla=
tihs und das übrige freie Frauenzimmer. Als wir ohngefähr
bis auf hundert Schritt an die Thore herangekommen waren,
erhoben die Sänger einen lauten Gefang, der der Eitel=
keit der Einwohner ſchmeicheln ſollte, indem er ihre be=
kannte Gaſtfreundſchaft gegen Fremde, und ihre befondre
Freundſchaft für die Mandingo's rühmte. Als wir in
die Stadt gekommen waren, gingen wir grade nach dem
Bentang, wo ſich die Leute um uns her verſammelten,
um unfre Detagi (Geſchichte) zu hören. Dieſe erzähl=
ten dann zwei von den Sängern öffentlich; jeder kleine
Umſtand, der der Karawane begegnet war, wurde er=
wähnt, und zwar fing die Erzählung mit den Begebenhei=
ten des heutigen Tages an, und ging dann immer rück=
wärts bis zur Abreiſe von Kamalia. Nachdem die Ge=
ſchichte geendigt war, gab ihnen das Oberhaupt der
Stadt ein kleines Geſchenk, und jedermann von der
Karawane, Freie und Sklaven, wurde von einem oder
dem andern eingeladen, und mit einer Mahlzeit und
Nachtquartier verſorgt.

Fünf und zwanzigster Abschnitt.

Die Karawane zieht durch die Dschalonka-Wildniß; sie kommt nach Eusihta und Manneh. — Einige Nachricht von den Dschalonka's. — Sie geht über den Hauptstrom des Senegal und kommt nach Malakolla. — Sonderbares Betragen des Königs der Jaloffs.

Wir blieben bis den 22sten Mittags in Kinitakuro, und gingen bis in ein Dorf sieben Meilen westwärts. Die Einwohner desselben besorgten eben Feindseligkeiten von den Fulahs aus Fuladu, und waren deswegen beschäftigt, sich vor der Hand Hütten zwischen den Felsen zu bauen, an der Seite eines Hügels dicht am Dorfe. Diese Lage war ganz unzugänglich, indem sie hier auf allen Seiten von tiefen Abgründen umgeben waren, außer an der östlichen, und hier hatten sie einen Fußsteig gelassen, auf dem man nur so eben einzeln heraufsteigen konnte. Am Rande des Hügels, grade über dem Fußsteig, sah ich mehrere Haufen großer losen Steine, welche auf die Fulahs herunter gerollt werden sollten, wenn sie etwa einen Versuch machten den Hügel zu ersteigen.

Den 23sten mit Tagesanbruch verließen wir dieses Dorf, und nun ging es in die Dschallonka-Wildniß. Wir kamen diesen Morgen bei den Ruinen von zwei kleinen Städten vorbei, welche die Fulahs kürzlich verbrannt hatten. Der Brand mußte äußerst heftig gewesen sein, denn ich fand einige Wände von Hütten leicht verglaßt, und sie schienen in der Entfernung wie mit einem rothen Firniß überzogen. Gegen zehn Uhr kamen wir an den Fluß Wonda, der etwas breiter ist als der Kokoro; der Strom war aber jetzt beinahe schlammig, welches, wie mich Karfa versicherte, lediglich von den ungeheuren Zügen von Fischen herrührte. Man sah deren in der That in

allen Richtungen, und in solcher Menge, daß es mir
vorkam, als ob das Wasser selbst nach Fischen röche und
schmeckte. Sobald wir über den Fluß waren, befahl
Karfa, daß man sich von nun an nahe zusammenhalten,
und jedem ein bestimmter Platz angewiesen werden sollte.
Die Führer und die jungen Leute wurden vorangestellt,
in die Mitte die Frauen und Sklaven, und die freien
Männer beschlossen den Zug. In dieser Ordnung reisten
wir mit ungemeiner Eilfertigkeit durch eine waldige aber
schöne Gegend; Hügel und Thäler wechselten aufs ange-
nehmste miteinander ab, und Rebhüner, Perlhüner und
Rehe waren in Menge zu sehn. Gegen Sonnenuntergang kamen wir an einen sehr romantischen Strom,
Comessang. Meine Arme und mein Nacken waren
den ganzen Tag der Sonne ausgesetzt gewesen, durch
das Reiben der Kleider im Gehen gereizt worden, und
jetzt sehr entzündet und mit Blasen bedeckt; ich nahm
daher sehr gern die Gelegenheit wahr, mich, unterdeß die Karawane an den Ufern ausruhte, im Strom
zu baden. Dies und die Kühlung des Abends, linderte
die Entzündung sehr. Drei Meilen westwärts vom Comessang, machten wir im dicken Walde Halt, und zündeten unser Nachtfeuer an. Wir waren gewiß alle sehr
ermüdet; denn ich glaube, wir hatten den Tag dreißig
Meilen gemacht; aber man hörte niemand klagen.
Indem das Abendbrodt bereitet wurde, ließ Karfa mir
von einigen Zweigen ein Lager zurecht machen. Als
unsere Abendmahlzeit von Kuskus, der mit etwas kochen-
dem Wasser angefeuchtet wurde, verzehrt, und die
Sklaven in Eisen gelegt waren, legten wir uns alle
schlafen; aber wir wurden in der Nacht oft durch das Geheul der wilden Thiere gestört, und die kleinen braunen
Ameisen quälten uns gewaltig.

Den 24sten April vor Tagesanbruch, verrichteten alle
Buschrihns ihr Morgengebet, und die meisten freien

Leute tranken etwas Muming, eine Art Grütze, wovon
auch diejenigen Sklaven etwas bekamen, die am meisten
einer Stärkung zu bedürfen schienen, um die Beschwerden des Tages auszuhalten. Eine von Karfa's Sklavinnen war sehr mürrisch und weigerte sich von dem Grütz-
schleim zu trinken, der ihr angeboten wurde. Sobald
es tagte brachen wir auf, und gingen den ganzen Morgen
durch eine felsige Gegend, wo ich mir die Füße tüchtig
zerstieß. Ich war voll banger Besorgniß, daß ich es den
Tag über mit dem Zuge nicht würde aushalten können,
aber ich bemerkte bald, daß andere noch erschöpfter waren als ich. Besonders fing die Sklavin, welche am
Morgen das Frühstück ausgeschlagen hatte, an, hinten-
nach zu schleppen, und sich jämmerlich über Schmerzen
in den Beinen zu beklagen. Man nahm ihr ihre Last ab,
die ein anderer Sklave tragen mußte, und wies ihr ihren
Platz an der Spitze der Karawane an. Um eilf Uhr ohngefähr, da wir an einem kleinen Bächlein ruhten, entdeckten einige einen Bienenstock in einem hohlen Baum,
und da sie sich des Honigs bemächtigen wollten, kam
der größte Schwarm, den ich je gesehen habe, herausge-
geflogen, fiel über das Volk her, und jagte uns nach
allen Seiten in die Flucht. Ich suchte zuerst das Weite,
und ich glaube, ich war der einzige, der ungestraft davon
kam. Als unsere Feinde mit ihrer Verfolgung nach-
ließen, und nun jedermann beschäftigt war, sich die
Stacheln herauszuziehen, zeigte sichs, daß das arme
Weib, dessen ich schon vorher erwähnt habe — sie hieß
Nili — nicht mitgekommen war; und da ohnedies mehrere
Sklaven auf der Flucht ihre Bündel zurückgelassen hatten,
mußten nothwendig einige umkehren, um sie zu holen.
Um dies sicher zu bewerkstelligen, ward erstlich vor dem
Bienenstock eine große Strecke weit das Gras angezündet:
der Wind trieb die Flamme wüthend vor sich hin, und
die Leute gingen durch den Rauch und hohlten das Ge-
päck. Auch die arme Nili brachten sie in dem kraftlo-

festen Zustand mit. Sie hatten sie am Bach liegend ge=
funden, wohin sie gekrochen war, um sich Wasser auf
den Leib zu sprützen, und sich so vor den Bienen zu retten.
Dies hatte ihr aber gar nichts geholfen; denn sie war auf
die schrecklichste Weise zerstochen.

Nachdem die Slatih's ihr die Stacheln soviel als
möglich heraus gezogen hatten, wurde sie mit Wasser ge=
waschen, und mit zerquetschten Blättern gerieben; aber
die unglückliche Frau weigerte sich hartnäckig weiter zu
gehn und erklärte, sie wolle lieber sterben, als noch einen
Schritt thun. Bitten und Drohungen waren vergeblich,
und so wurde zuletzt die Peitsche gebraucht. Sie hielt
einige wenige Streiche geduldig aus; dann aber sprang
sie auf, und zog nun noch vier oder fünf Stunden leidlich
geschwind weiter; hierauf wollte sie einen Versuch machen,
aus dem Zuge zu entspringen, war aber so schwach, daß
sie ins Gras fiel. Ob sie gleich nicht im Stande war,
aufzustehen, wurde doch die Peitsche noch einmal ge=
braucht, aber vergeblich. Karfa bat darauf zwei Sla=
tihs sie auf den Esel zu setzen, der unsern trocknen Pro=
viant trug; aber sie konnte nicht aufrecht sitzen und da
der Esel sehr wild war, war es schlechterdings unmöglich,
sie auf diese Art fortzubringen. Weil aber unsere Tage=
reise beinahe vollendet war, wollten die Slatihs sie doch
nicht gern zurücklassen; es wurde also von Bambusrohr
eine Art von Trage gemacht und sie darauf mit Streifen
von Baumrinde angebunden: diese Trage wurde zwei
Sklaven auf den Kopf gelegt, die hintereinander her gin=
gen, und zwei andere folgten diesen, um sie gelegentlich
abzulösen. Auf diese Art wurde die Frau getragen, bis
es finster war und wir an einen Bach kamen, am Fuß
eines hohen Hügels, Namens Gankaran=Kuro. Hier
machten wir Halt für die Nacht und setzten uns um unser
Abendbrodt. Seit voriger Nacht hatten wir nur eine
Handvoll Mehl genossen und waren den ganzen Tag in

der heißen Sonne gereist; viele von den Sklaven, die noch Last auf dem Kopf trugen, waren daher sehr ermüdet, und einige schnappten sich nach den Fingern, welches unter den Negern ein sicheres Zeichen des höchsten Unmuthes ist. Diese legten die Slatihs sogleich in Eisen, und die, welche große Merkmale von Kleinmuth geäußert hatten, wurden von den Andern abgesondert und ihnen die Hände gebunden. Des Morgens hatten sie sich sehr wieder erholt.

Den 25sten April mit Tagesanbruch wurde die arme Nili geweckt; aber ihre Glieder waren nun so steif und schmerzhaft, daß sie weder gehn noch stehen konnte. Sie wurde also wie eine Leiche auf den Rücken des Esels gelegt, und man band mit langen Streifen von Rinde ihre Hände unter dem Halse und ihre Füße unter dem Bauch des Esels an, damit sie fest liegen möchte; aber der Esel war so störrisch, daß er durch keine Art von Behandlung dahin gebracht werden konnte, mit seiner Last ruhig fortzugehen, und da Nili gar nichts thun konnte, um sich zu halten, so wurde sie bald abgeworfen und an dem einen Beine stark beschädigt. Da also jeder Versuch sie fortzubringen, unwirksam blieb, hörte man überall im Zuge das Geschrei, kang tegi, kang tegi, „schneidet ihr den Hals ab, schneidet ihr den Hals ab.“ Diese Operation begehrte ich nicht mit anzusehen, und hielt mich daher zu denen, die am meisten voraus waren. Als ich etwa eine Meile gegangen war, kam einer von Karfa's Haussklaven, der Nilis Kleid auf seinem Bogen hangen hatte, an mich heran, und rief mir zu: Nili affilita, „Nili ist verloren.“ Ich fragte ihn, ob ihm die Slatihs ihr Kleid zur Belohnung dafür gegeben, daß er ihr den Hals abgeschnitten; er sagte aber, Karfa und der Schulmeister hätten in diese Maaßregel nicht einstimmen wollen, und man hätte sie auf dem Wege liegen lassen, wo sie ohne Zweifel bald umgekommen und von wilden Thieren verzehrt worden ist.

Ohnerachtet jenes allgemeinen Geschreies machte das traurige Schicksal des armen Weibes einen starken Eindruck auf die ganze Karawane, und der Schulmeister fastete deshalb den ganzen folgenden Tag. Im tiefsten Stillschweigen gingen wir vorwärts, und setzten bald darauf durch den Fluß Forkuma, der ohngefähr eben so breit ist, als der Wonda. Wir gingen nun sehr schnell, weil jeder besorgte, das Schicksal der armen Nili könnte ihn treffen. Ich könnte jedoch nur mit der größten Mühe vorwärts kommen, ob ich gleich meinen Speer, und alles, was mir im geringsten lästig sein konnte, weggeworfen hatte. Um Mittag sahen wir eine große Elephantenheerde; sie ließen uns aber ungestört vorüberziehen. Abends kamen wir an eine Stelle, wo das Bambusrohr sehr dick stand; wir fanden aber doch kein Wasser, und mußten noch vier Meilen weiter gehn, bis an einen kleinen Bach, wo wir Nachtquartier machten. Wir hatten, wie ich glaube, diesen Tag sechs und zwanzig Meilen zurückgelegt.

Den 26sten April Morgens beklagten sich zwei von des Schulmeisters Lehrlingen über heftige Schmerzen in den Beinen, und ein Sklave hinkte, weil seine Fußsohlen ganz entzündet und voll Blasen waren; nichts desto weniger ging es immer vorwärts, und um eilf Uhr fingen wir an einen felsichten Hügel hinan zu steigen, der Boki Kuro heißt und uns so viel zu schaffen machte, daß zwei Uhr Nachmittags vorbei war, ehe wir den ebenen Grund auf der andern Seite erreichten. Dies war der steinigste Weg, der uns bis jetzt aufgestoßen war, und unsere Füße litten viel dabei. Bald darauf kamen wir an einen schönen breiten Fluß, Namens Boki, den wir durchwateten; er floß glatt und klar über ein Bett von Rollsteinen. Etwa eine Meile westwärts von diesem Fluß kamen wir an eine Straße, die nordostwärts nach Gadu führt, und da wir viel Pferdetritte auf dem Sande sahen,

muthmaßten die Slatihs, es möchte kürzlich eine Streif=
partei des Weges geritten sein, um eine Stadt in Gadu
zu überfallen. Damit sie nun bei ihrer Rückkehr nichts
von unserm Zuge merken, und wol gar auf den Einfall
kommen möchte, uns auf unserer Spur nachzusetzen,
wurde die Karawane befehligt, sich zu zerstreuen und ein=
zeln durch das hohe Gras und die Büsche zu gehn. Kurz
ehe es dunkel ward gingen wir über die Hügel westwärts
des Bofi, und kamen an einen Brunnen, der Kullong
qui, „der weiße Sandbrunnen" hieß, und bei dem wir
übernachteten.

Den 27sten April sehr früh brachen wir mit der größ=
ten Munterkeit wieder auf, weil wir die Außsicht hatten,
vor Nachts eine Stadt zu erreichen. Vormittags ging
unser Weg durch ein dickes Röhricht von trocknem Bam=
bus. Gegen zwei Uhr kamen wir an einen Fluß, Nun=
kolo, wo jeder mit einer Handvoll Mehl traktirt wurde,
das aber einem Aberglauben zufolge nicht eher gegessen
werden durfte, bis es mit Wasser aus dem Strome an=
gefeuchtet war. Gegen vier Uhr erreichten wir Susihta,
ein kleines Dschallonkisches Dorf mitten in dem Distrikt von
Kullo, der den ganzen Strich Landes zwischen den Ufern
des schwarzen Flusses und dem Hauptstrom des Senegal
begreift. Dies waren die ersten menschlichen Wohnun=
gen, welche wir sahen, seitdem wir das Dorf westwärts
von Kinitakuro verlassen hatten, und in diesen letzten
fünf Tagen waren wir gewiß an hundert Meilen gereist.
Nur nach vielen Bitten wurden uns hier Hütten zum
Schlafen angewiesen; aber in Betref der Lebensmittel
sagte uns der Herr des Dorfes geradezu, daß er uns
keine geben könne, da jetzt in diesen Gegenden großer Man=
gel daran sei. Er versicherte uns, ehe die letzte Ernte
habe eingesammelt werden können, hätten alle Bewohner
von Kullo in neun und zwanzig Tagen kein Korn ge=
kostet, und sie hätten die ganze Zeit über von dem gel=

ben Staube in den Hülsen der Nitta, einer Art von Mimosa, und von dem Samen des Bambus gelebt, der, wenn er gehörig gestoßen und zurecht gemacht wird, beinahe wie Reis schmeckt. Da unser trockner Vorrath noch nicht erschöpft war, so bereiteten wir eine ziemliche Menge Kuskus zum Abendbrot und viele von den Leuten im Dorfe wurden eingeladen, mit uns zu essen. Sie bezahlten uns aber diese Freigebigkeit sehr schlecht: denn in der Nacht machten sie sich über einen von des Schulmeisters Knaben her, der unter dem Bentang-Baum eingeschlafen war, und schleppten ihn weg. Der Knabe wachte zum Glück auf, ehe er noch zu weit vom Dorfe war, und da er ein lautes Geschrei erhob, stopfte ihm der Mann, der ihn führte, den Mund mit der Hand zu, und rannte mit ihm in den Wald. Als er aber hernach erfuhr, daß er dem Schulmeister angehörte, dessen Wohnort nur drei Tagereisen von hier entfernt war, befürchtete er, wie ich mir vorstelle, daß er ihn doch nicht würde als Sklaven behalten können, ohne daß dieser es erführe: er zog ihm daher nur seine Kleider aus, und ließ ihn zurückgehn.

Den 28sten April, des Morgens früh, reisten wir von Susihta ab, und kamen um zehn Uhr nach Manna, einer Stadt ohne Mauern, deren Einwohner eben beschäftigt waren, die Früchte des Rittabaumes einzusammeln, der in der Nähe sehr häufig ist. Die Schoten sind lang und schmal, und enthalten einige schwarze Samenkörner von dem oben erwähnten feinen mehlichten Staube umgeben; das Mehl selbst ist von einer hellgelben Farbe, wie Schwefelblumen, und hat einen süßen schleimigen Geschmack. Für sich allein gegessen, ist es zäh und klebrig; aber mit Milch oder Wasser vermischt, giebt es eine sehr angenehme und nahrhafte Speise.

In Manna wird dieselbe Sprache gesprochen, wie in dem ganzen großen und unebenen Strich Landes, der den Namen Dschallonkadu führt. Viele Worte haben eine große Verwandſchaft mit dem Mandingoiſchen; aber die Einwohner ſelbſt ſehen es als eine ganz verſchiedene Sprache an. Ihre Zahlen ſind folgende:

Eins	—	Kidding.
Zwei	—	Fidding.
Drei	—	Sarra.
Vier	—	Nâni.
Fünf	—	Sulo.
Sechs	—	Sini.
Sieben	—	Sulo ma Fidding.
Acht	—	Sulo ma ſarra.
Neun	—	Sulo ma Nâni.
Zehn	—	Noff.

Die Dſchallonker werden, wie die Mandingo's, von vielen einzelnen Oberhäuptern beherrſcht, die von einander größtentheils unabhängig ſind; einen gemeinſchaftli- chen Oberherrn haben ſie nicht, und die kleinen Anführer ſind ſelten in ſo freundſchaftlichen Verhältniſſen, daß ſie einander zu Kriegszeiten beiſtünden. Der Manſa von Manua begleitete uns mit einigen ſeiner Leute bis an die Ufer des Baſing, oder ſchwarzen Fluſſes, eines Hauptar- mes des Senegal; über dieſen gingen wir auf einer Brücke von Bambus, die von ganz ſonderbarer Bauart war, von welcher der hier beigefügte Kupferſtich einigermaßen eine Vorſtellung geben wird. Der Fluß iſt an dieſer Stelle tief, aber ruhig, und hat wenig Strömung. Zwei ſchlanke Bäume mit den Gipfeln an einander gebunden, reichen von einer Seite auf die andere; die Wurzeln ruhen auf den Felſen feſt, und die Gipfel ſchwimmen auf dem Waſſer. Nachdem einige Bäume auf dieſe Art hingelegt worden, werden ſie mit trocknem Bambus bedeckt, ſo daß das Ganze eine ſchwimmende Brücke bildet, mit einer abhän- gigen Anfahrt auf jeder Seite, da wo die Bäume auf den Felſen liegen. Der Strom, der in der Regenzeit anſchwellt, reißt dieſe Brücke alle Jahre fort, und ſie wird von den

Einwohnern von Manna immer wieder gebaut, die auch deshalb von allen Hinübergehenden einen kleinen Zoll einfordern.

Nachmittags kamen wir durch mehrere Dörfer, konnten aber in keinem Quartier bekommen, und in der Dämmerung erfuhren wir, daß sich bei der Stadt Melo beinahe zweihundert Dschallonker versammelt hätten um die Karawane zu plündern. Dies bewog uns unsern Weg zu ändern, und wir gingen sehr still und heimlich, bis wir gegen Mitternacht an die Stadt Kaba kamen. Ehe wir hinein gingen, wurden die Namen von allen zur Karawane gehörigen Personen aufgerufen, und ein freier Mann und drei Sklaven wurden vermißt. Jedermann vermuthete sogleich, daß die Sklaven den Freien ermordet und die Flucht genommen hätten. Man beschloß also sechs Personen bis zum letzten Dorf zurückzuschicken, um den Leichnam aufzusuchen oder einige Nachricht von den Sklaven einzuziehen. Unterdeß mußte die Karawane sich in einem Baumwollen=Felde, ohnweit eines großen Nittabaumes, versteckt halten, und niemand durfte anders als ganz leise reden. Der Morgen kam fast heran, ehe die sechs Leute zurückkamen; aber sie hatten weder von dem Manne noch von den Sklaven etwas gehört. Da niemand von uns in vier und zwanzig Stunden das geringste genossen hatte, fand man für gut, daß wir nach Kaba hinein gehen sollten, um uns einige Lebensmittel zu verschaffen. Wir zogen also in die Stadt, ehe es noch völlig Tag war, und Karfa kaufte von dem Befehlshaber für drei Schnüre Korallen eine ansehnliche Menge von Erdnüssen, die wir rösteten und zum Frühstück aßen. Hernach wurden uns Hütten angewiesen, und wir hielten Rasttag.

Gegen eilf Uhr kam zu unserer großen Freude und Verwunderung unser Mann mit den drei Sklaven in die Stadt. Der eine von ihnen hatte sich am Fuß Schaden

gethan, und da die Nacht sehr finster war, verloren sie
die Karawane bald aus dem Gesicht. Sobald der freie
Mann sich mit den Sklaven allein befand, sah er auch
das gefährliche seiner Lage ein, und bestand darauf, sie
sollten sich schließen laffen. Die Sklaven hatten Anfangs
keine Luft dazu; da er aber drohte, einen nach dem andern mit seinem Speer zu erstechen, widersetzten sie sich
nicht länger, und er blieb mit ihnen bis gegen Morgen
im Gebüsch; dann entfesselte er sie wieder, und kam in
die Stadt, in der Hoffnung zu hören, welchen Weg die
Karawane genommen habe. Die Nachricht von den
Dschallonkern, die uns plündern wollten, bestätigte sich
an diesem Tage aufs neue, und Karfa mußte eine Anzahl
Leute miethen, um uns zu beschützen, so daß wir erst den
30sten Nachmittags abreisen konnten, da wir denn noch
bis in ein Dorf Namens Tinkingtan gingen. Von hier
reisten wir den folgenden Tag ab, und gingen über einen
hohen Bergrücken, westlich vom schwarzen Fluß, durch
eine rauhe steinige Gegend, bis wir mit Sonnenuntergang
nach Lingikotta, einem kleinen Dorfe im Distrikt von
Woradu kamen. Hier kratzten wir die letzte Handvoll
Mehl aus unsern Proviantbeuteln zusammen, und dies
war der zweite Tag seit unserm Uebergange über den
schwarzen Fluß, daß wir vom Morgen bis Abend gereist
waren, ohne das geringste dazwischen zu genießen.

Am 2ten Mai reisten wir von Lingikotta ab, da aber
die Sklaven sehr ermüdet waren, nahmen wir schon in
einem Dorfe neun Meilen weiter westwärts Nachtquartier,
und erhielten durch den Einfluß des Schulmeisters einige
Lebensmittel. Dieser schickte von hier aus einen Boten
voran nach seiner Geburtsstadt Malakotta an seine
Freunde, um von seiner bevorstehenden Ankunft Nachricht
zu geben, und sie zu bitten, daß sie die nöthigen Anstalten treffen möchten, um die Karawane zwei oder drei Tage
zu bewirthen.

Den

Den 3ten Mai machten wir uns auf den Weg nach Malakotta, und kamen Mittags in ein Dorf, nahe bei einem beträchtlichen Fluß, der nach Westen zu fließt. Es wurde beschlossen hier die Rückkunft des Boten abzuwarten, der Tages zuvor nach Malakotta geschickt war, und da die Leute mich versicherten, es gebe keine Krokodille im Fluß, so badete ich mich. Man scheint hier nicht schwimmen zu können, denn es kamen viele Menschen, um mich vor einer Stelle zu warnen, wo mir das Wasser, wie sie sagten, über den Kopf gehen würde. Um zwei Uhr kam der Bote aus Malakotta zurück, und der ältere Bruder des Schulmeisters hatte ein so großes Verlangen nach ihm, daß er ihm bis hieher mit entgegen kam. Das Wiedersehn der beiden Brüder, die seit neun Jahren von einander entfernt gewesen, war sehr rührend. Sie fielen einander um den Hals, und konnten eine Zeitlang nicht zu Worte kommen. Endlich, nachdem sich der Schulmeister etwas gesammelt hatte, nahm er seinen Bruder bei der Hand, führte ihn zu Karfa und sagte: Das ist der Mann, der in Manding mein Vater gewesen ist; ich würde dir ihn eher gezeigt haben, aber mein Herz war zu voll.

Abends kamen wir nach Malakotta, und wurden sehr wohl aufgenommen. Diese Stadt hat keine Ringmauern, die Hütten sind größtentheils von gespaltenem Rohr gemacht, welches auf Korbmacherart zusammen geflochten und mit Lehm beworfen ist. Wir blieben drei Tage hier, und jeden Tag beschenkte uns der Schulmeister mit einem Rinde; so wurden wir auch von den andern Leuten in der Stadt gut bewirthet. Die Einwohner dieses Ortes scheinen sehr thätig und arbeitsam zu sein. Sie machen sehr gute Seife aus Erdnüssen, die in Wasser gekocht werden, wozu dann eine Lauge von Holzasche kommt. Auch verfertigen sie treffliche Eisenwaaren, welche sie nach Bondu führen, um Salz dafür einzutauschen. Es war eben eine Gesellschaft von einer solchen Handels-

reife zurückgekommen und hatte die Nachricht von dem
Kriege zwischen Almami Abdulkader, König von Futa
Torra, und Damel, König der Dschaloffs, mitgebracht.
Die Begebenheiten dieses Krieges wurden bald der Lieb=
lingsgegenstand der Sänger, und das allgemeine Gespräch
in allen Ländern am Senegal und Gambia, und da die
Geschichte in der That sonderbar genug ist, so will ich eine
kurze Nachricht davon hier einschalten. Der König von
Futa Torra, von Eifer für die Ausbreitung seiner Religion
beseelt, hatte dem Damel eine eben solche Gesandschaft
geschickt, wie nach Kasson (f. den 6sten Abschnitt S. 66.)
Der Gesandte war bei dieser Gelegenheit von zwei der
vornehmsten Buschrihns begleitet, deren jeder ein großes
Messer an der Spitze einer langen Stange trug. Als er
beim König Damel vorgelassen ward, und die Meinung
seines Herrn vorgetragen hatte, befahl er den Buschrihns
die Embleme ihrer Sendung vorzuzeigen. Die beiden
Messer wurden also vor Damel niedergelegt, und der
Gesandte ließ sich folgendergestalt vernehmen: „Mit die=
sem Messer wird Abdulkader selbst dem König das Haupt
scheren, wenn Damel den mahomedanischen Glauben
annehmen will; und mit diesem andern Messer wird Ab=
dulkader dem Damel den Hals abschneiden, wenn Damel
den Glauben nicht annehmen will — nun wähle." Da=
mel antwortete ganz kalt, er habe keine Wahl zu treffen,
er wolle sich weder den Kopf scheren, noch den Hals ab=
schneiden lassen, und mit dieser Antwort wurde der Ge=
sandte ganz höflich fortgeschickt. Abdulkader nahm dem
zufolge seine Maaßregeln, und fiel mit einer mächtigen
Armee in Damels Ländern ein. Die Bewohner der
Städte und Dörfer verschütteten überall bei seiner An=
näherung die Brunnen, zerstörten ihre Vorräthe, nah=
men ihre Habseligkeiten mit sich, und verließen ihre Woh=
nungen. So wurde er von einem Orte zum andern gelockt,
bis er drei Tagereisen weit im Lande der Dschaloffs vor=
gerückt war. Widerstand hatte er bis jetzt zwar nicht

gefunden; aber sein Heer hatte vom Wassermangel so sehr
gelitten, daß viele auf dem Marsch starben. Dies bewog ihn seinen Weg nach einem Wasserplatz in den Wäldern zu nehmen; hier löschten seine Leute ihren Durst,
und legten sich, von Mattigkeit überwältigt, sorglos in den
Schatten schlafen. In dieser Verfassung wurden sie vor
Tagesanbruch von Damel angegriffen, und gänzlich
geschlagen. Viele wurden noch schlafend von den Pferden der Dschaloffs todtgetreten, andere wurden getödtet
indem sie die Flucht nehmen wollten, und bei weitem der
größte Theil wurde gefangen genommen. Unter den letztern war Abdulkader selbst. Dieser ehrgeizige oder vielmehr fanatische Fürst, der nur vor einem Monat jene
drohende Gesandschaft an Damel geschickt hatte, wurde
nun selbst als ein unglücklicher Gefangener vor ihn geführt. Damels Betragen bei dieser Gelegenheit wird von
den Sängern nie anders als mit den höchsten Lobeser-
hebungen erwähnt, und es ist in der That von einem
afrikanischen Fürsten so außerordentlich, daß der Leser
der Erzählung vielleicht kaum Glauben beimessen wird.
Als der königliche Gefangene in Ketten vorgeführt und
auf die Erde geworfen ward, redete ihn der großmüthige
Damel, anstatt ihm den Fuß auf den Nacken zu setzen,
und ihn mit seinem Speer zu erstechen, vielmehr folgen-
dermaßen an: „Abdulkader, beantworte mir eine Frage:
wenn das Kriegesglück mich in deine Lage versetzt hätte,
und dich in die meinige, wie würdest du mit mir verfahren haben?" — „Ich hätte dir meinen Speer ins Herz
gestoßen, antwortete Abdulkader mit großer Standhaf-
tigkeit, und ich weiß, daß mich jetzt dasselbe Schicksal erwartet." — „Nicht also, sagte Damel, mein Speer ist
roth genug von dem Blute deiner Unterthanen, die im
Gefecht getödtet sind, und ich könnte ihn nicht höher färben, wenn ich ihn auch noch in das deinige tauchte; aber
dadurch würden weder meine Städte wieder aufgebaut,
noch die Tausende, die in den Wäldern geblieben sind, ins

Leben zurückgerufen. Ich will dich also nicht mit kaltem
Blute tödten, sondern ich werde dich als meinen Sklaven
hier behalten, bis ich sehe, daß deine Rükkehr in dein
Reich deinen Nachbaren nicht mehr gefährlich ist; dann
will ich sehen, wie ich am besten mit dir verfahre." —
Abdulkader arbeitete also drei Monate lang als Sklave;
dann ließ sich Damel von den Einwohnern von Futa
Torra erbitten, und gab ihnen ihren König wieder. — So
sonderbar auch diese Geschichte scheint, so setze ich doch in
die Wahrheit derselben gar keinen Zweifel. Ich hörte sie
nicht nur in Malakotta von den Negern, sondern sie
wurde mir auch nachher von den Europäern am Gambia
und von einigen Franzosen in Goree erzählt, und zuletzt
noch von neun Sklaven bestätiget, die mit Abdulkader
zugleich beim Wasserplaz in den Wäldern gefangen worden
waren, und sich auf demselben Schiffe befanden, in welchem auch ich nach Westindien reiste.

Sechs und zwanzigster Abschnitt.

Die Karawane geht über den Falemeh-Fluß, und kommt durch viele Städte und Dörfer, endlich an die Ufer des Gambia — Sie geht durch Medina, die Hauptstadt von Wuli, und endigt ihre Reise in Dschindi — Der Verfasser geht von Karfa begleitet nach Pisania — Verschiedene Umstände vor seiner Abreise aus Afrika — Kurze Nachricht von seiner Reise über Westindien nach Großbritannien.

Am 7ten Mai reisten wir von Malakotta ab, gingen über den Baliß, "Honigfluß," welches ebenfalls ein Arm des Senegal ist, und kamen Abends in eine mit Ringmauern umgebene Stadt, Bintingala, wo wir zwei Tage blieben. Von hier kamen wir in einem Tage nach Dindifu, einer kleinen Stadt am Fuß einer Reihe hoher Hügel, von denen der ganze Distrikt Konfodu "das hügelige Land" heißt. Diese Hügel enthalten viel Gold. Man zeigte mir eine kleine Quantität von diesem Metall, welche erst kürzlich gesammelt war. Die Körner waren von der gewöhnlichen Größe, aber weit flacher als die in Manding, und man findet sie in weißem Quarz, der mit Hämmern in Stücke geschlagen wird. In dieser Stadt traf ich einen Neger, dessen Haare und Haut von einer matten weißen Farbe waren; einer von denen die man im Spanischen Westindien Albinos nennt. Die Haut war welk und unscheinbar, und die Eingebohrnen betrachteten diese Farbe, wie ich glaube mit Recht, als einen krankhaften Zustand.

Den 11ten Mai reisten wir mit Tagesanbruch aus Dindifu ab, und kamen nach einer sehr beschwerlichen Tagereise nach Satadu, der Hauptstadt eines Distrikts gleiches Namens. Diese Stadt war ehedem von ansehnlichem Umfang, aber viele Familien hatten sie jetzt ver-

laſſen, wegen der räuberiſchen Einfälle der Fulah's von
Futa Dſchalla, welche ſich in der Stille durch die Wäl=
der heran zu ſchleichen und die Leute von den Korn=
feldern, ja ſogar von den Brunnen nahe an der Stadt
fortzuſchleppen pflegten. Den 12ten Nachmittags gingen
wir über den Falemeh=Fluß, ebendenſelben, über den ich
vorher auf meiner Reiſe oſtwärts bei Bondu gegangen
war. Man kann um dieſe Jahreszeit den Fluß ſehr leicht
an dieſer Stelle durchwaten, da das Waſſer nur etwa
zwei Fuß tief iſt. Es iſt ſehr klar, und fließt reißend
über ein Bett von Sand und Kies. Wir kehrten die
Nacht in einem kleinen Dorfe, Namens Medina, ein,
welches ganz und gar einem Mandingo=Kaufmann ge=
hörte, der durch vieljähriges Verkehr mit den Europäern
dahin gekommen war, daß er einige von ihren Gebräuchen
angenommen hatte. Seine Speiſen wurden in zinnernen
Schüſſeln aufgetragen, und ſelbſt ſeine Häuſer waren nach
Art der engliſchen Häuſer am Gambia gebaut.

Den 13ten des Morgens, da wir uns eben zur Ab=
reiſe rüſteten, kam eine Sklaven=Karawane, die einigen
Serawulliſchen Kaufleuten gehörte, über den Fluß, und
wünſchte mit uns bis Baniſerile, der Hauptſtadt von
Dantile, zu reiſen, bis wohin wir noch eine ſehr ſtarke
Tagereiſe hatten. Wir machten uns alſo zuſammen auf,
und gingen ſehr ſchnell durch die Wälder, bis Mittag,
da einer von den Serawulli=Sklaven ſeine Laſt abwarf,
wofür er tüchtig gegeißelt wurde. Die Bürde wurde ihm
wieder aufgelegt; aber er war kaum eine Meile weiter
gegangen, ſo ließ er ſie zum zweiten Male fallen, und
empfing dieſelbe Strafe. Unter großen Schmerzen ging
er nun bis zwei Uhr, da wir bei einem Teich etwas an=
hielten, um Athem zu ſchöpfen; der Tag war außer=
ordentlich heiß. Der arme Sklave war nun ſo gänz=
lich erſchöpft, daß ſein Herr ſich genöthigt ſah, ihn
vom Strick abzulöſen; denn er lag ohne Bewegung auf

der Erde. Ein Serawulli übernahm es bei ihm zu bleiben und alles mögliche zu thun, um ihn in der Kühlung der Nacht bis in die Stadt zu bringen. Wir setzten unterdeß unsern Weg fort, und kamen nach einer sehr angreifenden Tagereise Abends spät nach Baniserile.

Einer von unsern Slatihs war aus diesem Ort gebürtig, und seit drei Jahren abwesend gewesen. Er lud mich in sein Haus ein, an dessen Thüre seine Freunde ihn mit vielen Freudensbezeugungen empfingen; sie drückten ihm die Hand, umarmten ihn, und sangen und tanzten vor ihm. Sobald er sich an der Schwelle seiner Thür auf einer Matte niedergelassen hatte, brachte ein junges Frauenzimmer, seine verlobte Braut, ein wenig Wasser in einem Kalabasch, und bat ihn, sich die Hände zu waschen, und das Mädchen trank hernach — eine Freudenthräne glänzte dabei in ihren Augen — das Wasser, welches als der größte Beweis von Treue und Anhänglichkeit angesehen wird, den sie ihm geben konnte. Denselben Abend um acht Uhr kam der Serawulli, der in den Wäldern gelassen worden war, um auf den ermüdeten Sklaven Acht zu haben, und sagte, er sei gestorben; man glaubte aber allgemein, daß er ihn selbst umgebracht, oder auf der Straße habe liegen lassen: denn die Serawulli's stehn in dem Ruf, die Sklaven unendlich grausamer zu behandeln als die Mandingo's. Wir blieben zwei Tage in Baniserile, um inländisches Eisen, Baumbutter und einige andere Artikel aufzukaufen, die am Gambia gesucht werden. Der Slatih, der mich in sein Haus eingeladen hatte, und dem drei Sklaven von unserer Karawane gehörten, hatte erfahren, daß die Preise an der Küste schlecht wären, und beschloß deshalb sich von uns zu trennen und hier zu bleiben, bis sich eine Gelegenheit fände, sie vortheilhafter loszuschlagen; auch wollte er unterdeß seine Hochzeit mit dem jungen Frauenzimmer vollziehen.

Den 16ten Mai reisten wir von Baniserile ab, immer
durch dichte Wälder, bis wir gegen Mittag in der Ferne
die Stadt Dschulifonda ansichtig wurden, aber nicht
darauf zugingen, sondern uns nach Kirwani, einer gro=
ßen Stadt wendeten, wo wir die Nacht zubringen woll=
ten, und Nachmittags um vier Uhr daselbst eintrafen.
Diese Stadt liegt in einem Thale, und das Land umher
ist mehr als eine Meile in die Runde ausgeholzt und gut
angebaut. Die Einwohner scheinen thätig und betriebsam
zu sein, und den Ackerbau zu einer gewissen Vollkommen=
heit gebracht zu haben: denn sie sammeln während der
trocknen Jahreszeit den Mist ihres Rindviehs in großen
Haufen, um das Land zur gehörigen Zeit damit zu dün=
gen. Ich habe sonst nirgends in Afrika etwas ähnliches
gesehn. Nicht weit von der Stadt waren mehrere
Schmelzofen, die sehr gutes Eisen lieferten. Sie schmie=
den dieses Metall hernach in kleine Stangen von einem
Fuß Länge und zwei Zoll Breite, aus deren einer man
zwei Mandingische Kornschaufeln machen kann. Den
Morgen nach unserer Ankunft besuchte uns ein hiesiger
Slatih, der kürzlich einige Sklaven gekauft hatte, unter
denen auch einer aus Futa Dschalla war; da nun dieses
Land nicht weit entfernt war, so konnte er ihn nicht zur
Feldarbeit gebrauchen, ohne besorgen zu müssen, daß er
entliefe. Er wünschte also, daß Karfa ihn gegen einen
von seinen Sklaven austauschen möchte, und erbot sich
etwas Zeug und Baumbutter zuzugeben; ein Vorschlag,
den Karfa auch einging. Der Slatih schickte nun einen
Knaben ab, um dem verhandelten Sklaven zu befehlen,
er solle einige Erdnüsse herbringen. Der arme Kerl kam
bald darauf in den Hof, wo wir saßen, ohne den gering=
sten Argwohn von dem was in Werke war, bis sein
Herr befahl das Thor zu verschließen, und ihm sagte, er
solle sich niedersetzen. Nun merkte der Sklave was ihm
bevorstehe, warf die Nüsse hin, und da er das Thor schon
hinter sich verschlossen fand, sprang er über den Zaun.

Er wurde aber sogleich von den Slatihs verfolgt und einge=
holt, man brachte ihn zurück, legte ihn in Eisen, und es
wurde dafür einer von Karfa's Sklaven ausgespannt und
abgeliefert. Der unglückliche Gefangene war anfänglich
sehr niedergeschlagen; in einigen Tagen aber legte sich
seine Schwermuth nach und nach, und er wurde zuletzt so
heiter, als irgend einer von seinen Gefährten.

Am 20sten früh reisten wir ab, und betraten die
Wildniß von Tanda, welche zwei Tagereisen lang ist.
Der Wald war sehr dicht, und das Land senkte sich
gegen Südwesten. Um zehn Uhr begegneten wir einer
vom Gambia zurückkommenden Karawane von sechs und
zwanzig Personen und sieben beladenen Eseln. Viele von
den Männern waren mit Flinten bewaffnet, hatten breite
Bandeliere von scharlachrothem Zeuge über die Schultern
hangen, und trugen europäische Hüte. Sie sagten, daß
wenig Nachfrage nach Sklaven an der Küste wäre, da
seit mehreren Monaten kein Schiff angekommen sei. Auf
diese Nachricht verließen die Serawullis, welche vom
Falemeh=Fluß mit uns gereist waren, mit ihren Skla=
ven unsere Karawane. Es fehlte ihnen, wie sie sagten,
an Mitteln ihre Sklaven am Gambia zu unterhalten,
bis etwa ein Schiff ankäme, und sie wollten sie nicht gern
mit Schaden verkaufen: sie gingen also nordwärts nach
Kadschaaga. Wir setzten unsern Weg durch die Wildniß
fort, und gingen den ganzen Tag durch eine rauhe, mit
ungeheuren Dickichten von Bambus bewachsene Gegend.
Gegen Sonnenuntergang kamen wir zu unserer großen
Freude an einen Wasserpfuhl, an dem ein großer Tabba=
Baum stand, daher auch der Platz Tabba Dschih hieß,
und hier ruhten wir einige Stunden. Das Wasser ist um
diese Jahreszeit nichts weniger als häufig in diesen Wäl=
dern, und da es am Tage unerträglich heiß war, so beschloß
Karfa nur des Nachts zu reisen. Die Sklaven wurden
also um eilf Uhr aus den Eisen genommen und die ganze

Karawane befehliget, sich nahe zusammen zu halten,
sowohl, damit die Sklaven keinen Versuch machen möch=
ten zu entkommen, als auch der wilden Thiere wegen.
Wir gingen rasch zu bis Tagesanbruch; da zeigte sich,
daß in der Nacht ein freies Frauenzimmer sich verloren
hatte. Sie wurde so laut bei Namen gerufen, daß die Wäl=
der davon ertönten; da aber keine Antwort erfolgte, ver=
mutheten wir, daß sie entweder den Weg verfehlt habe,
oder auch unbemerkt von einem Löwen ergriffen worden
sei. Endlich beschloß man doch, daß vier Leute einige
Meilen weit bis an einen kleinen Bach, wo einige von
der Karawane sich aufgehalten hatten um zu trinken, zu=
rückgehn, und daß wir hier ihre Rückkunft abwarten
sollten. Die Sonne stand schon eine Stunde über dem
Horizont, als die Leute mit der Frau zurückkamen,
welche sie in festem Schlaf am Wasser liegend gefunden
hatten. Wir setzten nun unsere Reise fort, und kamen um
eilf Uhr nach Tambakonda, einer Stadt mit Ringmauern,
wo wir gut aufgenommen wurden. Wir blieben vier
Tage hier, eines Palaver's wegen, das auf folgende Ver=
anlassung gehalten ward. Modi Lemina, einer von den
Slatihs die zu unserer Karawane gehörten, hatte ehedem
eine Frau aus dieser Stadt geheirathet, die ihm zwei
Kinder geboren hatte; er war darauf nach Manding ge=
gangen und acht Jahr dort geblieben, ohne diese ganze
Zeit über seiner verlassenen Gattin die geringste Nachricht
zu geben; diese, die keine Aussicht hatte, daß er wieder
kommen würde, hatte nach drei Jahren einen andern
Mann geheirathet, und ihm ebenfalls zwei Kinder ge=
boren. Lemina forderte nun sein Weib zurück, der jetzige
Ehemann aber weigerte sich sie herauszugeben, und berief
sich darauf, daß es in ganz Afrika einer Frau, deren Mann
drei Jahre abwesend sei, ohne ihr Nachricht von seinem
Leben zu geben, frei stehe, eine anderweitige Ehe zu
schließen. Nachdem in einer Versammlung der angesehen=
sten Männer alle Umstände in Erwägung gezogen waren,

Schih oder Butter Baum,

fiel das Urtheil dahin aus, es lediglich der Frau anheim zu stellen, ob sie zu ihrem ersten Ehemann zurückkehren, oder bei dem zweiten bleiben wolle. So günstig auch diese Entscheidung für die Dame war, so konnte sie doch nicht gleich mit sich einig werden, sondern bat um Bedenkzeit. Ich schloß aber aus allem, daß die erste Liebe den Preis davon tragen würde. Lemina war zwar etwas älter als sein Nebenbuhler, aber dafür auch viel reicher; wieviel Gewicht dieser Umstand auf der Wage seiner Frau hatte, kann ich nicht sagen.

Als wir am 26sten früh von Tambakonda abreisten, machte Karfa die Bemerkung, daß es nun westlich von dieser Stadt keine Schihbäume mehr gäbe. Ich hatte Blätter und Blüthen dieses Baumes aus Manding mitgebracht; dies Exemplar hatte aber unterweges so gelitten, daß ich es für besser hielt, von hier ein anderes mitzunehmen, und von diesem ist der beigefügte Kupferstich genommen. Der Gestalt der Frucht nach, gehört der Schihbaum offenbar in die natürliche Ordnung der Sapota, und er hat einige Aehnlichkeit mit dem Madhukabaum, den Lieut. Carl Hamilton in den Asiatic Researches, B. 1. p. 300. beschrieben hat.

Um ein Uhr kamen wir nach Sabikillin, einem Dorf mit einer Ringmauer; wir gingen aber nicht hinein, da die Einwohner in dem Rufe stehn, sehr unfreundlich gegen Fremde, und dem Diebstahl ergeben zu sein. Wir ruhten nur eine Weile unter einem Baum, und setzten dann unsern Weg fort bis es finster wurde; unser Nachtquartier nahmen wir an einem kleinen Fluß, der in den Gambia fällt. Den andern Tag ging unser Weg durch eine felsige Gegend voller Hügel, wo es Affen und wilde Thiere in Menge gab. In den kleinen Bächen, zwischen den Hügeln, fanden wir sehr viel Fische. Dies war eine schwere Tagereise, und erst um Sonnenuntergang erreichten wir das Dorf Kumbu, nahe bei den Ruinen einer großen Stadt, die vor langer Zeit im Kriege zerstöhrt worden ist. Die Einwohner von Kumbu stehen eben so wie die von Sibikillin in so schlechtem Ruf, daß selten Fremde bei ihnen Quartier nehmen: wir brachten daher die Nacht in den Feldern zu, und errichteten uns Hütten, weil es starken Anschein zum Regen hatte.

Am 28sten Mai gingen wir sieben Meilen weiter und übernachteten in einer Fulah=Stadt. Den folgenden Tag gingen wir über einen ansehnlichen Arm des Gambia, der Niola Koba heißt, und kamen wieder in eine gut bevöl=kerte Gegend. Mehrere Städte liegen hier so nahe bei=einander, daß man von jeder die andern sehen kann; sie heißen alle zusammen Tenda; aber jede hat noch einen eigenen Namen. Die, in welcher wir unser Nachtquar=tier nahmen, hieß Kaba Tenda, und wir blieben den fol=genden Tag da, um für unsern Weg durch die Simbani=schen Wälder Lebensmittel genug anzuschaffen.

Den 30sten kamen wir bis Dschallakotta, einer ansehn=lichen Stadt, die aber von fulahischen Räubern sehr heim=gesucht wird, welche von Bondu her durch die Wälder kommen, und alles wegnehmen, was sie erhaschen können. Wenige Tage vor unserer Ankunft hatten sie zwanzig Stück Vieh gestohlen, und den folgenden Tag machten sie einen zweiten Versuch; sie wurden aber zurückgetrieben, und einer von ihnen gefangen genommen. Ein Sklave aus der Karawane, der schon die letzten drei Tage nicht recht fort gekonnt hatte, befand sich nun ganz außer Stande weiter zu gehn. Sein Herr, ein Sänger, vertauschte ihn also gegen eine junge Sklavin, die einem Manne aus der Stadt gehörte. Das arme Mädchen wußte nichts von ihrem Schicksal, bis alles aufgepackt und die Karawane zum Aufbruch fertig war; sie kam mit andern jungen Frauenzimmern um uns abreisen zu sehn, und nun erst nahm ihr Herr sie bei der Hand und übergab sie dem Sän=ger. Nie sah ich ein frohes Gesicht sich so plötzlich in die

Miene des tiefsten Kummers verwandeln. Der Schreck, den sie zeigte, als ihr das Bündel auf den Kopf und der Strick um den Nacken gelegt ward, und der Schmerz mit dem sie ihren Gefährtinnen Lebewohl sagte, war wahrhaft rührend. Um 9 Uhr kamen wir über eine große mit Ciboa=Bäumen (einer Art von Palmen) bewachsene Ebene, an den Fluß Neriko, einen Arm des Gambia. Jetzt war er nur schmal; aber in der Regenzeit ist er den Reisenden oft gefährlich. Sobald wir diesen Fluß hinter uns hatten, huben die Sänger einen besondern Gesang mit lauter Stimme an, der ihre Freude darüber ausdrückte, daß sie glücklich im westlichen Lande, oder wie sie es nennen, in dem Lande, wo die Sonne sich lagert, angekommen wären. Das Land war hier sehr eben und der Boden eine Mischung von Lehm und Sand. Nachmittags regnete es stark, und wir nahmen unsere Zuflucht zu den gewöhnlichen Regenschirmen der Neger, einem großen Ciboa=Blatt, welches auf den Kopf gelegt, den ganzen Körper vollkommen schützt. Die Nacht lagerten wir uns unter dem Schatten eines großen Tabba= Baums, nahe bei den Ruinen eines Dorfes. Den folgenden Morgen setzten wir über den Nauliko, und um zwei Uhr sah ich mich zu meiner großen Freude wieder an den Ufern des Gambia. An dieser Stelle ist er tief und ruhig, so daß er schiffbar ist; etwas weiter unten aber soll er so seicht sein, daß die Karawanen oft hindurchwaten. An der Südseite des Flusses, dieser Stelle gegen über, ist eine große Ebene von lehmichtem Boden, welche Tumbi Turila heißt. Es ist eine Art von Morast, in welchem, da er mehr als eine Tagereise breit ist, oft Menschen umkommen. Nachmittags begegneten wir einem Mann und zwei Frauen mit Päcken baumwollen Zeug auf dem Kopf. Sie gingen, wie sie sagten, nach Dantile, um Eisen zu kaufen, da dieser Artikel am Gambia sehr knapp wäre. Kurz ehe es finster wurde kamen wir an ein Dorf im Königreich Wulli, Namens Sisokonda. Nahe bei diesem Dorf giebt

es eine Menge Nitta=Bäume, und unsre Sklaven hatten
im Vorbeigehn große Büschel von der Frucht abgepflückt.
Die Leute waren aber so abergläubisch, daß sie nicht leiden
wollten, daß das geringste von der Frucht ins Dorf ge=
bracht würde, weil man ihnen geweissagt hätte, es stehe
dem Ort ein großes Unglück bevor, wenn die Einwohner
von Nittas lebten und den Kornbau vernachlässigten.

Den 2ten Juni kamen wir durch viele Dörfer, bei
deren keinem der Karawane erlaubt ward, anzuhalten, ob
wir gleich alle sehr ermüdet waren. Es war vier Uhr
Nachmittags, als wir Barakonda erreichten, wo wir Rast=
tag hielten. Am 4ten kamen wir in wenig Stunden nach
Medina, der Hauptstadt im Gebiet des Königs von
Wulli, von dem ich, wie der Leser sich erinnern wird, im
Anfang des Decembers 1795 auf meiner Hinreise so gast=
frei aufgenommen worden war. Ich erkundigte mich so=
gleich nach dem Befinden meines guten alten Wohlthäters,
und erfuhr zu meiner großen Betrübniß, daß er gefährlich
krank wäre. Da Karfa der Karawane nicht erlauben
wollte, anzuhalten, konnte ich dem Könige meine Ehrfurcht
nicht persönlich bezeigen; ich ließ ihm aber durch den
Beamten, dem wir den Zoll bezahlten, sagen, daß seine
guten Wünsche für meine Erhaltung nicht unwirksam ge=
blieben wären. Wir setzten unsere Reise bis Sonnenun=
tergang fort, und übernachteten in einem kleinen Dorfe,
etwas westlich von Kutakonda. Am folgenden Tage
erreichten wir Dschindi, wo ich mich vor achtzehn Mona=
ten von meinem Freunde dem Dokter Laidley getrennt
hatte. Seit dieser Zeit hatte ich keine Christenseele ge=
sehn, und nie den lieblichen Ton meiner Muttersprache
gehört.

Ich war nun nahe bei Pisania, von wo meine Reise
sich eigentlich angefangen hatte, und da ich hörte, daß
Karfa wol schwerlich sogleich eine vortheilhafte Gele=
genheit finden würde, seine Sklaven am Gambia zu ver=

kaufen, so gab ich ihm an die Hand, ob es nicht das beste
sein würde sie in Dschindi zu lassen, bis sich Gelegenheit
fände, sie vortheilhaft loszuwerden. Er stimmte mir darin
bei, und miethete von dem Befehlshaber der Stadt Hütten
für sie und ein Stück Land, worauf sie Korn und andere
Gewächse zu ihrem Unterhalt bauen sollten. Was ihn selbst
betraf, so erklärte er, er würde mich, bis zu meiner Ab=
reise aus Afrika, nicht verlassen. Dem zufolge machten
wir, Karfa, ich und einer von den Fulahs von unserer
Karawane, uns den 9ten des Morgens früh auf den
Weg. Ob ich gleich jetzt dem Ende einer mühseligen
und beschwerlichen Reise so nahe war, und den andern
Tag unter meinen Landsleuten und Freunden zu sein
hoffte, so konnte ich mich doch von meinen unglücklichen,
größtentheils, wie ich wußte, zur Gefangenschaft und
Sklaverei in einem fremden Lande vom Geschick ver=
dammten Reisegefährten, nicht ohne große Rührung tren=
nen. Während einer beschwerlichen Wanderung von mehr
als fünfhundert englischen Meilen, unter den brennenden
Strahlen der tropischen Sonne, hatten diese Sklaven,
mitten unter ihren eignen unendlich größern Leiden, die
meinigen bedauert, und oft aus freiem Antriebe Wasser
geholt, um meinen Durst zu löschen, und zur Nachtzeit
Reisig und Laub zusammengesucht, um mir eine Lager=
stäte in der Wildniß zu bereiten. Wir bezeigten uns beim
Abschiede gegenseitig unser Bedauern und unsere guten
Wünsche. Denn auch ich konnte ihnen weiter nichts
geben als meine Segenswünsche, und es war ein Trost
für mich, daß es ihnen selbst leid that, daß ich nichts
weiter hatte.

Mein großes Verlangen, weiter zu kommen, gestat=
tete unterweges keinen Aufenthalt, und wir kamen
Abends nach Tendakonda, wo wir in dem Hause einer
alten Negerin gastfrei aufgenommen wurden. Sie
hieß Signora Camilla, hatte mehrere Jahre in den

englischen Faktoreien gewohnt, und sprach englisch. Ich
war ihr bekannt gewesen, ehe ich meine Reise vom Gam=
bia aus antrat *); aber meine Kleidung und meine Ge=
stalt hatten jetzt mit dem gewöhnlichen Aussehen eines
Europäers so wenig Aehnlichkeit, daß ich sie sehr gern ent=
schuldigte, als sie mich für einen Mauren hielt. Da ich ihr
meinen Namen und mein Vaterland sagte, betrachtete sie
mich mit großem Erstaunen, und schien kaum ihren Sin=
nen zu trauen. Sie versicherte mich, daß keiner von
den Kaufleuten am Gambia erwartete, mich je wieder zu
sehn, indem man schon seit langer Zeit Nachricht habe,
daß die Ludamarischen Mauren mich eben so umgebracht
hätten, wie den Major Houghton. Ich fragte nach mei=
nen beiden Bedienten, Johnson und Demba, und erfuhr
zu meinem großen Leidwesen, daß keiner von beiden zu=
rück gekommen sei. Karfa, der noch nie hatte englisch
sprechen hören, horchte uns mit großer Aufmerksamkeit
zu. Alles, was er sah, schien ihm wunderbar. Die
Einrichtung des Hauses, die Stühle, und besonders die
Betten mit Vorhängen bewunderte er höchlich, und hatte
über den Nutzen und die Nothwendigkeit verschiedener Ar=
tikel tausend Fragen zu thun, auf die ich nicht immer so=
gleich eine befriedigende Auskunft finden konnte.

Den 10ten des Morgens kam Robert Ainsley, der
meine Ankunft in Tendakonda erfahren hatte, mir ent=
gegen, und war so höflich, mir für den Rückweg sein Pferd
anzubieten. Er sagte mir, Dr. Laidley hätte sich ganz und
gar an einem Ort Namens Kaye niedergelassen, der etwas
weiter den Strom hinunter läge; jetzt aber sei er mit seinem
Schiffe nach Dumasansa gegangen, um Reis zu kaufen,
werde aber in ein oder zwei Tagen wieder zurückkommen.
Er bat mich also, bis dahin bei ihm in Pisania zu bleiben;
ich nahm die Einladung an, und war mit Freund Karfa
um zehn Uhr dort. Hrn. Ainsley's Schooner (ein kleines
Kauf=

*) S. den dritten Abschnitt.

Kauffahrtei=Schiff) lag bei dem Orte vor Anker. Dies war
der überraschendſte Gegenſtand, den Karfa bis jetzt geſehn
hatte. Er konnte den Gebrauch der Maſten, Segel und
Taue nicht leicht faſſen; auch begriff er nicht wie es über=
haupt möglich ſei, eine ſo große Maſchine bloß durch die
Kraft des Windes von der Stelle zu bewegen. Die Art,
die Planken aus denen das Schiff beſtand, aneinander zu
fügen, und die Fugen ſo auszufüllen, daß kein Waſſer
hineindringen könne, war ihm ganz neu, und der Schoo=
ner mit ſeinem Zubehör erhielt Karfa den ganzen Tag
über in tiefem Nachdenken.

Den 12ten Mittags kam Dr. Laidley aus Dumaſan=
ſa zurück, und empfing mich mit ſolcher Freude, wie einen
von den Todten Erſtandenen. Da die Kleidungsſtücke,
die ich unter ſeiner Verwahrung zurückgelaſſen hatte, we=
der verkauft noch nach England geſchickt waren; ſo legte ich
ohne Zeitverluſt wieder engliſche Kleider an, und befreite
mein Kinn von ſeiner ehrwürdigen Laſt. Karfa betrach=
tete mich in meinem brittiſchen Anzuge mit großem Ver=
gnügen, bedauerte aber ausnehmend, daß ich meinen
Bart abgenommen hätte, durch deſſen Verluſt ich, wie
er ſagte, aus einem Mann in einen Knaben verwandelt
worden wäre.

Doktor Laidley übernahm es ſehr gern, alle Geldver=
bindlichkeiten, die ich ſeit meiner Abreiſe eingegangen
war, zu erfüllen, und ich traſſirte über den ganzen Belauf
auf die afrikaniſche Geſellſchaft. Meinem Wohlthäter
Karfa hatte ich mich anheiſchig gemacht, den Werth eines
Sklaven von der beſten Güte, zu bezahlen, und ich hatte
ihm vor meiner Abreiſe von Kamalia eine Anweiſung
darauf an Dr. Laidley gegeben, weil ich nicht wollte,
daß er auf den Fall, wenn ich unterweges mit Tode ab=
ginge, etwas verlieren ſollte. Dieſe gute Seele hatte mir
aber unausgeſetzt ſo viel Güte erzeigt, daß ich es noch für
eine ſehr geringe Vergeltung hielt, als ich ihm jetzt ſagte, er
ſolle die Summe, die ich ihm anfänglich verſprochen hatte,

doppelt bekommen; und Dr. Laidley erklärte ihm, daß er sich für den ganzen Betrag derselben nach Belieben Waaren aussuchen und sie abholen lassen könne. Karfa war über diesen Beweis meiner Dankbarkeit ganz außer sich, und noch mehr, als er hörte, ich wollte auch dem guten alten Schulmeister Fankuma in Malakotta ein artiges Geschenk machen. Er versprach, die für diesen bestimmten Waaren mit dorthin zu nehmen, und Dr. Laidley gab ihm die Versicherung, er wolle ihm aus allen Kräften behülflich sein, seine Sklaven so vortheilhaft als möglich zu verkaufen, sobald nur ein Sklavenschiff ankäme. Dies und andere Beweise von Aufmerksamkeit und Güte, die Dr. Laidley meinem Karfa gab, waren nicht an ihm verloren: er sagte oft zu mir, „meine Reise ist warlich glücklich gewesen". Da er aber den vollkommenen Zustand unserer Manufakturen, und unsere offenbare Ueberlegenheit in allen Künsten des gesitteten Lebens sah, war er oft sehr nachdenklich, und sagte mit einem unwillführlichen Seufzer: Fato fing inta feng, „Wir Neger sind doch nichts". Dann fragte er mich wieder mit großem Ernst, was wol mich, der ich kein Kaufmann wäre, bewogen haben könnte, ein so armseliges Land als Afrika zu durchreisen? Er wollte damit zu verstehen geben, daß nach demjenigen, was ich in meinem Vaterlande gesehen haben müßte, seiner Meinung nach, doch nichts in ganz Afrika meine Aufmerksamkeit auch nur einen Augenblick hätte auf sich ziehen können. Diese kleinen Charakterzüge von dem braven Neger, habe ich nicht nur aus persönlicher Achtung für den Mann aufgezeichnet, sondern auch, weil sie mir zu beweisen scheinen, daß seine Gesinnung über seinen Zustand erhaben war; und ich hoffe, daß denjenigen unter meinen Lesern, die gern die menschliche Natur in allen ihren Verschiedenheiten, von ihrer Rohheit bis zu ihrer Verfeinerung betrachten mögen, die Nachrichten, die ich von diesem armen Afrikaner gegeben habe, nicht unangenehm sein werden.

Schon seit vielen Monaten vor meiner Rückkehr aus dem Innern, war kein europäisches Schiff im Gambia angekommen, und da die Regenzeit sich jetzt einstellte, überredete ich Karfa zu seinen Leuten in Dschindi zurückzugehn. Er nahm am 14ten sehr herzlichen Abschied von mir; aber da ich in der That wenig Hoffnung hatte, noch in demselben Jahr Afrika verlassen zu können, sagte ich ihm, wie ich es auch wirklich dachte, daß ich ihn noch vor meiner Abreise wieder zu sehn erwartete. Hierin irrte ich mich indeß glücklicherweise, und meine Erzählung eilt jetzt zu ihrem Ende: denn am 15ten kam das amerikanische Schiff Charlestown, geführt vom Kapitän Harris, in den Fluß. Es wollte Sklaven holen, und war gesonnen in Goree anzusprechen, um die Ladung voll zu machen, und dann nach Süd=Karolina zu gehn. Da aber die europäischen Kaufleute am Gambia jetzt eine große Menge Sklaven ganz in der Nähe hatten, wurden sie mit dem Kapitän einig, ihm seine Ladung, die größtentheils aus Rum und Taback bestand, im Ganzen abzukaufen, und ihm binnen zwei Tagen Sklaven für den ganzen Werth derselben zu liefern. Dies gab mir eine so gute Gelegenheit in mein Vaterland, obwohl auf einem Umwege, zurückzukehren, daß ich glaubte sie nicht versäumen zu dürfen. Ich bedung also sogleich auf dem Schiff meine Ueberfahrt nach Amerika, nahm von Dr. Laidley, dessen Güte ich so sehr viel zu verdanken hatte, und von meinen übrigen Freunden am Flusse Abschied, und schiffte mich am 17ten Juni zu Kaye ein.

Unsere Fahrt den Fluß hinunter war langweilig und unangenehm, und die Witterung war so heiß, feucht und ungesund, daß noch vor unserer Ankunft in Goree vier Matrosen, der Wundarzt und drei Sklaven am Fieber starben. In Goree wurden wir bis Anfang Oktobers aufgehalten, ehe wir unsere Vorräthe einnehmen konnten.

X 2

Die Anzahl der Sklaven, die am Gambia und in Goree an Bord genommen wurden, betrug zusammen Einhundert und dreißig; von denen etwa nur fünf und zwanzig, wie ich glaube, in Afrika freie Leute gewesen waren, da diese größtentheils Buschrihns waren, und ein wenig Arabisch schreiben konnten. Neun von ihnen waren in dem Religionskriege zwischen Abdulkader und Damel, dessen am Ende des vorigen Abschnitts erwähnt ist, gefangen worden; zwei andere hatten mich gesehen als ich durch Bondu ging, und viele hatten außerdem im Innern von mir gehört. Es gereichte ihnen zum großen Trost, daß ich mich in ihrer Muttersprache mit ihnen unterhalten konnte, und da der Wundarzt gestorben war, ließ ich mich willig finden, für den übrigen Theil der Reise seine Verrichtungen auf dem Schiffe zu übernehmen. In der That hatten sie nöthig, daß ich alles mögliche zu ihrer Erleichterung beitrug; nicht als ob etwa der Steuermann oder die Matrosen sie ohne Noth hart behandelt hätten: sondern nur weil die Art, wie man in den Amerikanischen Schiffen die Sklaven einsperrt und verwahrt, wegen der schwachen Bemannung, weit härter und strenger ist, als auf den englischen Fahrzeugen, die sich mit diesem Handel beschäftigen. Die armen Geschöpfe mußten viel ausstehen, und waren alle mehr oder weniger krank. Außer den dreien die auf dem Fluß, und sechs bis acht, die während unsers Aufenthaltes in Goree starben, verloren wir eilf auf der See, und viele von denen, die am Leben blieben, waren ganz abgefallen und entkräftet.

Nicht genug an diesem Elende; das Schiff wurde auch, nachdem es drei Wochen in See gewesen war, so leck, daß die Pumpen immer im Gang erhalten werden mußten. Man fand daher für nöthig, einige von den Negern, die sich noch im erträglichsten Zustande befanden, aus den Eisen zu nehmen und bei den Pumpen anzustellen, wo sie oft weit über ihre Kräfte angestrengt

wurden. Daraus entstanden mancherlei und sehr ver=
wickelte Uebel. Wir wurden indeß eher erlöst, als ich
erwartete; denn das Leck nahm, aller Anstrengungen
ohnerachtet, so überhand, daß die Matrosen darauf be=
standen, man müsse nach Westindien steuern, weil dies
das einzige Mittel wäre, unser Leben zu retten. Nach
mancherlei Einwendungen von Seiten des Steuermanns
richteten wir unsern Lauf nach Antigua, und hatten am
fünf und dreißigsten Tage nach unserer Abfahrt von Goree
die Insel im Gesicht. Aber auch hier noch entgingen wir
nur so eben dem Verderben; denn als wir uns der Insel
an der Nordostseite näherten, stießen wir an den Dia=
mant=Felsen, und liefen nur mit großer Noth in die
Rhede von St. John ein. Das Schiff ist hernach, wie
ich gehört habe, für unfähig erklärt worden wieder in
See zu gehn, und die Sklaven mußten für Rechnung der
Eigenthümer verkauft werden.

Ich blieb nur zehn Tage auf der Insel. Das Paket=
boot Chesterfield, von den Leeward=Inseln nach England
bestimmt, hielt in St. John an, um das Antigua Fell=
eisen einzunehmen, und ich dingte mich auf diesem Schiffe
ein. Wir gingen den 24sten November unter Segel,
und kamen nach einer kurzen aber stürmischen Reise den
22sten December in Falmouth an, von wo ich sogleich
nach London abging, nachdem ich zwei Jahr und sieben
Monate aus England abwesend gewesen war.